①粤北山地、丘陵用材林、水源林区
②粤东丘陵、山地用材林、水土保持林
③粤中山地、丘陵用材林、经济林区
④珠江三角洲防护林、经济林区
⑤潮汕沿海丘陵、台地防护林、经济林区
⑥粤西台地、丘陵防护林、用材林区

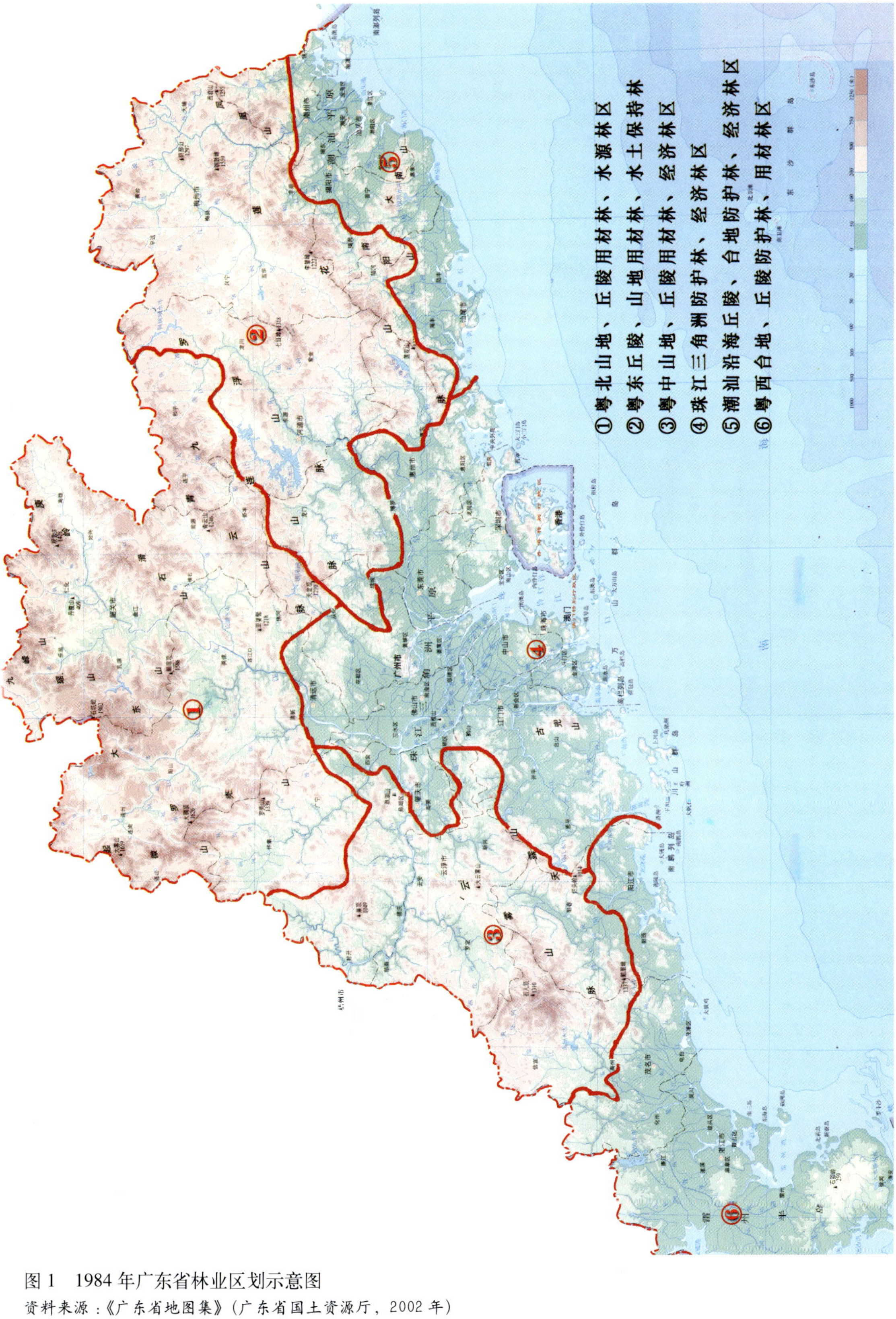

图 1　1984 年广东省林业区划示意图

资料来源：《广东省地图集》（广东省国土资源厅，2002 年）

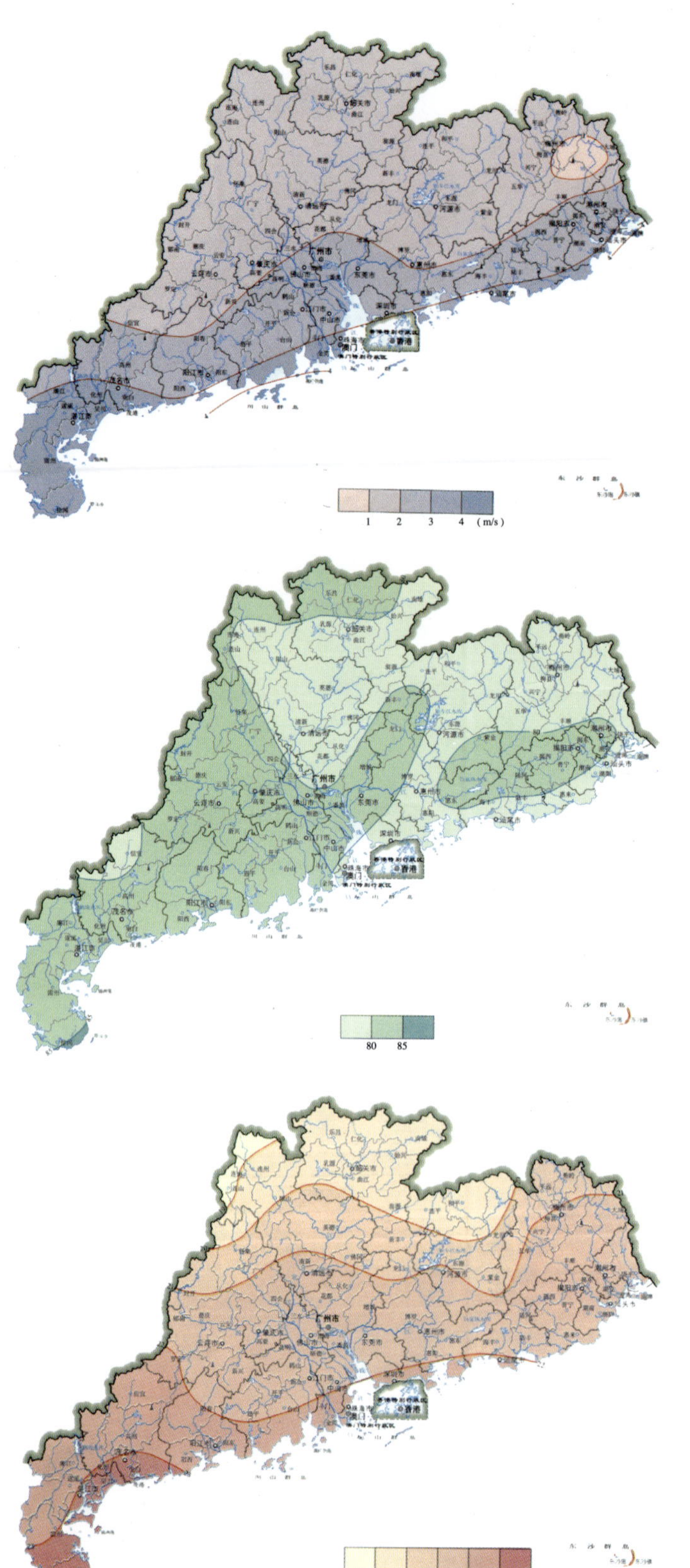

a 广东省多年平均风速

b 广东省多年平均相对湿度

c 广东省多年平均气温

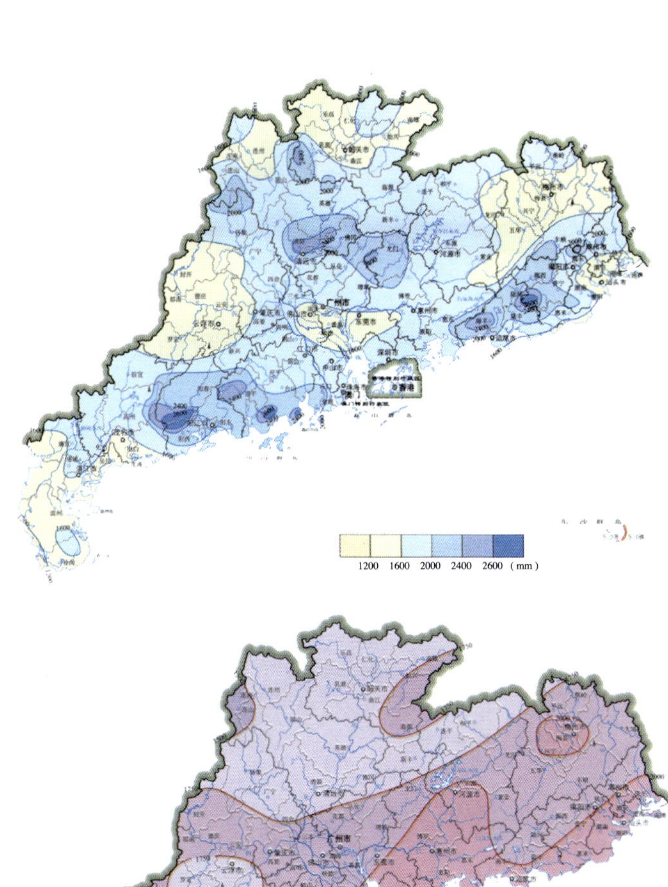

d 广东省多年平均降水

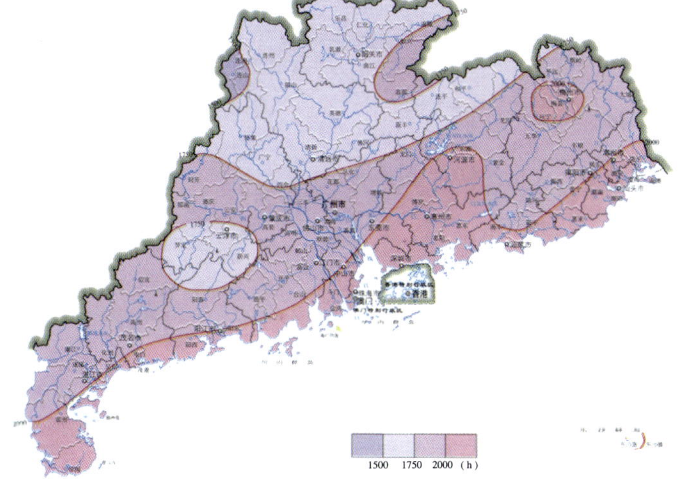

e 广东省多年平均年日照时数

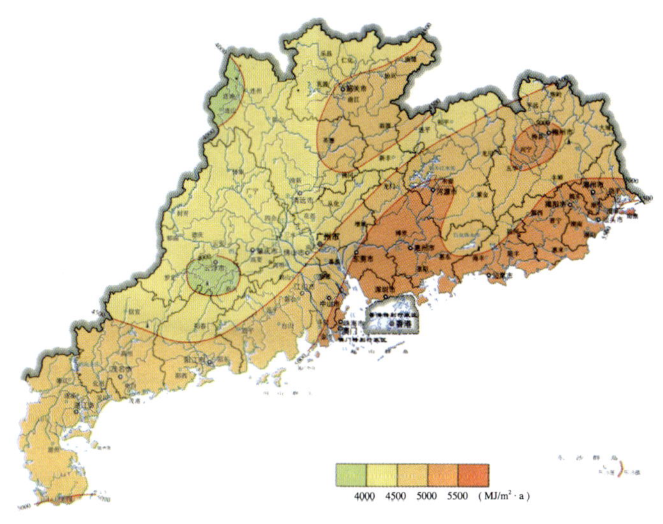

f 广东省多年平均年太阳总辐射

图 2　广东省气候变化图

资料来源：《广东省地图集》（广东省国土资源厅，2002 年）

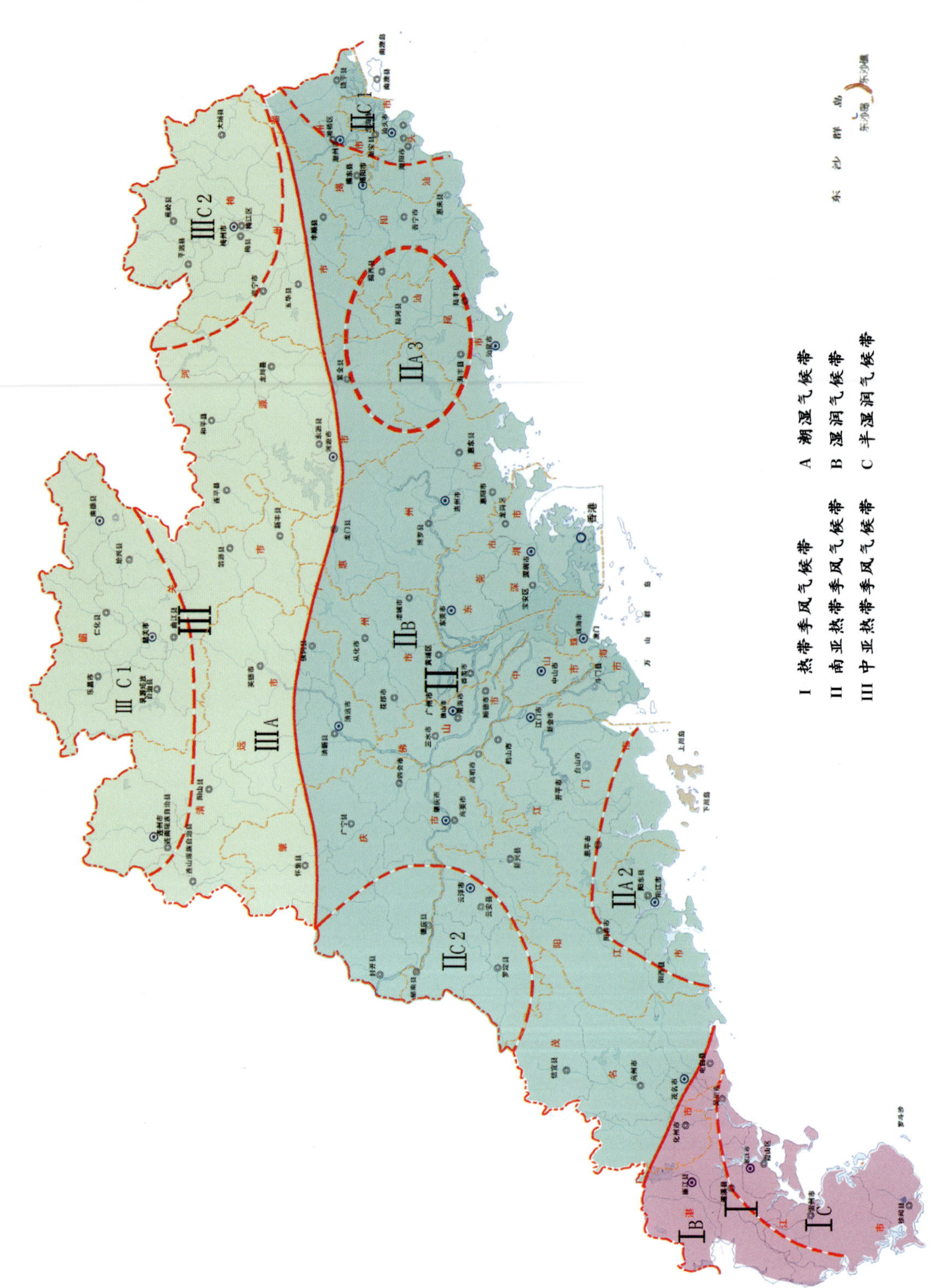

图 3 广东省气候带和气候区划分图

资料来源：根据《广东省地图集》（广东省国土资源厅，2002 年）整理

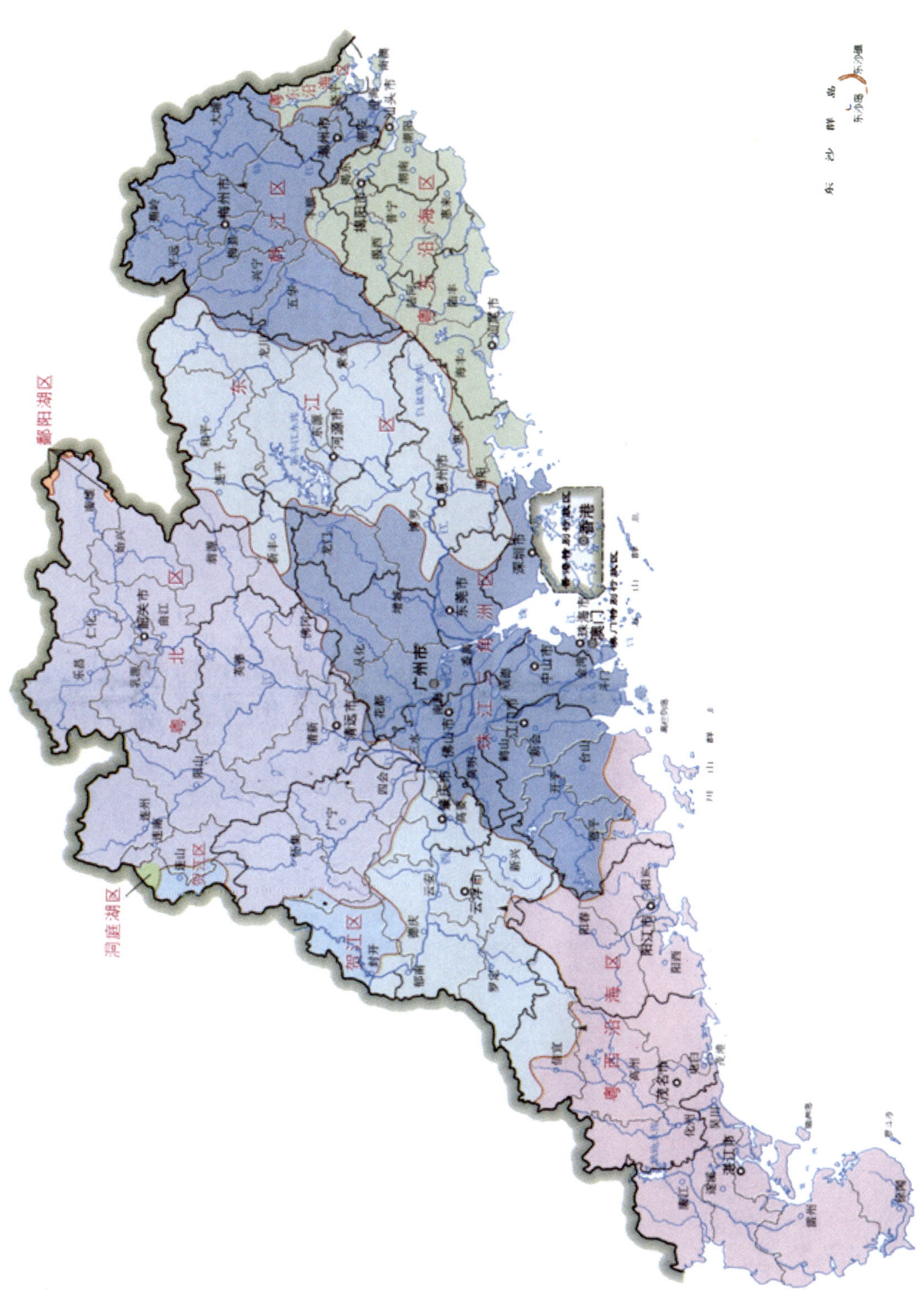

图 4　广东省水资源分布图

资料来源：《广东省地图集》（广东省国土资源厅，2002 年）

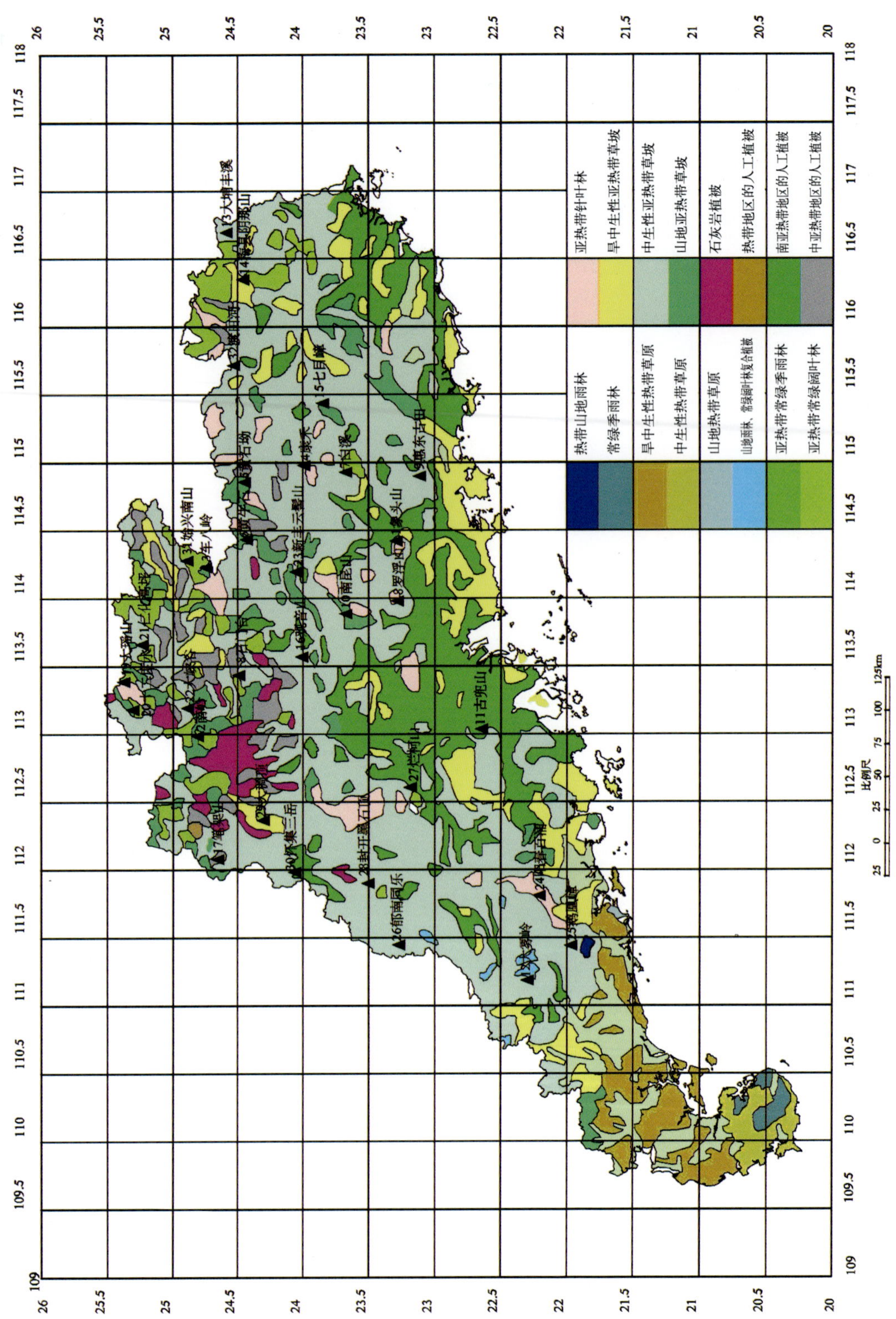

图 5　广东省植被类型及分布示意图

资料来源：《广东森林植被》(1996 年)

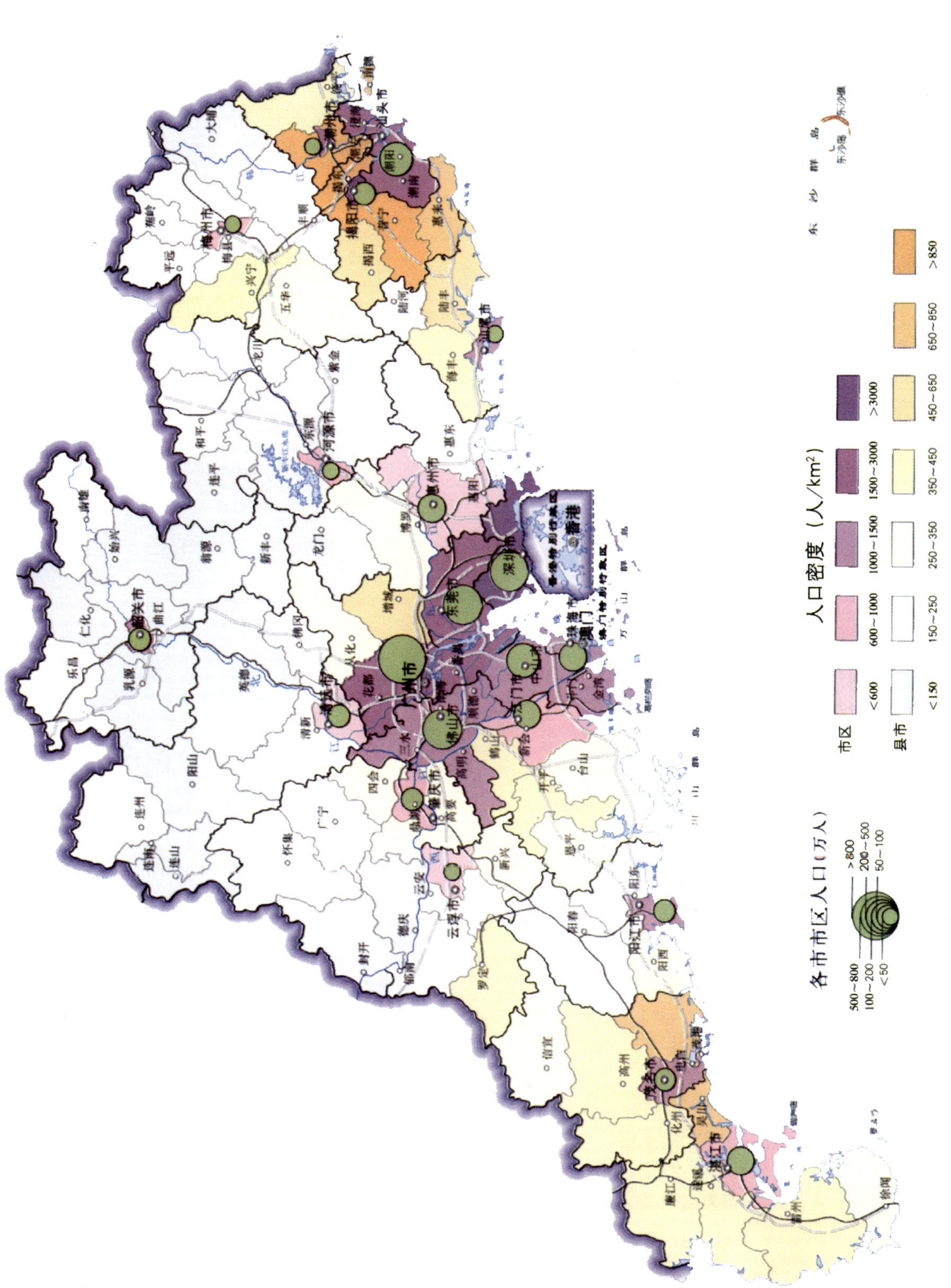

图 6 广东省人口密度和城镇人口分布示意图

资料来源：《广东省地图集》（广东省国土资源厅，2002 年）

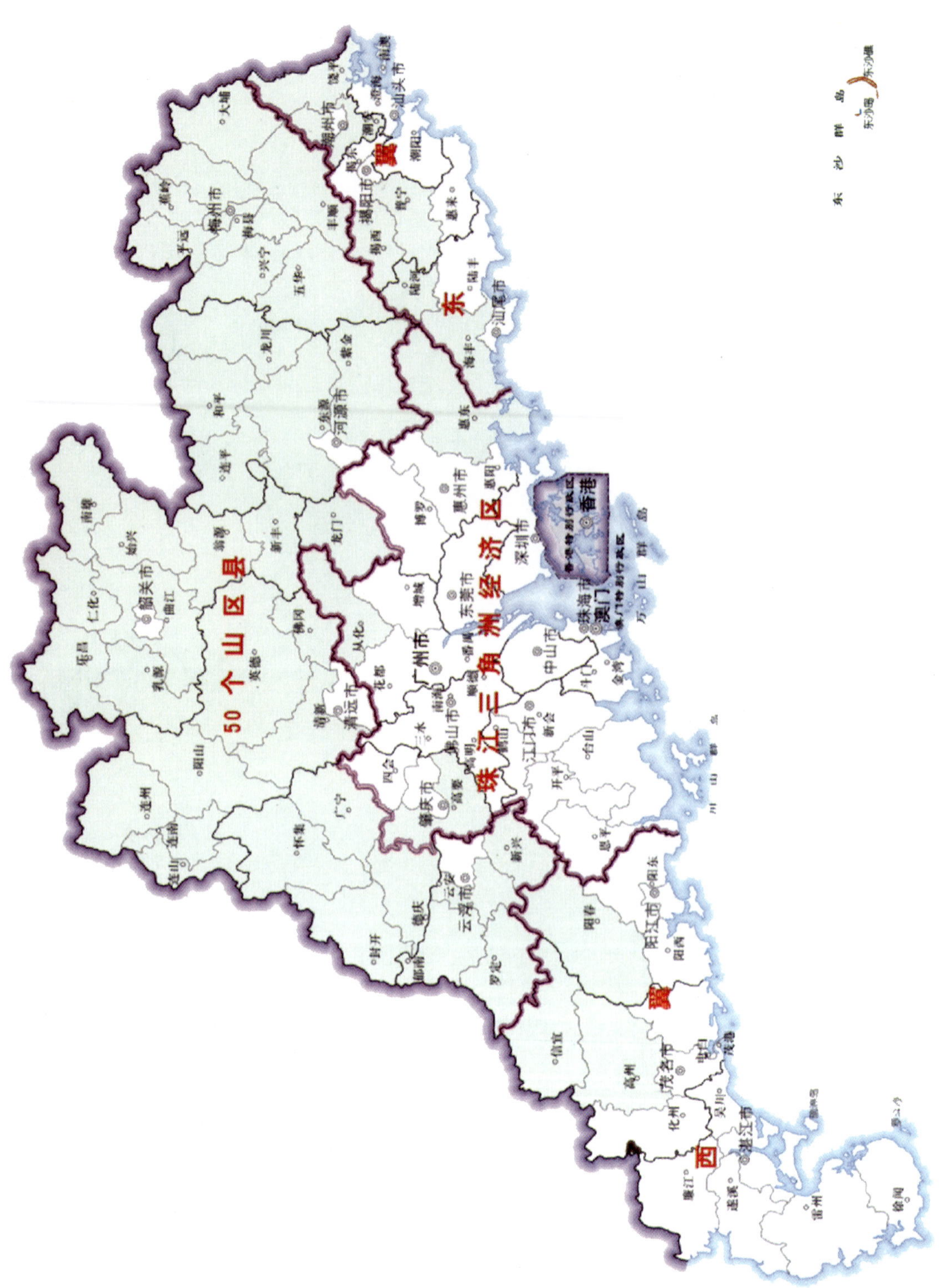

图 7　广东省四大经济区域划分示意图

资料来源：《广东省地图集》（广东省国土资源厅，2002 年）

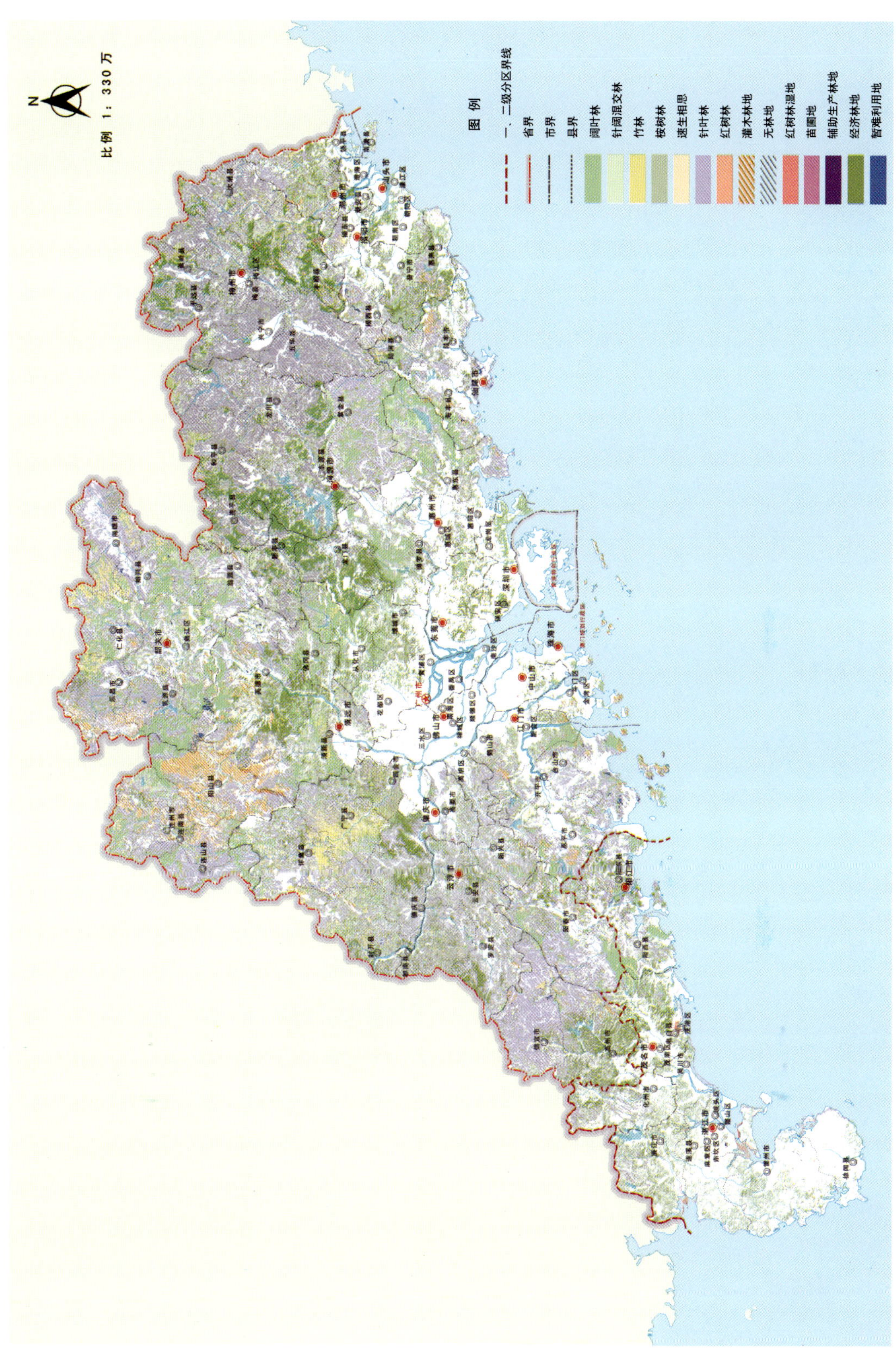

图 8 广东省森林资源分布图

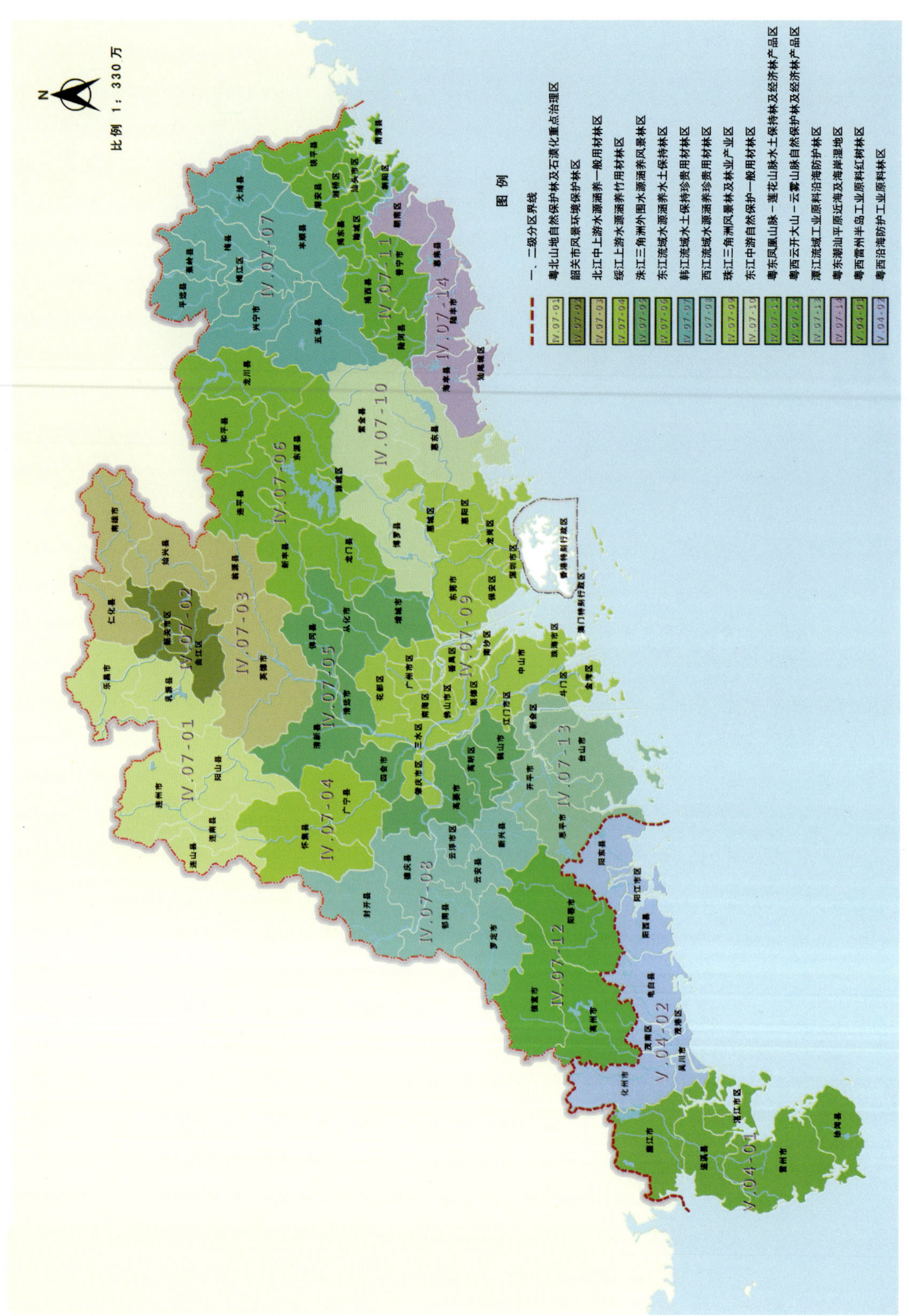

图 9　广东省现代林业发展区划（三级区划）图

图 10　广东省森林现实生产力级数分布图

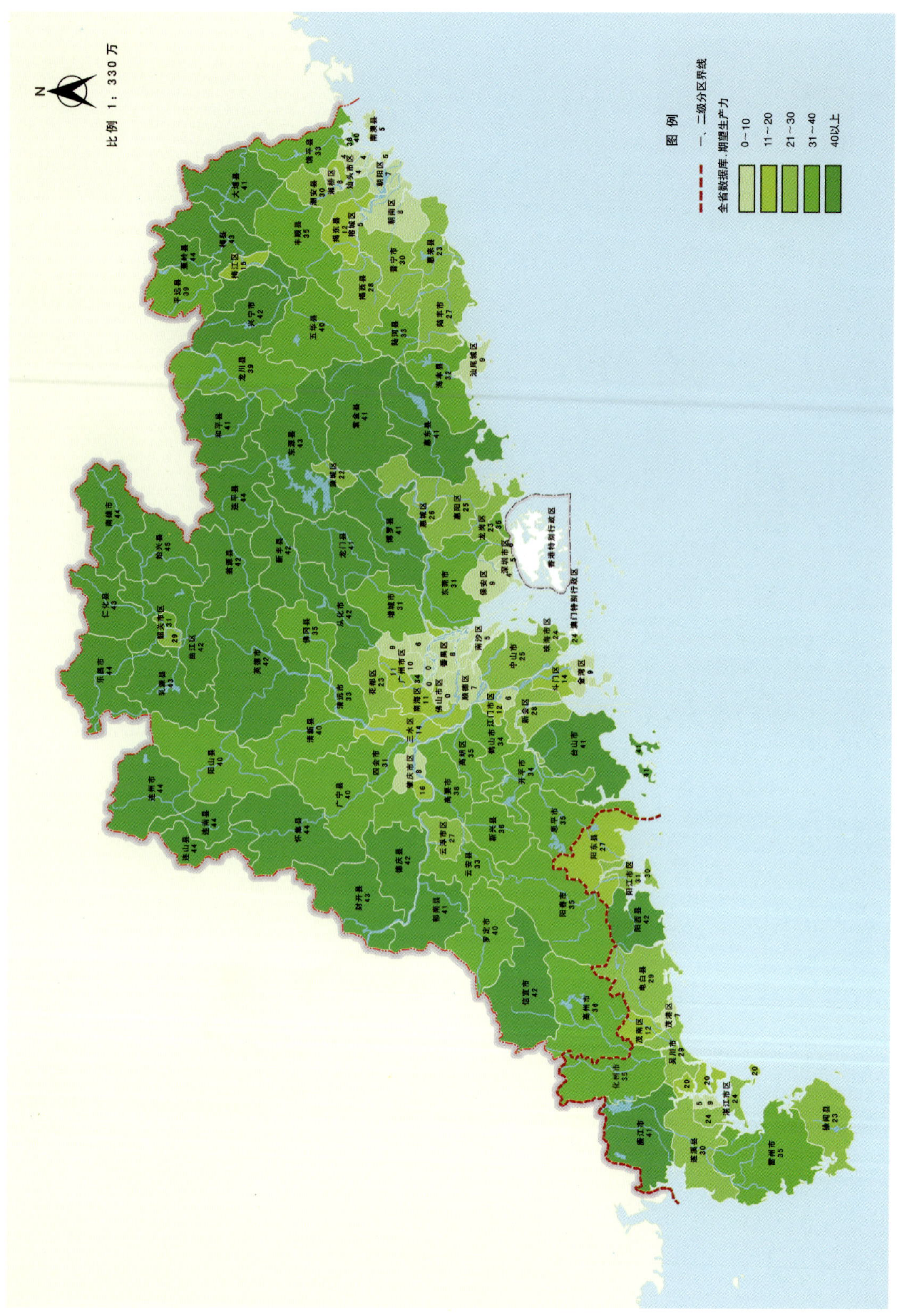

图 11　广东省森林期望生产力级数分布图

图 12 广东省生态区位分布图

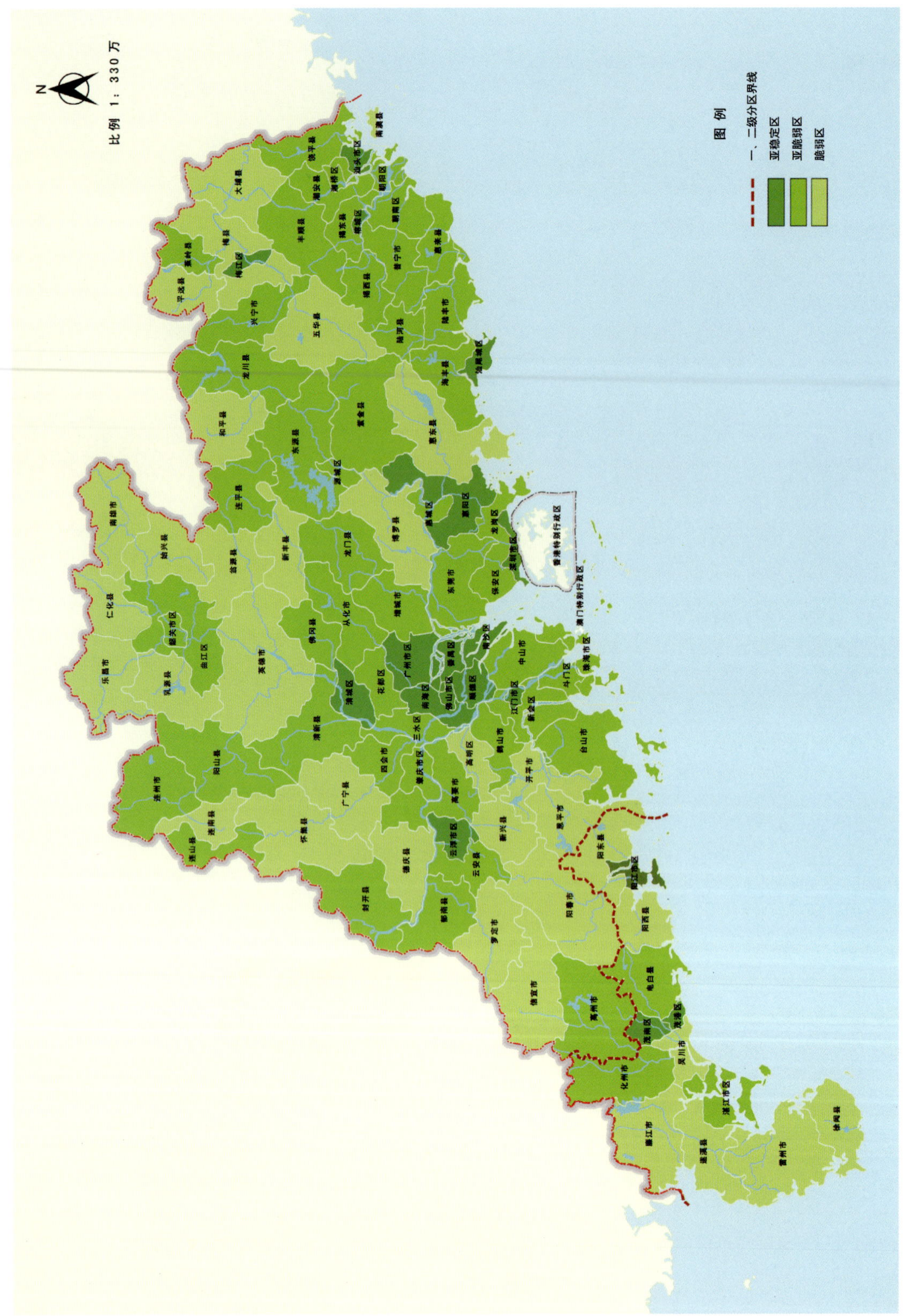

图 13　广东省生态敏感性等级分布图

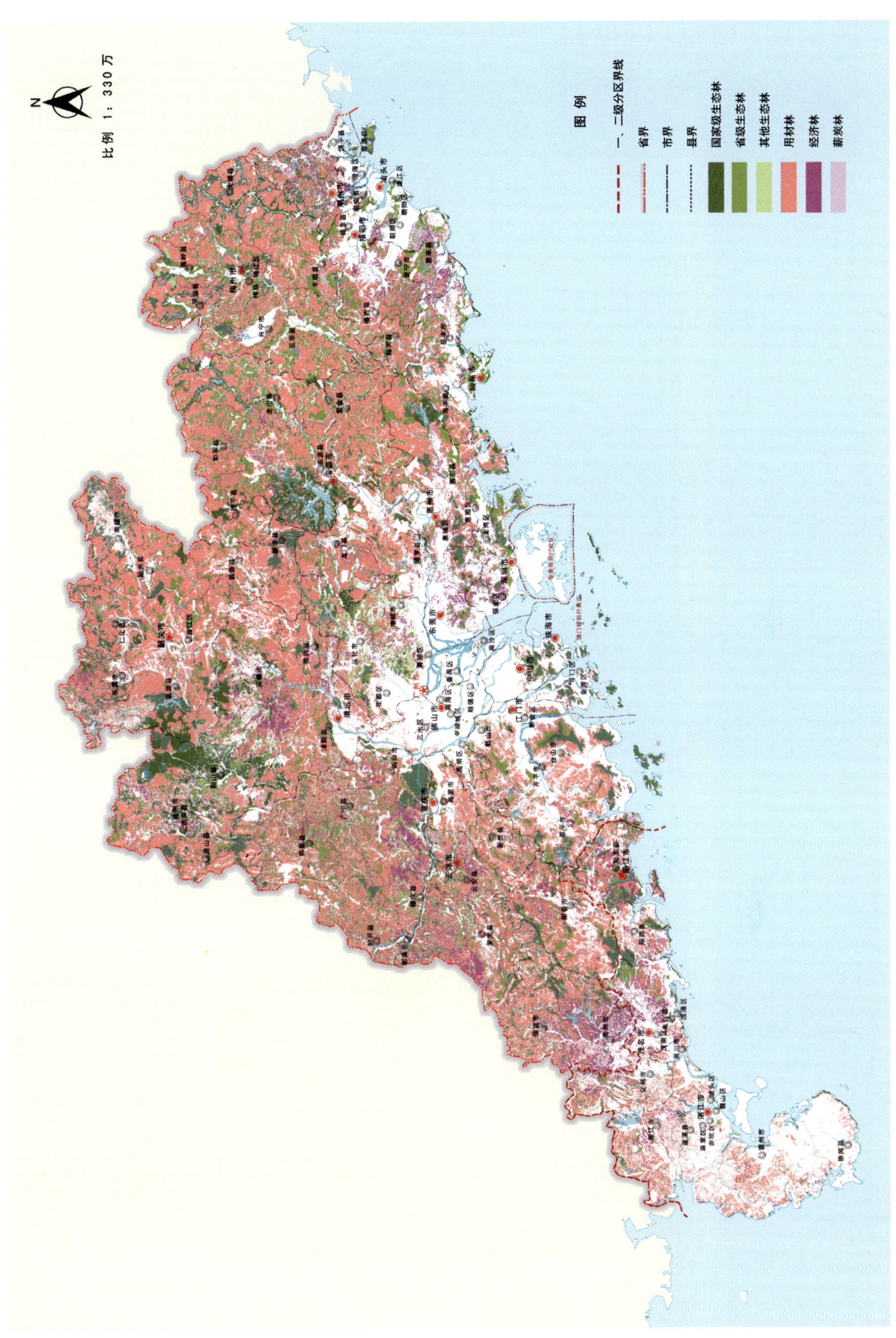

图 14　广东省公益林、商品林分布图

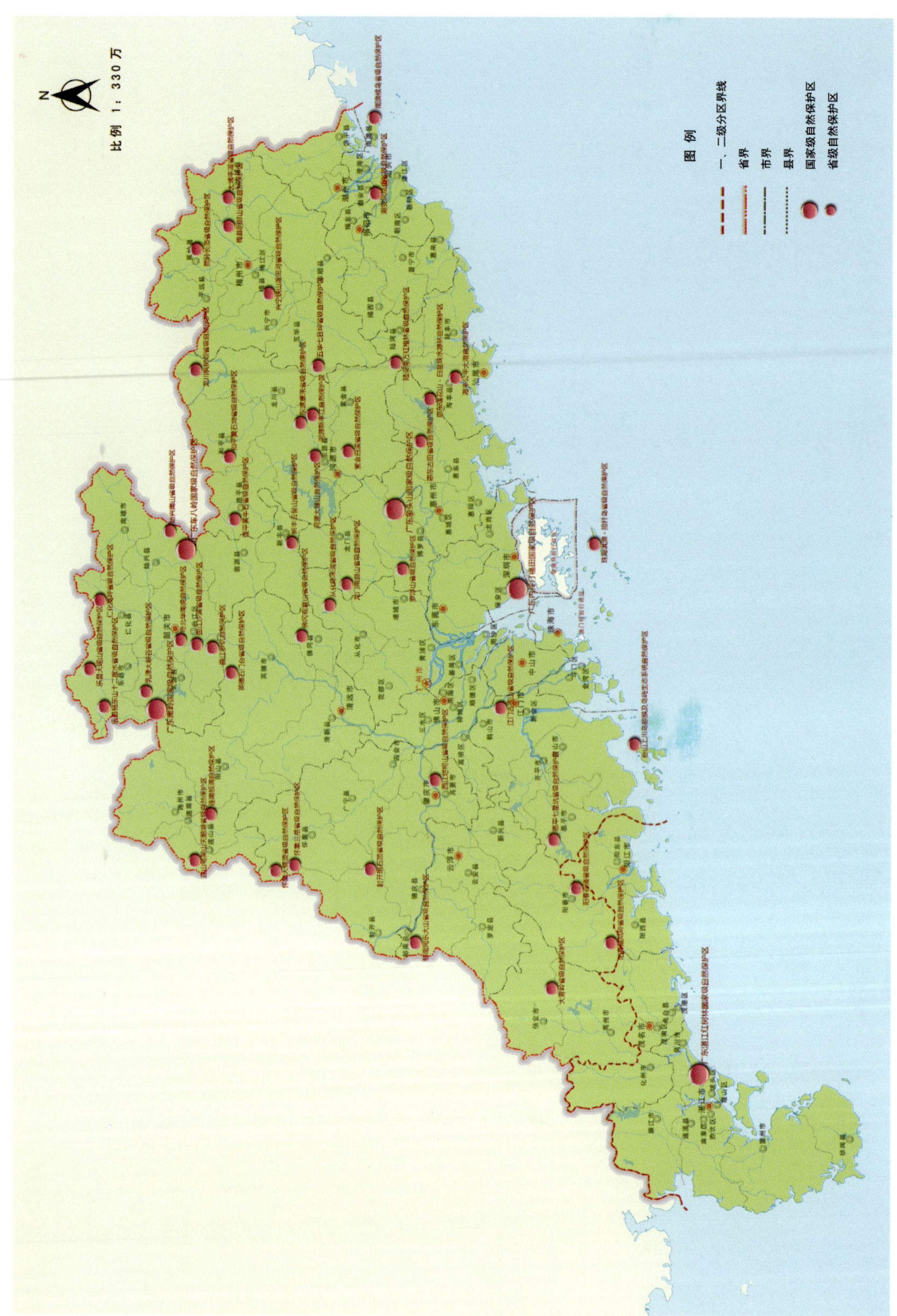

图 15 广东省自然保护区分布图

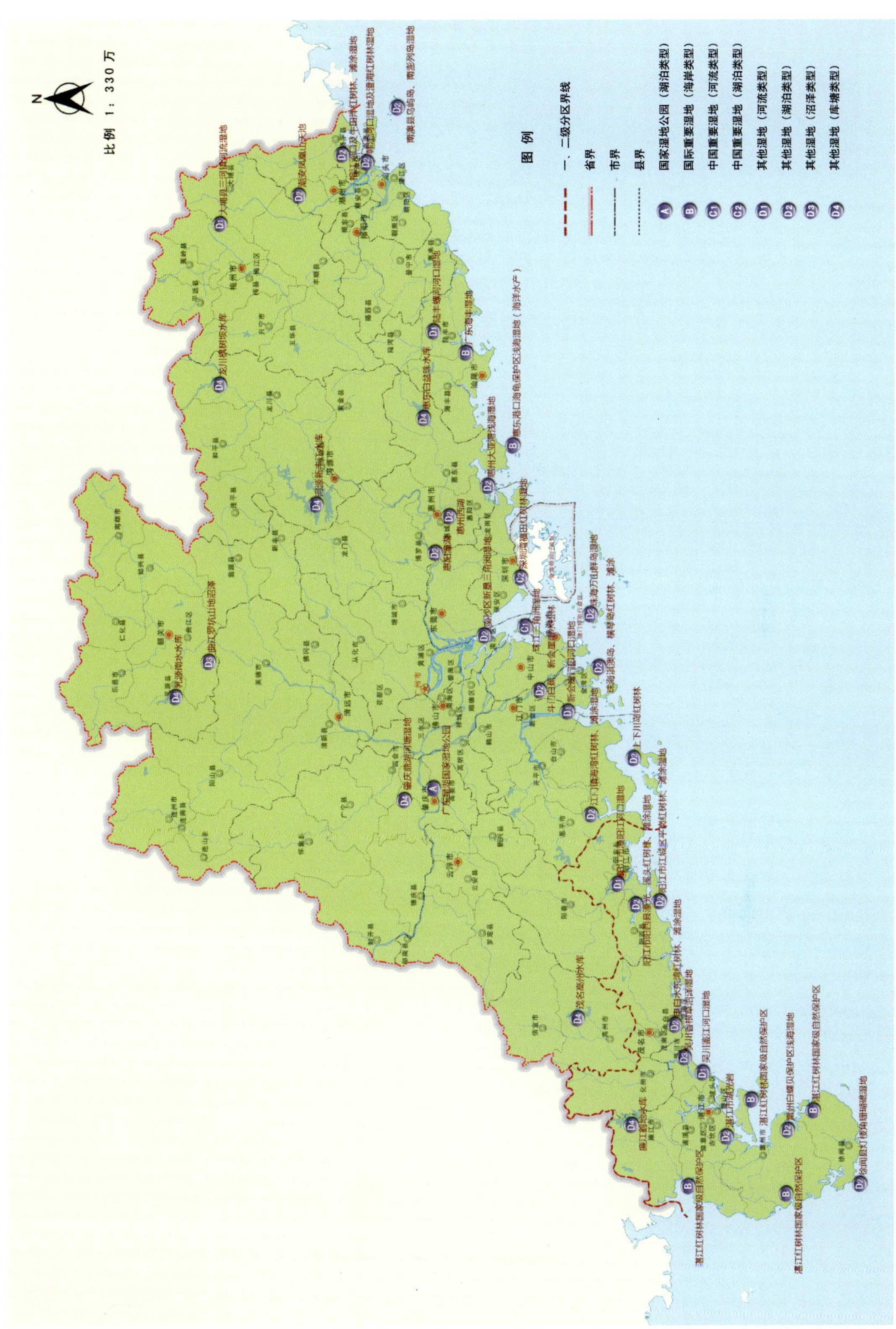

图 16 广东省湿地分布图

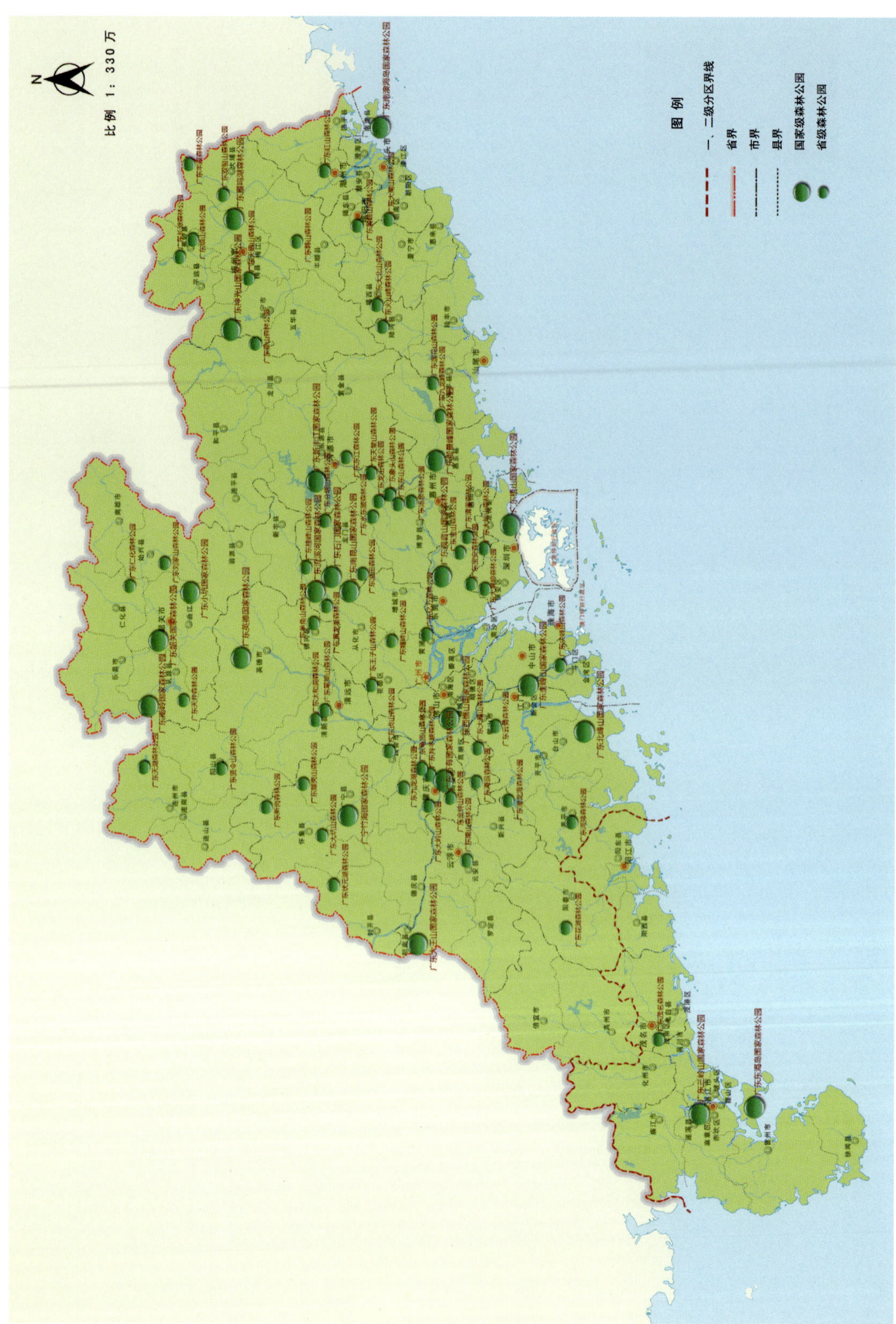

图 17 广东省森林公园分布图

图 18 广东省森林覆盖率分布示意图

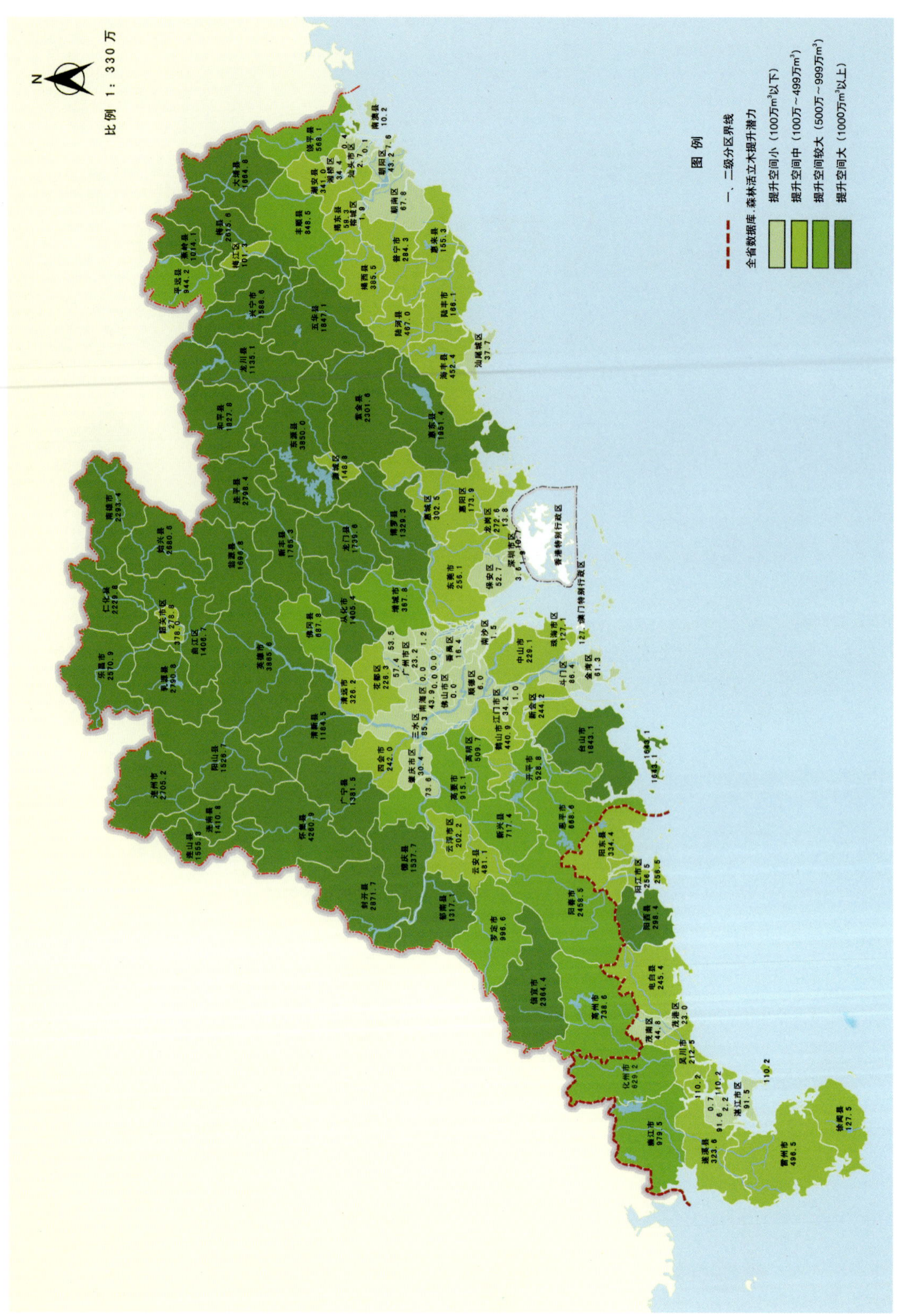

图 19　广东省森林活立木蓄积提升潜力图

广东现代林业发展区划

邓鉴锋　主　编

林中大　战国强　杨沅志　郭彦青　副主编

中国林业出版社

图书在版编目（CIP）数据

广东现代林业发展区划/邓鉴峰 主编. —北京：中国林业出版社，2010. 2
ISBN 978-7-5038-5778-2

Ⅰ. ①广… Ⅱ. ①邓… Ⅲ. ①林业经济—经济发展—研究—广东省 Ⅳ. ①F326. 276. 5

中国版本图书馆 CIP 数据核字（2010）第 01585 号

中国林业出版社 · 环境景观与园林园艺图书出版中心
责任编辑：吴金友 于界芬
电话：83229512 传真：83286967

出版 中国林业出版社（100009 北京西城区刘海胡同 7 号）
E-mail cfphz@ public. bta. net. cn 电话 83224477
网址 www. cfph. com. cn
发行 新华书店北京发行所
印刷 北京中科印刷有限公司
版次 2010 年 3 月第 1 版
印次 2010 年 3 月第 1 次
开本 787mm × 1092mm 1/16
印张 11. 75
字数 300 千字

定价 80. 00 元

《广东现代林业发展区划》

编写委员会

顾　问　张育文　郑伟仪　黄东志　林俊钦　肖智慧

主　编　邓鉴锋

副主编　林中大　战国强　杨沅志　郭彦青

编　委（按姓氏笔画为序）

王武敏　邓洪涛　冯国华　叶金盛　叶渭贤　李爱英
华国栋　刘志武　刘凯昌　刘周全　许文安　余松柏
吴欢燕　吴焕忠　李爱英　李　伟　李世荣　李茂琛
肖晓科　陈黄礼　陈楚民　周于琼　林寿明　练　丽
郑镜明　郑洁玮　姜　杰　胡喻华　赵瑟敏　莫剑辉
郭梅秀　梁银凤　黄穗昇　温昌福　廖森群　谭文雄
黎荣彬　薛春泉　魏安世

序　言

党的十七大报告在阐述全面建设小康社会奋斗目标的新要求时，第一次明确提出建设生态文明。林业是生态建设的主体，也是生态文明建设的主要承担者，肩负着建设和保护森林生态系统、保护和恢复湿地生态系统、治理和改善荒漠生态系统及维护生物多样性、弘扬生态文明的重要职责，对实现生态良好、维护生态安全起着决定性的作用。只有加强林业建设才能带动整个生态建设，才能满足生态良好的各项指标，才能为生态文明建设提供有力的物质支撑。

改革开放以来，广东省大力加强林业和生态建设，先后实施了“十年绿化广东”、“林业分类经营”、“林业第二次创业”、“创建林业生态县”、“建设林业生态省”等一系列的林业发展战略，取得了显著成就。近年来，广东林业以科学发展现代林业、促进生态文明建设为总目标，以“生态林业”、“民生林业”、“文化林业”、“创新林业”、“和谐林业”为着力点和抓手，积极构建林业生态、产业和文化三大体系，努力成为生态文明建设的组织者、实践者和推动者，提出要把广东建设成为全国林业生态建设的示范省，林业产业发展的主力省，科学发展现代林业的试验区，争当全国科学发展现代林业的排头兵。

《广东现代林业发展区划》是根据广东科学发展现代林业、促进生态文明建设的总体要求，结合省情实际与林业建设发展特点，对自然、经济、社会状况以及林业需求做了深入调查和综合分析，对森林资源、生态状况、林业产业发展、林业生态文化等专题进行了研究，全面阐述了广东现代林业发展的现状、战略定位以及分区布局，构建了全面、科学的区划体系，明确了现代林业的发展方向、区域分工、生产力布局、建设任务与重点，针对性的提出了政策建议和措施等。

本书将生态区位等级、森林生产力级数等指标运用到区划指标体系，采取区域划分指标与专题分析相结合的区划方法，具有一定的创新性和科学性。区划工作中还充分利用了“3S”信息等科技手段，提高了区划数据的准确性。开展林业区划是全面推进现代林业建设的一项重要的战略性和基础性工作，本书的出版可以为广东现代林业的中长期发展规划、林业生态建设、林业产业建设、林业生态文化体系建设、林业重点工程建设提供科学依据，对加快推进广东现代林业建设具有十分重要意义。

华南农业大学校长

2009 年 8 月于广州

前　言

进入21世纪，随着社会经济的快速发展，社会对林业的主导需求已由木材需求转向生态与文化需求，林业在国家经济社会可持续发展中的地位日益突出。2003年，中共中央、国务院《关于加快林业发展的决定》提出了“确立以生态建设为主的林业可持续发展道路，建立以森林植被为主体、林草结合的国土生态安全体系，建设山川秀美的生态文明社会”的林业发展战略。2005年，广东省委、省政府《关于加快建设林业生态省的决定》中明确了广东林业的战略定位：在贯彻可持续发展战略中，要赋予林业以重要地位；在生态建设中，要赋予林业以首要地位；在经济建设中，要赋予林业以基础地位。林业不仅要满足社会对木材等林产品的多样化需求，更要满足改善生态状况、保障国土生态安全、促进生态文明建设的需要。

现代林业发展区划是根据区域内自然与经济社会条件、资源环境承载能力、林业发展的基础和潜力，以及经济社会对林业的主导需求等，从可持续发展的战略高度，对林业发展的主体功能和生产布局进行区域划分和合理配置。林业发展区划是推进现代林业建设的一项重要的战略性、基础性和指导性工作。广东早在20世纪80年代初期就根据原林业部要求按自然地域差异性完成了简单的林业区划，为当时全省林业做出了生产布局安排，提出了相应的林业发展方向，并在指导当时全省林业建设中发挥了积极的作用，但其指导思想是以木材生产为主。随着传统林业向现代林业的转变，林业的功能在不断拓展、效益在不断延伸、内涵在不断丰富，作用越来越突出，任务越来越繁重，原有的林业区划难以适应全面建设现代林业的要求。为了适应新时期现代林业发展要求，加快传统林业向现代林业的转变，构建广东完备的林业生态体系、发达的林业产业体系和繁荣的生态文化体系，全省林业亟需进一步调整发展思路和总体布局，以全面指导新时期现代林业建设的各项工作。

全省现代林业发展区划是在对自然地理、社会经济、森林资源、林业生态、林业产业、林业生态文化等专题进行深入调查及综合分析的基础上，以科学发展观为指导，按照“科学发展现代林业、促进生态文明建设”的总目标要求，坚持“生态优先、可持续发展、区域整合、综合区划、分区施策”的原则，对全省现代林业发展进行了系统的区划。发展区划进一步优化了林业结构和生产力布局，明确分区发展方向和相关的政策措施，正确引导林业向科学发展，提出将广东建设成为全国林业生态建设的示范省，林业产业发展的主力省，科学发展现代林业的试验区，争当全国现代林业建设排头兵的总体目标。

现代林业发展区划充分运用“3S”技术手段，首次采用了主导因子综合区划法，对全省现代林业发展提出了十六个分区布局，具体包括粤北山地自然保护林及石漠化重点治理区、韶关市风景环境保护林区、北江中上游水源涵养一般用材林区、绥江上游水源涵养竹用材林区、珠江三角洲外围水源涵养风景林区、东江流域水源涵养水土保持林区、韩江流域水土保持珍贵用材林区、西江流域水源涵养珍贵用材林区、珠江三角洲风景林及林业产业区、东江中游自然保护一般用材林区、粤东凤凰山脉－莲花山脉水土保持林及经济林产品区、粤西云开大山－云雾山脉自然保护林及经济林产品区、潭江流域工业原料沿海防护林区、粤东潮汕平原近海及海岸湿地区、粤西雷州半岛工业原料红树林区、粤西沿海防护工业原料林区。同时，对每个分区都提出了相应的发展方向，战略任务，建设重点，政策措施等。

本书第1、8章由林中大编写；第2章由郭彦青编写；第3、7章由邓鉴锋编写；第4、5章由战国强编写；第6章由杨沅志编写；书后附表由黄穗昇、王武敏、姜杰完成；书中彩图由肖晓科、吴欢燕、邓洪涛制作。

本书在编制过程中，得到了广东省林业局有关处室的大力支持。国家林业局森林资源管理司原司长寇文正同志、国家林业局林业调查规划设计院周洁敏教授、华南农业大学李吉跃教授等专家给予指导和帮助，在此一并表示衷心的感谢！

由于本区划所研究的问题难度大，涉及领域广，加之作者水平有限，时间仓促，书中难免存在不足之处，敬请各位同仁批评指正。

编者

2009年8月

目　录

第1章 广东现代林业发展区划背景

1.1 林业发展区划研究现状

1.1.1 区划时代背景

林业发展区划（Forestry Development Division）是为适应新时期现代林业建设的要求而提出的。林业发展区划属于行业和部门区划，是制定林业发展规划方针、布局措施的基础依据之一，是推进现代林业建设的一项重要的战略性、基础性和指导性工作。在新中国成立之前，我国还没有进行全面和系统的林业区划。20 世纪 50 年代曾编制过《全国林业区划草案》，直到 80 年代才第一次进行系统的国家、省、县三级林业区划。这些区划工作和成果在不同的历史时期，对我国确定林业发展战略、林业生产力布局和制定林业方针政策起到重要作用。但是，二十多年来，随着社会经济的快速发展和人民生活水平的提高，林业建设面临的形势、生产技术条件、生产要素配置以及社会需求等方面都发生了重大的变化，我国正处在传统林业向现代林业过渡的重要变革和转折时期，原有林业区划体系已经不能满足现代林业建设的要求，现阶段开展林业发展区划工作十分必要。

（1）国家林业发展战略和指导方针发生了历史性的变革，原有的林业区划已不合时宜，迫切要求构建新的现代林业区划体系。林业作为国民经济的重要组成部分，为新中国经济的恢复和重建提供了大量的木材和林产品，作出了重要贡献。当时，在计划经济体制下，林业建设主要以木材生产为中心，兼有农业和工业的特点，林业是作为种植业和材料开采业发展起来的。林业区划体系也是为满足当时社会发展要求而设计的，其主要任务是进行林业生产力战略布局，指导各地区的木材生产。进入 21 世纪，随着国家可持续发展战略的实施和科学发展观的实践，我国林业进入一个以可持续发展理论为指导，全面跨越式发展的新阶段。社会经济发展对林业主导需求发生深刻变化，林业建设的战略定位和指导方针发生了历史性的变革。以 2003 年我国出台的《中共中央国务院关于加快林业发展的决定》（中发〔2003〕9 号）为标志，明确了林业在贯彻可持续发展战略中的重要地位和生态建设中的首要地位，确立了以“生态建设、生态安全、生态文明”为核心的战略思想和“严格保护、积极发展、科学经营、持续利用”的战略指导方针。林业的主要任务是改善生态状况、维护生态安全，同时满足社会对林产品的需求，促进国民经济的发展。

在这个重要的转折时期，我国林业建设将实现五个历史性转变，即：由以产业为主向以公益事业为主的转变；由无偿使用森林生态效益向有偿使用森林生态效益的转变；由毁林开荒向退耕还林的转变；由采伐天然林为主逐步向采伐人工林为主的转变；由部门办林业向社会办林业的转变。当前，我国的林业建设正逐步走向由以木材生产为主的传统林业向以构建完善的林业生态体系、发达的林业产业体系和繁荣的生态文化体系为目标的现代林业过渡。

林业肩负着一系列重大使命：作为生态建设的主体，要在维护国土生态安全、促进经济与生态协调发展方面发挥重要作用；作为重要的基础产业，要在我国经济可持续发展和新农村建设中发挥重要作用；作为生态文化发展的源泉和主要阵地，要在现代文明建设中发挥重要作用。传统林业的建设任务、林业生产力布局和发展方向都已经不能承担新时期赋予林业的历史重任，迫切需要在以新的林业战略定位、新的指导思想下构建新的林业区划框架体系，满足现代林业建设的根本要求。

（2）现代林业框架体系对新时期林业区划工作提出了更高的要求，迫切需要重新进行林业区域分工和协作，构建现代林业的空间布局框架。要发展现代林业，就必须以科学的林业发展区划作为有力的指导。新时期，建设现代林业就是要充分利用现代科学技术和手段，以及全社会参与保护和培育森林资源，高效发挥森林的多种功能和多重价值，以满足人类日益增长的生态、经济和社会需求。现代林业建设的目标是构建三大体系，即：①通过培育和发展森林资源，着力保护和建设好森林生态系统、荒漠生态系统、湿地生态系统。在农田生态系统、草原生态系统、城市生态系统等的循环发展中，充分发挥林业的基础性作用，努力构建布局科学、结构合理、功能协调、效益显著的林业生态体系。②切实加强第一产业，全面提升第二产业，大力发展第三产业，不断培育新的增长点，积极转变增长方式，努力构建门类齐全、优质高效、竞争有序、充满活力的林业产业体系。③普及生态知识，宣传生态典型，增强生态意识，繁荣生态文化，树立生态道德，弘扬生态文明，倡导人与自然和谐的生态价值观，努力构建主题突出、内容丰富、贴近生活、富有感染力的生态文化体系。

我国 20 世纪 80 年代的林业区划主要以社会发展要求为依据，以自然条件确定分区林业发展方向。林业区划主要综合反映自然条件和社会经济条件所形成的地区分异规律，是根据林业分布的地域差异，划分林业的适宜区。但是，随着时代的发展，原有的林业区划目标相对单一，内容相对简单。由于社会经济发展水平的差异，各地区发展现代林业的条件不同，社会对林业的需求也不同。通过林业发展区划，重新进行区域分工，将林业发展战略、任务和措施落实到具体区域，明确各区林业的主导功能和发展方向，构建现代林业发展的空间格局，全面推进现代林业建设。

（3）林业发展区划是现代林业建设全局中一项重要的战略性、基础性和指导性工作。林业发展区划是制定和落实林业中长期发展规划、生态建设规划、林业专项规划、林业工程规划等在空间布局方面的基本依据，是制定和实施国家林业方针政策的重要基础。科学、系统的林业区划将正确引导各区域林业发展走向，避免重复建设和雷同发展。通过科学规划、分类经营、分区施策，实现对森林资源的严格保护、积极发展、科学经营和合理利用，不断提高森林资源质量，优化森林资源结构，增强森林生态系统的整体功能，实现林业的可持续发展。新时期现代林业发展区划对全面推进现代林业建设、构建林业“三大体系”、拓展林业发展空间、提高林业建设质量、正确引领林业发展走向、促进林业又好又快发展具有重要的现实和历史意义。

1.1.2 国内外研究概况

1.1.2.1 国外研究概况

国外区划研究工作可以追溯到 18 世纪末到 19 世纪初，起初主要集中在地理学领域，研究对象重点是自然区划。19 世纪初，德国地理学家洪堡德（A. V. Humboldt）首创世界等温线图，研究气候与纬度、海拔、距海远近、风向等因素的关联性，初步揭示了气候与植被相互联系的规律，同时将景观概念引入自然科学，认为景观是地球区域上的全部特征，具有一定的风光特征与外表的地理区域的总体，包括地形和植物（陶星名，2005）。与此同时，霍迈尔（H. G. Hommever）也提出了地表自然区划和区划主要单元内部逐级分区的概念，设想出小区（ort）、地区（gegend）、区域（landschaft）和大区域（land）四级地理单元，从而开创了现代自然地域划分研究（傅伯杰等，1999）。早期的区划研究主要还是停留在对自然界表观的认识上，缺乏对自然界内在客观规律的认识和了解。正是这种认识上的局限性决定了早期的区域划分指标过于简单，如采用气候、地貌等单一因素，区划的界限也显得过于粗糙。

随着人们对自然界各种环境因素所开展的细致研究，自然区划的发展也不断深入。Merriam（1898）对美国的生物带和农作物带进行了详细划分，这是世界上首次以生物作为自然分区的指标，可以视为最早的生态区划研究工作。俄国地理学家 Dokuchaev（1899）根据土壤地带性发展了自然地带（或称景观地带）学说，指出“气候、植被和动物在地球表面的分布，皆按一定的严密的顺序，由北向南有规律地排列着，因而可将地球表层分成若干个带”。英国生态学家 Herbertson（1905）首次对全球各主要区域单元进行了区划和介绍，在区划方案中“主要自然区域”的研究中采用了复合特性的分布这一不常用的方法，并指出进行全球生态地域划分的必要性。随后很多生态学家和地学家日益关注生态区划的重要性，并投入到生态区划的研究中。在美国，Fenneman（1928）提出了美国地文区划，主要依据地貌将美国划分为区（division）、省（province）、地段（section）；Veatch（1930）在对密执安的土地研究中提出了“自然地理分区”和“自然土地类型”的概念来划分土地单元。在英国，1926 年 Roxby 提出自然区概念；1931 年 Bourne 在对全英农林业资源调查的基础上提出了“Site”和“Site Regions”的概念；1933 年 Unstead 提出了区域地理单位系统。在前苏联，Berg 详细描述了景观地带（landscape zones）的概念，并完成了前苏联的景观地带图。这一时期各国学者的各种学说极大地推动了自然区划理论的发展，但由于观测数据不足使得人们对生态系统和生态过程认识不足以及其它客观条件的制约，各种学说中并未提出相对完整的方案。

从 20 世纪 20 ~ 30 年代开始，各国学者通过开展了大量的野外实验与监测研究，获得了日益增多的实验数据，不断加深了对自然界各种规律的认识，并以气候作为影响植被分布的主导因子，对气候与植被分布之间的关系进行了重点研究，从而确立了一系列划分自然植被的气候指标体系。如 Koppen（1931）的生物气候分类方法、Holdrigde（1947）的生命地带概念、Thornthwaite（1948，1955）的水分平衡、Penman（1956）的蒸散公式、Kira（1945，1976）的温暖指数、寒冷指数和干湿度指数等。这些植被—气候分类系统用定量的指标来界定不同的区域，从而为区域的划分提供了理论依据。

1935 年，英国生态学家 Tansley（1935）首先提出了生态系统（ecosystem）的概念，指出生态系统是各个环境因子综合作用的表现。从此各国生态学家对生态系统开展了大量研究，对生态系统过程及其组成因子有了较为充分的认识。在此基础上，以生态系统为主体的自然区划研究工作得到全面地开展（Dice，1943；Loucks，1962；Kuchler，1964；Krajina，1965；Hodgkins，1965；Rowe，1972；Walter，1976）。

1976 年，美国生态学家 Bailey 首次提出严格意义上的生态区划方案，他从生态系统的观点提出了美国生态区域的等级系统，认为区划是按照其空间关系来组合自然单元的过程，并编制了1：750万美国生态区域图，按地域（domain）、区（division）、省（province）和地段（section）四个等级进行划分（Bailey，1976）。1982年，Wiken对加拿大提出了第一个全国生态区划方案，按生态地带（ecozone）、生态省（ecoprovince）、生态地区（ecoregion）和生态区（ecodistrict）四个等级进行划分（Wiken，1982）。

自然区划和生态区划理论的发展和日益成熟为林业区划的发展提供了坚实基础和科学依据。世界各国以气候、地貌、土坡等为影响森林植被分布和布局的主导因子，对林业区划（forestry divisions）进行了大量的研究。20世纪30年代，在苏联以谢良尼诺夫为代表，进行了苏联亚热带地区以及全苏林业气候区划，区划的主要依据为热量条件、水分条件和越冬条件；1976年，美国生态学家Bailey在世界范围内首次提出的生态区划方案，正是为了研究不同尺度上管理森林、牧场和有关土地的方法，提出了美国森林的等级区划系统，引起各国林学家、生态学家对区划原则和依据，以及区划指标和方法等进行了大量的研究和讨论，并在国家和区域的尺度上进行各种林业区划，尤其在北美地区开展了大量研究工作。

纵观各国的研究工作，多数国家仍以自然生态系统的地域划分为研究对象，很少考虑到作为主体的人类在生态系统中的作用。近10多年来，国外林业区划工作出现了新趋势：一方面，是继续深入探讨有关林业区划理论方法，构建更为严密完整的区域划分体系，完善、深化对人地系统及其地域分异规律的认识；另一方面，林业区划研究不仅仅是行业上的专题区划，而且要考虑区域人口、资源、环境和发展问题，与社会经济区划、国土功能区划、生态功能区划联系更为紧密，这也对区划研究工作提出了更高要求。

1.1.2.2 国内研究现状

我国学者早在20世纪20~30年代便已开始区划的研究工作，是世界上较早开展现代区划研究的国家之一。1931年竺可桢发表的“中国气候区域论”标志着我国现代自然区划研究的开始（竺可桢，1931）。20世纪40年代初，黄秉维首次对全国的植被进行了区划，将全国植被划分为26个区，对其中的一些区又进一步划分亚区，并对各区内自然环境特点及其对植物的影响以及植物的演替过程等进行了较为详实的描述（黄秉维，1940－1941）。李旭旦1947年发表的《中国地理区域之划分》在当时已达到了较高的研究水平。这期间，国内外其他一些学者也从区划的地域分异规律等方面对我国的自然区划发表了见解。20世纪80年代以来，为改善生态系统和可持续发展服务的呼声日益高涨，我国生态区划发展迅速，生态系统观点、生态学原理和方法被逐渐引入自然地域系统研究。侯学煜以植被分布的地域差异为基础编制了全国自然生态区划，并与大农业生产相结合，对各级区域的发展策略进行了探讨。生态区划是综合自然区划的深入，它是从生态学的视角诠释区划。

1978年以后，我国林业区划得到了快速发展。国家制定了《1978~1985年全国科学技术发展规划纲要》，并在全国科技大会上将农业区划列为78－85－001号国家科研课题。在这一时期林业区划作为农业区划的重要组成部分，自此林业区划工作也蓬勃发展起来（巩丕孝，2000）。1986年，全国各省（市、区）的林业区划工作全部完成，大部分省（市、区）的林业区划已经通过审定。1987年，林业区划的重点逐渐转移到区域规划和区域开发方面，出台了《全国林业用地立地分类纲要》，在总结国内外不同分类依据和分类方法的基础上试图建立我国的分类系统。

国内学者对林业区划进行了区划研究，具有较大借鉴意义的有：1997年，曹兵等以盐池县25个乡镇为基本单元进行林业区划，选择年均气温、年降雨、有林地面积比重等7个指标运用模糊聚类分析方法将盐池县划分为六个分区。1998 年，董建林等在呼伦贝尔盟林业区划中采用主分量聚类分析方法，定量地划分出呼伦贝尔盟的林业分区，又采用了系统模糊聚类分析方法验证了主分量聚类分析法所确定的呼伦贝尔盟林业区划界线。2002 年，《中国可持续发展林业战略研究》中指出林业区划的指导原则，即应从传统的以自然经济条件为基础转向以可持续经营理论为指导，生态优先并兼顾社会、经济功能的林业生产布局。通过对林业区划指标的调查，分析各县、乡或村林业发展水平和发展潜力，考虑总体发展布局的原则，采用聚类分析方法，对各县、乡或村进行归纳与合并，划分不同发展区域，再运用梯度分析方法，确定各区域的发展梯度、目标和进度。2004 年，李世东等以退耕还林工程的整个工程区 25 个省（区、市）1897 个县（市、区、旗）为研究对象，引入 matlab 等技术，横跨自然、经济、社会科学三大领域，实行定性分析与定量分析相结合，对退耕还林区划进行了系统研究。

尽管国内外许多学者对林业区划进行了理论研究，但对比现代林业要求来讲，还存在以下几点不足：①多数研究试图通过数学模型来达到解决问题的目的，很少考虑社会经济对林业的现实需求和区域需求差异，定量分析与定性分析结合度较低，缺乏综合的分析和评价；②分区依据主要以自然地理差异为主，难以突出生态建设的主体地位，缺少对生态区位和生态敏感性的分析；③制定发展目标时，缺乏对现实森林生产力和潜在森林生产力的评估，对森林资源提升空间认识不足；④区划单元不一，操作性差，区划实施难度大。

1.1.3　林业发展区划的定义与内涵

1.1.3.1　林业发展区划的定义

“区划”一词在我国林业行业最早出现是由俄文（районирование）翻译而来，是区域划分的简称。区划是一种手段，是一种表现形式，其实质内容和目的就是解决生产力布局的问题。我国是世界上第一个较为全面和系统开展林业区划的国家，当时的林业区划还是属于农业综合区划中的一个专业（专题）区划。但是，随着社会经济的不断发展，对林业区划的认识也在不断的深入，国内许多学者和专家对林业区划进行了定义。

在 1987 年林业部林业区划办公室主编出版的《中国林业区划》中提到：“中国林业区划是中国林业行业的生产布局区划。它以全国、省、自治区和县行政区划为总体，分别研究其区域范围内的林业现状、存在问题、自然条件、社会经济状况及历史基础等，探索其允许的或可能的林业生产规模，最佳布局和对现状进行调整的必要措施。”黄健儿 1988 年将林业区划定义为：“林业区划是根据地域分异规律，按照客观存在的自然条件与社会经济状况，以社会发展对林业的要求为准绳，进行林业地域上的分区”。朱志明在 1988 年出版的《农业系统工程子系统设计》中提出：“林业区划是在清查各地气候、水、土、生物资源，并对其森林分布，森林生态系统进行调查的基础上，从自然、经济、技术等方面研究各地林业生产条件和区域特征，分析其差异和相似规律”。1993 年王贵贤在《农业区划知识全书》中提出：“林业区划是在查清林业资源的基础上，研究各地的林业生产条件和林业区域持征，通过分区划片，提出不同地区的林业建设方向和途径”。1993 年刘健国提出：“林业区划既是科学研究工作，又是基础工作，两者兼有，它是一门以林学为主的涉及自然科学（如地学、生态学、经济学、林学等）和社会科学（如人类学、林业经济学等）的综合性和应用性的边缘学科”。他将林业区划定义为：“根据林业特点，在研究有关自然、经济和技术条件的基础上，分析、评价林业生产的特性与潜力，按照地域分异的规律进行分区划片，即以全国或省（自治区、直辖市）、县（旗）为总体，在区域之间，区别差异性，归纳相似性，予以地理分区，使之成为各具特点的‘林区’”。1994年周新年在《林业生产规划》中提出：“林业区划是在查清各地气候、水、土、生物等自然资源并对其森林分布、森林生态系统进行调查研究的基础上，从自然、经济、技术的角度，对各地林业生产条件、林业区域持证、差异性和同一性规律进行分析和研究。”1998年肖斌在《现代林业经济管理》中认为现代林业区划就是根据林业生产具有很强的地域性特点，按照各地区自然、社会、经济等条件的类似性和差异性，对全国、省、地区和县所进行的各具不同生产力特点的林业区域划分。2000年巩丕孝将林业区划定义为：“林业区划是林业科学和区划科学相结合而产生的一门边缘学科，林业区划就是对林业进行科学的区域划分”。2002年梁守伦将林业区划定义为：“林业区划是在综合分析总体范围内的自然条件、社会经济状况、林业生产现状等的基础上，确定总体范围内的林业生产战略布局及分区林业事业的发展方向的一项复杂而严谨的工作”。

尽管上述学者和专家从不同的视角定义林业区划的概念，但其有着本质上的共同点：①林业区划是为了满足林业生产而进行的区域划分，主要是解决林业生产力布局问题；②林业区划主要依据区域自然地理特征、社会经济发展状况、森林资源以及社会对林业的主导需求等四个主要因素，其中以自然分异规律考虑因素较多；③林业区划具有基础性、战略性和指导性，其目的是进行林业区域分工，明确各自林业发展的主要方向。2007年国家林业局森林资源管理司在《国家林业局关于开展全国林业发展区划工作的通知》（林资发〔2007〕50号）的文件中第一次提出全国林业发展区划的概念，较传统林业区划的定义、内涵都有较大的变化。笔者在综合上述学者和专家对林业区划认识的基础上，将林业发展区划定义为：根据区域内自然与经济社会条件、资源环境承载能力、林业发展的基础和潜力，以及经济社会对林业的主导需求等，从可持续发展的战略高度，对林业发展的主体功能和生产布局进行区域划分和合理配置。

1.2.3.2　林业发展区划的内涵

林业发展区划是在传统林业区划的基础上赋予其时代内涵发展而形成的，具有以下五个方面的内涵：

第一，满足社会经济发展对林业的生态需求是现代林业发展区划的核心思想。

随着我国进入工业化中期阶段，经济社会发展对林业的要求也在发生根本性的变化。人们从惨痛的教训中领悟到，以牺牲资源和环境为代价换来的经济增长是短暂的，更是得不偿失的，追求可持续发展已成为世界经济发展的大趋势。基于森林在维护生态平衡、保护自然生态、改善生态环境方面的巨大作用，治理、保护和改善生态环境已逐步取代木材生产而成为国民经济和社会发展对林业的第一位要求。林业区划的指导思想也随之发生根本性的转变，即由以木材生产为主转向以生态建设为主。

第二，就传统林业区划而言，现代林业发展区划的目的、依据和范围得到进一步延伸。

1987年的全国林业区划任务主要是根据林业分布的地域差异，划分林业的适宜区。传统林业区划的内容主要包括：①森林资源数量、质量及生产潜力评价；②森林立地条件类型及其对林业发展的影响；③林业生产现状、分布特点、存在问题及发展途径；④林业分区及其发展方向和对策。但是随着现代林业的发展，林业生产不但要满足生态建设、林业产业的要求，还要考虑森林文化产品的布局，其目标是构建完备的生态体系、发达的产业体系和繁荣的生态文化体系，内容较为全面和丰富，基本涉及到了林业建设事业的方方面面。林业区划的内容和涵义也不断得到丰富和扩展，不但要根据自然地理条件、社会经济条件的地域分异、区域林业发展潜力和林业主导功能，进行林业生态功能和林业生产力布局，还要提出森林经营、保护和治理措施及优化模式，分析区域优势和发展潜力，并完善区域林业政策和措施，明确林业发展的科技需求等方面的内容。

第三，林业科学技术的发展为现代林业发展区划工作提供了先进的技术手段。

传统的林业区划方法包括“自上而下”和“自下而上”两种，辅助专家个人与团体智能、理念分析、模型应用等方法，主要以定性技术方法为主。加之没有现代信息技术的支撑，区划成果在结论上、细节上、精确度上、表现方式上、应用效率上相对比较落后。随着科学技术（数据库、系统分析、专家智能、计算模拟、对地观测、空间信息系统等技术）的发展和进步，区划技术手段也发展到地理信息系统的广泛应用，包括一些如叠置法、主导标志法、地理相关法、景观制图法、聚类分析方法和地理信息系统（GIS）等分析方法，使定量评价和分析成为可能，收集的信息更科学、便捷和完整。

第四，现代林业发展区划的基本单元进一步优化。

1987 年全国林业区划有不同的等级层次，每级林业区有其划分的指标。全国林业区划以气候带、大地貌单元和森林植被类型或大树种为主要标志；省级林业区划以地貌、水热条件和大林种为主要标志；县级林业区划以代表性林种和树种为主要标志。当时具体做法是：由各省、市、自治区先按前述原则与依据划分若干省级区，然后把地域相连、发展方向相同、森林生态经济相似的省级区合并为具有独立特点的林区。这种分类体系完全符合当时的国情和省情，但是对于构建现代林业体系来说，内容还不够全面，区划过于宏观，缺乏实用性和可操作性。随着地区县域经济的发展和城市化进程的加快，区域经济、林业发展的特征更明显，直接以县（区）为单位的区划单元成为可能，这样，区划的成果更容易得到森林经营管理单位的贯彻和落实。

第五，林业发展区划更强调发展的含义。

在我国《国民经济和社会发展第十一个五年规划纲要》中，提出在全国推动主体功能区区划的举措，国土空间将被统一划分为优化开发、重点开发、限制开发和禁止开发四大类主体功能区。林业发展区划在国家主体功能区规划中确定各地区林业的开发类型，为林业在整个社会经济中确定发展空间。区划不仅仅是地理区域的划分，更加注重区域引导的作用。林业发展区划分近、中、远三个阶段预测林业的发展目标和规模，强调与国民经济与社会发展的中长期规划接轨，与社会经济发展、人口资源环境发展相接轨，尽量满足新时期社会对林业的需求。

总之，新时期的林业区划不但需要从指导思想、研究范围、发展理念、技术手段、区划单元等方面进行理论创新，还要积极探索适宜国情、省（区、市）情的区划方法、区划指标和评价体系，这样才能满足调整林业生产力和生产关系的要求。

1.2　中国林业发展区划的实践

1.2.1　中国林业区划体系概况

1949 年以前，国内没有进行过林业区划。1953 年，我国著名的林学家、森林生态学家，时任林垦部（后为林业部）工程师、总工程师吴中伦先生，开始进行林业区划的相关研究工作，并于1954年制定出《中国林业区划草案》。这是中国第一部林业区划的著作，首次将全国分为18个林区，并逐一提出了各区的保护、发展和利用的建议。70年代末，按照国家科技委员会和全国农业区划委员会统一部署，由国家林业部组织进行中国林业区划工作。在当时，林业区划还是以林业生产为对象而进行的单项农业区划。1979年6月，在河南省新乡市召开全国林业自然资源调查和林业区划工作会议，各级林业部门成立林业区划工作领导小组和区划办公室。1980年林业部成立林业区划研究组，根据森林、地形、气候、人口、交通、劳动力分布等条件将全国划分为18个林区，对每个林区都简要论述了区域范围、自然因子、社会经济特点以及农、林、牧各行业应占的比重，对当时的28个省（自治区）逐一提出分区意见，以地名—地貌特征—林种予以命名。限于当时我国对有关因子的调查刚刚开始，情况了解较少，又未能动员基层林业及其他有关行业的科技力量参加，林业区划工作受到影响。经过近8年的区划工作和多次反复修改，《中国林业区划》于1983年基本完成，并由林业部部长办公会议讨论通过。1987年，国家林业部林业区划办公室组织出版了《中国林业区划》专著，分析了中国发展林业的条件，林业工作的现状、成绩、存在问题，公布了中国林业区划的分区、分区论证和林业发展的一些关键性措施。

1987年的全国林业区划共划定了50个林区。以气候、地貌、森林植被类型、林业发展方向等因素相近和地域相连接为条件，再归并形成了发展林业的七大地区。这七个地区采用地理位置或区域名称加上林种名称进行命名，即东北用材、防护林地区，蒙新防护林地区，黄土高原防护林地区，华北防护、用材林地区，西南高山峡谷防护、用材林地区，南方用材、经济林地区，华南热带林保护地区。仅青藏高原寒漠非宜林地区没有区划林业。在当时，区划工作先从省级林业区划做起，以省级林业区划为基础进行全国林业区划，最后普遍进行县级林业区划。基本形成了国家、省级和县级林业区划体系。第一级为国家林业区划，称为中国林业区划；第二级为省、市、自治区林业区划；第三级为县级林业区划。林业区划为中国林业的生产布局、发展方向等提供了指导思想和战略方针，为促进林业建设做出了巨大的贡献。

时隔20多年后，2007年国家林业局森林资源管理司下发《国家林业局关于开展全国林业发展区划工作的通知》（林资发〔2007〕50号）的文件，标志着我国正式启动新一轮的全国林业发展区划。全国林业发展区划将以全部国土空间的林地、湿地、荒漠化和沙化土地，林木资源以及附属的野生动植物和微生物资源为区划对象，以森林资源为区划主体，综合考虑自然地理条件、环境容量、森林资源变化和林业发展现状等要素，形成全国林业发展区划三级分类系统。其中，一级分区反映对林业发展起控制作用的自然地理条件，又称自然条件分区；二级分区反映林业主导功能，又称主导功能分区；三级分区统筹谋划林业生产力布局，调整完善林业发展政策和经营措施，又称布局分区。一级、二级和三级分区是一个整体，上一级分区是下一级分区的控制前提，下一级分区是上一级分区的细化落实。

1.2.1.1　一级区

为自然条件区，旨在反映对我国林业发展起到宏观控制作用的水热因子的地域分异规律，同时考虑地貌格局的影响。通过对制约林业发展的自然、地理条件和林业发展现状进行综合分析，明确不同区域今后林业发展的主体对象，如乔木林、灌木林、荒漠植被；或者林业发展的战略方向，如：开发、保护、重点治理等。

全国一级区划主要选取水热气候指标，如≥10℃的日数（天）、≥10℃积温（℃）、年降水量（mm）、极端低温（℃）和地势差异指标（绝对海拔高度和相对海拔高度），同时参考全国自然区划方案，结合我国的自然地域特点、森林生态系统类型、主要区域环境问题和人类活动状况等要素，全国农业区划方案、中国植被区划、中国林业区划（1987 年）和各省森林分区方案，采用自上而下划分、专家集成与模型定量相结合的方法，将全国划分为 10 个一级分区单元（表 1-1）。

一级区划根据我国在气候上因受东亚季风的影响而形成的东部湿润、西北干旱、青藏高原寒冷的气候特点及与之相对应的森林生态系统类型的差异，划分为东部季风区、西北干旱区和青藏高寒区。在东部季风区，温度是影响森林生态系统分布的主导因素，根据≥10℃年积温和年降水量变化，参照森林类型、土壤等因素，划分为大兴安岭寒温带针叶林限制开发区、东北中温带针阔混交林优化开发区、华北暖温带落叶阔叶林保护发展区、南方亚热带常绿阔叶林、针阔混交林重点开发区、南方热带季雨林、雨林限制开发区、云贵高原亚热带针叶林优化开发区 6 个一级分区。在西北干旱区，降水是影响森林生态系统分布的主导因素，故根据年降水量和≥10℃年积温变化，划分为蒙宁青森林草原治理区和西北荒漠灌草恢复区 2 个一级分区。在青藏高寒区，主要根据年降水量、≥10℃年积温和森林分布变化，划分为青藏高原东南部暗针叶林限制开发区和青藏高原高寒植被与湿地重点保护区 2 个一级分区。

表 1-1 全国林业发展区划一级分区

大区	温度带	一级区	面积（km^2）	比例（%）
东部季风区	寒温带	大兴安岭寒温带针叶林限制开发区	136 662	1.4
	中温带	东北中温带针阔混交林优化开发区	817 069	8.5
	暖温带	华北暖温带落叶阔叶林保护发展区	962 894	10.0
	亚热带	南方亚热带常绿阔叶林、针阔混交林重点开发区	2 002 968	20.9
	热带	南方热带季雨林、雨林限制开发区	138 412	1.4
	亚热带	云贵高原亚热带针叶林优化开发区	381 568	4.0
青藏高寒区	高原温带	青藏高原东南部暗针叶林限制开发区	508 693	5.3
	高原寒带	青藏高原高寒植被与湿地重点保护区	2 067 270	21.5
西北干旱区		蒙宁青森林草原治理区	823 934	8.6
		西北荒漠灌草恢复区	1 763 246	18.4
		合　计	9 602 716	100

注：引自《全国林业发展区划一级区划》（草案）。

1.2.1.2 二级区

为主导功能区，以区域生态需求、限制性自然条件和社会经济对林业发展的根本要求为依据，旨在反映不同区域林业主导功能类型的差异，体现森林功能的客观格局。

全国二级区划是在一级分区的框架内，以区域生态要求、限制性自然条件和社会经济发展对林业的根本要求为依据，旨在反映不同区域林业主导功能类型的差异，体现森林功能性布局。二级区划的主要任务是从林业生态、社会和经济三大功能要素细化区域林业的主导功能，确定区域的主要林种或者主体治理方向。二级区划主要选取生态需求、地貌类型、土壤类型、植被类型、人口密度、农林牧产业结构及其发展潜力和自然灾害等七类区划指标，以国家为主体，地方参与，采用异区异指标的主导因素方法进行区划。在一级区划控制下，全国共划分为 61 个二级区（表 1-2）。

表 1-2　全国林业发展区划二级分区

一级区	二级区名	面积（km^2）	比例（%）
大兴安岭寒温带针叶林限制开发区	额尔古纳河北部特用林区	9623	0.1
	伊勒呼里山北部防护用材林区	60 052	0.6
	伊勒呼里山北部防护用材林区	66 987	0.7
东北中温带针阔混交林优化开发区	大兴安岭东部防护用材林区	94 690	1.0
	松辽平原西部防护经济林区	195 782	2.0
	松辽平原东部防护林区	125 882	1.3
	东北东部山地用材防护林区	288 858	3.0
	三江平原防护特用林区	63 622	0.7
	长白山南部防护用材林区	48 235	0.5
华北暖温带落叶阔叶林保护发展区	辽东、胶东半岛环渤海湾防护经济林区	136 705	1.4
	燕山长城沿线防护林区	98 367	1.0
	黄淮海平原防护用材林区	30 6831	3.2
	鲁中南低山丘陵防护林区	43 439	0.5
	太行山伏牛山防护林区	97 667	1.0
	汾渭谷地防护经济林区	72 267	0.8
	晋陕黄土高原防护经济林区	116 961	1.2
	陇东黄土高原山地防护用材林区	90 657	0.9
南方亚热带常绿阔叶林、针阔混交林重点开发区	秦巴山地特用防护林区	209 269	2.2
	大别山、桐柏山用材防护林区	139 558	1.5
	四川盆地防护经济林区	163 805	1.7
	两湖沿江丘陵平原防护用材林区	228 647	2.4
	云贵高原东部中海拔山地防护林区	286 877	3.0
	华东华中低山丘陵用材经济林区	615 764	6.4
	华南亚热带用材防护林区	330 142	3.4
	台湾北部防护用材林区	28 907	0.3
南方热带季雨林、雨林限制开发区	藏东南用材经济林区	24 841	0.3
	滇西南经济特用林区	8156	0.1
	滇南经济特用林区	22 894	0.2
	粤桂南部防护经济林区	39 356	0.4
	台湾南部防护用材林区	7786	0.1
	海南岛防护特用林区	34 321	0.4
	南海诸岛防护林区	1057	0.0
云贵高原亚热带针叶林优化开发区	滇西北特用防护林区	62 561	0.7
	滇东北川西防护林区	65 806	0.7
	滇西南特用经济林区	54 732	0.6
	滇中防护用材林区	144 532	1.5
	滇南用材经济林区	53 937	0.6

（续）

一级区	二级区名	面积（km^2）	比例（%）
青藏高原东南部暗针叶林限制开发区	雅鲁藏布江下游防护用材林区	93 730	1.0
	横断山区防护林区	165 924	1.7
	川西特用用材林区	180 312	1.9
	藏南特用防护林区	68 727	0.7
青藏高原高寒植被与湿地重点保护区	南疆昆仑山阿尔金山保护恢复区	321 186	3.3
	柴达木共和盆地防护经济林区	355 420	3.7
	祁连山防护特用林区	52 627	0.5
	羌塘阿里高寒植被保护区	632 710	6.6
	江河源特用区	457 041	4.8
	藏南谷地防护经济林区	248 285	2.6
蒙宁青森林草原治理区	呼伦贝尔高原防护林区	91 853	1.0
	锡林郭勒高原防护林区	321 902	3.4
	大兴安岭东南丘陵平原防护经济林区	149 410	1.6
	阴山防护特用林区	33 743	0.4
	黄河河套防护用材林区	59 324	0.6
	鄂尔多斯高原防护经济林区	117 337	1.2
	青东陇中黄土丘陵防护经济林区	50 365	0.5
西北荒漠灌草恢复区	阿尔泰山防护用材林区	70 697	0.7
	准噶尔盆地防护经济林区	278 618	2.9
	天山防护特用林区	266 630	2.8
	南疆盆地绿洲防护经济林区	271 231	2.8
	南疆盆地荒漠恢复区	454 194	4.7
	河西走廊防护经济林区	163 074	1.7
	阿拉善高原荒漠草原恢复区	258 803	2.7
合　　计		9 602 716	100.0

注：引自《全国林业发展区划二级区划》（草案）。

1.2.1.3　三级区

为布局区，包括林业生态功能布局和生产力布局。旨在反映不同区域林业生态产品、物质产品和生态文化产品生产力的差异性，并实现林业生态功能和生产力的区域落实。三级区划以省级为主体，由各省市编写，国家负责技术指导和审定。

三级区划的主要任务是根据自然地理条件、社会经济条件的地域分异、区域林业发展潜力和林业主导功能，进行林业生态功能、林业产业生产力布局、生产要素配置，并提出相关的林业经营管理政策措施要点等。林业生态功能布局要全面考虑国家和区域对森林生态功能的需求，贯彻“因害设防”的方针，依据生态区位的重要性，划分保护等级，统筹安排森林生态功能区。林业产业生产力布局是生态产品、物质产品和生态文化产品的综合生产力布局，其重点是从可持续经营的角度提出公益林发展布局、商品林发展布局、非木材林业资源利用布局和林产工业发展布局。完善区域政策的重点是提出需要调整和完善的森林资源产权制度、林地保护利用政策、森林经营管理政策、产业发展政策、生态保护政策、以及工程、投资、财政等方面的政策措施建议等。

三级区划是在综合考虑自然条件、立地条件、社会经济因子、林业发展潜力、生态区位等因素的基础上，采取异区异指标的多因素综合评价法，建立综合性指标体系。同时，要以二级区划主导功能为主线，围绕其服务性、特殊性和优势性，提出三级区划指标，重点反映立地条件、生态重要性与脆弱性程度、资源环境承载力、现有经营开发程度和发展潜力等。

通过一、二、三级区划，将形成一套完整、科学、合理的符合我国国情的全国林业发展区划体系，对全国林业发展进行分区管理和指导，从而提高全国林业发展水平。

1.2.2　广东林业在全国林业发展区划中的定位

1.2.2.1　在一级区中的定位

在全国林业发展区划 10 个一级分区中，广东省南北横跨南方亚热带常绿阔叶林、针阔混交林重点开发区（Ⅳ）和南方热带季雨林、雨林限制开发区（Ⅴ）。中间以台山市—阳东县—阳春市—阳江、茂名、廉江一线为分界线，北部属于南方亚热带常绿阔叶林、针阔混交林重点开发区，南部则属于南方热带季雨林、雨林限制开发区。

1.2.2.2　在二级区中的定位

在一级区划的框架内，广东地处华南亚热带用材防护林区（Ⅳ.07）和粤桂南部防护经济林区（Ⅴ.04）2 个二级分区，界线与一级分区界线相同，界线以北为华南亚热带用材防护林区，界线以南为粤桂南部防护经济林区。其中，华南亚热带用材防护林区涉及贵州、广西和广东三省（区），总面积 330142 km^2，广东省约 90% 以上的区域属于本区。粤桂南部防护经济林区涉及广东和广西两省，总面积 39356 km^2，该区粤南低山台地地区地带性植被热带季雨林遭受严重破坏，仅有零星分布，普遍种植速生丰产树种和热带经济作物。

1.3　广东现代林业发展区划的目的和意义

1.3.1　广东林业区划历史

早在 1980 年，广东省林业厅就开始着手编制省级林业区划，并于 1984 年完成《广东林业区划》。这次省级林业区划属全国第二级区划，主要是为省级林业生产做出战略部署，提出方向性的科学依据，其主要原则是：①在地域内，发展林业生产的自然条件、经济条件具有相似性；②林业生产发展方向和国民经济发展要求，有相对的一致性；③林业与其他部门之间的协调性；④根据地形、地貌、水热条件和森林植被，结合各林种、树种的发展，在地区连片上有类似性；⑤尽量使各林业分区在地域上连片，并保持公社界限的完整性。在划分各区时，综合考虑地形、地貌、水热条件、土壤类型、森林植被等方面的条件，但以地貌类型、森林资源分布状况和历史形成的林业地理分布作为划区的主要依据。全省共划分为 6 个林业区：①粤北山地、丘陵用材林、水源林区；②粤东丘陵、山地用材林、水土保持林；③粤中山地、丘陵用材林、经济林区；④珠江三角洲防护林、经济林区；⑤潮汕沿海丘陵、台地防护林、经济林区；⑥粤西台地、丘陵防护林、用材林区等。林业区划形成的几项措施：稳定所有制，落实林业政策，建立和完善林业生产责任制。落实山林的所有权，坚决执行植树造林“谁造谁有”的政策；改革林业森工管理体制；增加林业投资，鼓励和扶助林业建设；加强森林保护，实行以法治林；加强木材和林产品的统一管理；进行林业技术改造，逐步实现林业现代化。区划成果在 1985 年的“十年绿化广东”、1994 年的森林分类经营改革、1998 年林业第二次创业等重大林业建设发展中发挥积极的指导作用。

20 多年来，随着社会经济的快速发展，林业生产技术条件、森林资源、生产要素以及产业结构等都发生了深刻的变化。林业不仅要满足社会对木材等林产品的多样化需求，更要满足改善生态状况、保障国土生态安全的需要，生态需求已成为社会对林业的第一需求。

2005 年中共广东省委、省人民政府作出了《关于加快建设林业生态省的决定》，确立以生态建设为主的林业可持续发展道路，进一步明确林业的地位：在贯彻可持续发展战略中，要赋予林业以重要地位；在生态建设中，要赋予林业以首要地位；在国民经济建设中，要赋予林业以基础地位。并提出建设以森林植被为主体的稳定、安全的生态屏障，完备的国土生态安全体系和发达的林业产业体系，实现生态良好、生产发展、生活富裕、人与自然和谐相处的目标。广东林业处在一个重要的变革和转折时期。显然，以木材生产为指导思想的林业区划已经不能满足新时期广东林业发展的要求，林业发展的基本思路和总体布局的调整，亟需进一步调整林业发展区划，全面指导新时期林业建设工作。

1.3.2　广东林业发展区划的目的和意义

为了科学规划全省林业发展的空间布局，明确不同区域的发展方向、建设重点和政策措施，形成主体功能定位清晰、发展目标明确、建设重点突出、政策措施得当的林业协调发展格局，全面推进现代林业建设。为此，全省必须从战略的高度，积极开展林业发展区划相关研究工作，为制定新时期林业中长期发展规划、生态建设规划、林业专项规划、林业工程规划、森林经营方案以及林业方针政策等提供科学依据。

（1）林业发展区划是落实科学发展观，建设广东现代林业，构建林业生态、产业和文化“三大体系”的基础性工作。现代林业是未来一段时段内广东省林业建设的主题和目标。全省林业建设将转入以发展现代林业为重点，以实施重点工程为手段，构建效益显著的生态体系、充满活力的产业体系和富有感染力的生态文化体系，满足人民群众对林业提出的生态产品和物质产品等多样性需求，实现以生态优先向生态、产业、文化三大体系并重转变。林业发展区划研究指明各个区域未来林业发展的重点，对于如何构建现代林业的三大体系进行分析和阐述，具有现实的指导意义。

（2）林业发展区划是建立和完善全省林业发展区划体系，正确引导林业发展走向，科学实施林业分类经营和分区施策，大力促进林业生态建设和产业和谐发展的重要保障。森林经营方案是科学经营森林、实现森林可持续发展的重要手段，是增加森林资源数量、提高森林资源质量的主要措施，是推进现代林业三大体系的重要手段，是建立高效、透明、科学、有序的森林资源经营管理体系的重要载体。林业发展区划将确定该区域未来森林资源经营管理的方向和主要措施，判断该区域的森林资源经营管理类型，具体指导该地区的森林资源经营方案的编制。

（3）林业区划明确了不同区域的发展方向、建设重点和政策措施，形成了主体功能定位清晰、发展目标明确、建设重点突出、政策措施得当的全省林业协调发展格局，是全省林业生产布局的基础和前提。2005 年，广东省委、省政府《关于加快建设林业生态省的决定》中提出以建设“林业生态省”为目标，谋划林业生产力布局，其最终目的是加强生态建设、维护生态安全，倡导生态文明，提升林业产业水平和发展活力，满足广东经济社会对林业的生态需求，增强林业产业为区域经济可持续发展服务的能力。林业区划定量分析全省林业发展的潜力、森林资源提升的空间、明确了战略目标和实现目标的途径，对林业生态省建设过程中的一些战略问题进行分析和阐述，提供科技服务支撑和政策需求保障。

（4）林业发展区划为森林可持续经营提供了依据和基础，是制订林业发展规划和计划的基本依据。近年来，全省启动了一大批林业重点工程，如林业生态县创建工程、自然保护区工程、商品林基地工程、四江流域水源涵养林工程、沿海防护林和红树林建设工程、自然保护区示范省建设和林分改造工程等，有力地推动了现代林业建设的进程。林业发展区划将科学制定全省各分区的林业发展重点和未来的发展方向，为以后编制林业规划提供指导，为构建现代林业过程中合理安排各项林业重点工程提供参考，使得各项林业规划编制合理，有据可依，具有可操作性。

第2章 广东自然地理概况及社会经济发展特征

2.1 自然地理概况

广东省位于祖国大陆最南部，地处北纬20°09′~25°31′和东经109°45′~117°20′之间。陆域东邻福建，北接江西、湖南，西连广西，南临南海并在珠江三角洲东西两侧分别与香港、澳门特别行政区接壤，西南部隔琼州海峡与海南省相望，北回归线从南澳—从化—封开一线横贯全省。陆地面积为17.98万km^2，约占全国的1.87%，其中林地面积10.86万km^2，约占全省的60.46%。海洋面积约41.93万km^2，大陆海岸线3368.1 km，居全国第一位。

2.1.1 地形地貌

广东的地势大体上为北高南低，地貌素有“七山一水二分田”之称，主要由山地、丘陵、台地、平原和水域构成，全省自然地貌因在历次地壳运动中，受褶皱、断裂和岩浆活动的影响，形成山地较多，岩石性质差别较大，山地、丘陵、台地、平原交错，地貌类型复杂多样的特点（表2-1）。

表2-1 广东陆地地貌结构类型

指标	山地	丘陵	台地	平原	河流、湖泊	合计
面积（km^2）	60 592.6	44 770.2	25 531.6	39 016.6	9889	179 800
比例（%）	33.7	24.9	14.2	21.7	5.5	100

注：不包括部分岛屿面积。

2.1.1.1 南岭北峙，地势南倾

广东的山地主要集中在粤北、粤东和粤西，由三列东北—西南走向的山脉构成，最北为南岭山地，海拔700~1100m；第二列为罗平山脉，从连平向罗定延伸，海拔600~1100m；第三列为莲花山脉，由大埔向东南经惠阳到香港附近。由花岗岩或花岗岩侵入变质岩系构成。其中，北部的南岭是珠江水系与长江水系的分水岭，山脉则多为向南拱出的弧形山脉，期间夹有南雄盆地、英德盆地、韶关盆地和一些南北向的切谷。全省最高峰石坑崆，地处粤北韶关市，海拔1902m。这些山地都属于纬向构造体系，是华中地区与华南地区气候的分界线。

2.1.1.2 岭谷排列有序，山形多姿多彩

广东山岭众多，这些山岭之间有梅江、西枝江谷地，东江谷地，龙门、灯塔谷地等。粤西山地也是东北—西南走向的三列山脉，分别为天露山（海拔1254m）、云雾山脉（海拔1140m）和云开大山（1704m），山岭间有河谷盆地。山形多姿多彩，主要有石灰岩峰林地

貌、砂岩峰林地貌和玄武岩地貌和丹霞地貌等。

2.1.1.3　丘陵广布，丘顶较平，地表破碎

丘陵占全省大部分，大都分布在山地周围，或零星散落于沿海平原与台地之上，尤以粤东南丘陵最为广阔。主要分布在粤北的南雄、仁化、连州，粤东的兴宁、梅县、五华、龙川、河源、平远、紫金，粤西的罗定，海拔一般都在250m以下。

2.1.1.4　地面起伏和缓，顶部齐平的台地

台地分布较广，以雷州半岛—电白—阳江一带和海丰—潮阳一带分布较多。雷州半岛是一个近代熔岩、浅海堆积和侵蚀形成的台地，粤东海陆丰则是大片的花岗岩台地。台地海拔一般不超过80m，坡度小于10°。这类土地地势开阔平坦，但土壤相对贫瘠。

2.1.1.5　水乡泽国的河网平原

全省南部分布有河谷冲积平原和三角洲平原，其中，河谷冲积平原有北江的英德平原，东江的惠阳平原，粤东的榕江平原、练江平原，粤中的潭江平原，粤西的鉴江平原、漠阳江平原和九洲江平原。三角洲平原中，珠江三角洲平原是全省面积最大的平原，面积86 001.1 km^2。韩江三角洲平原与榕江平原、练江平原、黄岗三角洲合成潮汕平原，为广东第二大平原，面积4700km^2。

2.1.1.6　海岸曲折绵长，港湾岛屿众多

大陆海岸线长3368.1km，占全国1/6，居全国首位。沿线有500m^2以上的大小岛屿759个，岛屿岸线2414.4km，岛屿数量仅次于浙江、福建两省，居全国第三。

2.1.2　气　候

全省气候特征可以概括为：热量丰富，夏长冬暖；降雨量充沛，干湿季分明；夏秋多台风，热带气旋频繁。全省平均日照时数为1745.8h，年平均气温22.3℃。1月平均气温约为16～19℃，7月平均气温约为28～29℃。年太阳总辐射量在4200～5400MJ/m^2之间，年平均降水量在1300～2500mm之间，全省平均为1777mm。温暖湿润是广东气候的基本特征。

全省地跨热带、亚热带，气候带从南向北划分为热带季风气候带、南亚热带季风气候带和中亚热带季风气候带（曾昭璇，2001）。根据水热系数（降雨量与可能蒸发量之比）划分为11个气候区（表2-2）。

表2-2　广东气候带和气候区的划分

序号	气候带	主要指标	气候区	水热系数
Ⅰ	热带季风气候带	日均温≥10℃，积温8200℃以上，最冷月平均气温>15℃	I_{C}雷州半岛半湿润气候区	1.6～2.0
			I_{B}粤西湿润气候区	2.1～2.5
Ⅱ	南亚热带季风气候区	日均温≥10℃，积温7500～8200℃，最冷月平均气温12～15℃	II_{A1}粤中潮湿气候区	>2.6
			II_{A2}两阳潮湿气候区	>2.6
			II_{A3}海陆丰潮湿气候区	>2.6
			II_{B}粤东粤中湿润气候区	2.1～2.5
			II_{C1}粤东沿海半湿润气候区	1.6～2.0
			II_{C2}罗定盆地－西江河谷半湿润区	1.6～2.0
Ⅲ	中亚热带季风气候带	日均温≥10℃，积温<7500℃，最冷月平均气温9～11.9℃	III_{A}粤北南部潮湿气候区	2.1～2.5
			III_{C1}粤北湿润气候区	1.6～2.0
			III_{C2}兴梅半湿润气候区	1.6～2.0

各地由于纬度、距海远近和地形的不同，气候仍有一定差异。年均气温从北向南逐步升高，从粤北平均气温 19℃升至西南雷州半岛 23℃。降水季节分配极不均匀，雨季、旱季分明，4～9 月降水量占全年的 70% ～85% 。历年风力 6 级大风区的北界在信宜—云浮—清远—佛冈—河源—丰顺一线以南。洪涝和干旱灾害经常发生，台风的影响也较为频繁，平均每年有 3. 54 个台风登陆，占全国台风登陆数的 37% 。春季的低温阴雨、秋季的寒露风和秋末至春初的寒潮和霜冻，也是广东多发的灾害性天气。

2. 1. 3　土　壤

2. 1. 3. 1　地带性土壤

主要有砖红壤、赤红壤、红壤、黄壤等。赤红壤是南亚热带地区地带性土壤类型，适合发展热带、亚热带果树和其他经济林、农作物和一些珍贵用材林树种，如柚木、红锥、印度紫檀、樟树和大叶桃花心木。南亚热带地区水、热和土壤条件优越，与中国其他地方相比，土地生产潜力较高。砖红壤是热带地区地带性土壤，适宜种植热带作物和果树。红壤是中亚热带地区的地带性土类，分布在广东省北部山区，适合发展杉木和马尾松用材林、经济林和多种珍贵阔叶树种用材林。

2. 1. 3. 2　非地带性土壤

受岩性、地貌、水文及人为因素等影响而形成的非地带性土壤类型有紫色土、石灰土、粗骨土、石质土、火山灰土、潮土、滨海盐土、滨海沙土、酸性硫酸盐盐土和水稻土等。

2. 1. 3. 3　土壤地理区划

广东省土壤大致可以分为 6 个区（曾昭璇，2001），其中以粤东山丘盆地赤红壤、黄壤、水稻土区和粤北山丘盆地赤红壤、黄壤、水稻土区面积较大，分别占 26. 28% 和 20. 84% （表 2-3）。

表 2-3　广东省土壤地理分区

序号	分　区	面积（万 hm^2）	百分比（%）
Ⅰ	粤北山地丘陵红壤、黄壤水稻土区	371. 26	20. 84
Ⅱ	粤东山丘盆地赤红壤、黄壤、水稻土区	468. 59	26. 28
Ⅲ	粤东滨海丘陵台地赤红壤、滨海沙土、水稻土区	205. 29	11. 5
Ⅳ	珠江三角洲及其临近地区平原低丘水稻土、堆叠土、赤红壤区	223. 57	12. 54
Ⅴ	粤西北山地丘陵，赤红壤、黄壤、水稻土，以林为主，林、农并重地区	382. 27	21. 44
Ⅵ	粤西台地平原，砖红壤、赤土田，以农为主，农、热带作物、果并重地区	131. 66	7. 38

2. 1. 4　水资源

2. 1. 4. 1　河流分布

河流众多，水量丰富，主要有珠江水系的东江、北江、西江和珠江三角洲水系，其次为粤东、粤西沿海，集雨面积在 100 km^2 以上的各级干、支流达 542 条（集雨面积 1000 km^2 以上的有 62 条），其中独流入海的有 54 条。年均河川径流量约为 1800 亿 m^3。过境水量年平均 2330 亿 m^3，合计广东省径流域量为 4130 亿 m^3。珠江是西江、北江、东江合流后的总称，在省内流域 11. 1 万 km^2，占全省面积的 62. 4% ，省内干流长 408 km。

2. 1. 4. 2　水资源

水资源丰富，年均径流 1012mm，河川径流总量 1819 亿 m^3；邻省从西江和韩江等流入广东的客水量2330亿m^3，深层地下水60亿m^3，可供开采的人均水资源占有量达4735 m^3，高于全国平均水平。据统计，全省共建成水库6841宗。其中：大型水库33座，库容280.5亿m^3；中型水库284座，库容80.4亿m^3；小型水库6524宗，总库容约57.6亿m^3。

（1）地表水资源：地表水供水量为421.7亿m^3，占总供水量的95%。城镇生活用水中，居民生活用水33.94亿m^3，公共用水9.16亿m^3，城镇生活综合用水为245L/人.d。农村生活用水24.76亿m^3，但农村自来水普及率不高（东莞市最高91.28%；茂名、惠州较低，不足10%）。

（2）地下水资源：地下水天然补给资源量694.782亿m^3/a，允许开采量452亿m^3，实际开采量20.05亿m^3。地下水资源主要集中在湛江和珠江三角洲。其中，湛江市、清远市及梅州市是开采量较多的城市，分别为6.58亿m^3、2.17亿m^3及2.02亿m^3。从地下水利用结构来看，主要为生活用水量，占57.5%；工业用水量及农牧业用水量相当，分别占21.3%和21.2%。

2.1.4.3　水资源特征

全省水资源时空分布不均，夏秋易洪涝，冬春常干旱。沿海台地和低丘陵区不利于蓄水，缺水现象严重，尤以粤西的雷州半岛最为典型；粤北地区的喀斯特地区面积较广，土壤很薄，蓄水能力差，地表水缺乏，用水极为困难。此外，不少河流中下游河段由于城市污水排入，污染严重，水质性缺水的威胁日益加剧。

2.1.5　森林植被

在地处高温多雨、终年湿润的热带和亚热带气候环境下，分布着以热带与亚热带植物区系成分为主的常绿阔叶林，形成地带性森林植被特征：北部为中亚热带典型常绿阔叶林、中部为南亚热带季风常绿阔叶林以及南部的热带季雨林。

由于受人为干扰破坏，各地带原生森林植被类型残存不多。在热带地区的次生森林植被以具有硬叶常绿的稀树灌丛和草原为优势，亚热带地区则以针叶稀树灌丛、草坡为多，人工林以杉木、马尾松、桉树、木麻黄、竹林等纯林为主。

2.1.5.1　中亚热带典型常绿阔叶林

主要分布在北纬24°30′以北，即怀集、英德、梅县、大埔一线以北地区。此外粤东的山地与粤西的云开大山北部也有分布。面积较大的地区主要为粤北丘陵山地区的南岭、天井山、滑水山、车八岭、九连山等林区和保护区，多呈块状星散分布。群落外貌四季常绿，林冠较整齐，乔木高20～25m，垂直结构可分2～3层；群落外貌上常带有一些热带森林的特征，如在沟谷处可见桫椤、黑桫椤和野蕉等热带树种。林内优势种较明显，乔木层以樟科、茶科、壳斗科、木兰科和金缕梅科的常绿阔叶树为主，但有少量落叶树；灌木层以山茶科、樟科、茜草科、紫金牛科、山矾科、杜鹃花科和竹亚科等为主；草本植物层种类比较简单，以蕨类植物为主；藤本植物常见的有鸡血藤、菝葜、龙须藤、藤檀、买麻藤等。中亚热带典型常绿阔叶林被破坏后，常被芒萁、杜鹃、马尾松稀树群落所代替。

2.1.5.2　南亚热带季风常绿阔叶林

主要分布在北纬21°30′～24°30′，即怀集、英德、梅县、大埔一线以南，安铺、化州、茂名、儒洞一线以北的南亚热带地区。现存面积较大的有肇庆市的鼎湖山，封开县的黑石顶、七星，龙门县的南昆山，河源市的新丰江，粤东的莲花山等地。南亚热带季风常绿阔叶林的组成种类较丰富，主要以樟科、壳斗科、桃金娘科、桑科、山茶科、大戟科、茜草科、金缕梅科、蝶形花科、苏木科、芸香科、梧桐科、杜英科、紫金牛科、冬青科、棕榈科和山矾科等热带及亚热带的种、属为主。林内优势种不明显，林分层次结构较复杂，乔木可分 2～3 层，常见种类多为樟科、壳斗科、桑科常绿阔叶种；灌木层多为茜草科、紫金牛科、大戟科、山茶科、桑科、野牡丹科、番荔枝科、棕榈科、竹亚科等种类；草本植物层在丘陵低山以蕨类为主，在低丘、台地以禾本科植物占优势。林内藤本植物种类丰富，除草质藤本外，还有粗大的木质藤本，如瓜馥木、小叶买麻藤、爬崖藤。附生植物较发育。南亚热带季风常绿阔叶林遭破坏后的次生植被，以芒萁或鹧鸪草、桃金娘，或岗松、马尾松稀树群落占优势。

2.1.5.3　热带季雨林

主要分布在北纬 21°30′以南的热带地区，即安铺、化州、茂名、儒洞一线以南地区。现呈零星状小面积分布于粤西雷州半岛的村落、庙宇等地。组成植物中有 80% 以上种类为泛热带成分，以大戟科、无患子科、茜草科、楝科、桑科、樟科、番荔枝科、梧桐科、桃金娘科、紫金牛科、芸香科等种类最丰富。垂直结构明显，可分 4～5 层，其中乔木一般可分2～3 层，灌木和草本各一层。上层乔木一般高 15～25m，胸径 20～30cm，树干较挺直。林中藤本、附生、茎花及绞杀植物常见，板根现象明显。群落越是原生，其生境越显得湿润，常绿性更强，热带林的特征越显著。

2.1.5.4　其他类型

在各种特殊生境条件下还出现各种植被特殊类型，如沟谷雨林和红树林等，其次还有大量的人工植被。主要特征和分布状况如下：

（1）红树林：红树林是热带和南亚热带海湾、河口泥滩盐渍化沼泽上的盐生森林植物群落。广东红树林在世界红树林的区系中属东方群系，种类丰富。据统计有 39 科，48 属、56 种。其中：粤东岸段有 13 科 20 种，粤西岸段有 18 科 21 种，组成种类中有 85% 种类与中南半岛、菲律宾、印度等地相同，75% 与马来半岛相似。主要树种有白骨壤、桐花树、海桑、秋茄树、角果木、红茄冬、尖红树、长柱红树、木榄、海莲、海漆、银叶树、水椰、黄槿等。广东红树林远不及马来西亚等地高大、复杂、茂盛，人为干扰严重，未受破坏而发育较成熟的红树林保留不多，一般多为灌木，个别较高大的则呈丛林外貌。在海南岛发育较好的红树林高达 10～15m，树冠深绿色而浓密，覆盖度 50% ～90% 。红树林的呼吸根和支柱根发育良好，少数种类还有板状根。

（2）沟谷雨林：主要分布于热带、南亚热带山地南坡沟谷中。在广东省中部地带分布于 200～300m 上下，越往北则分布越低，越往南则分布越高。沟谷雨林是热带、亚热带山地的局部地形、地貌的产物，带有热带雨林的各种特征。生境条件是终年温暖、阴湿、静风和有山溪。群落结构仍复杂，乔木高大、挺直、冠幅大，树皮较光滑并可见板根现象。林内藤本和附生植物丰富。群落组成种类以热带－亚热带常绿性种类为主，有多层的林冠。

2.2　社会经济发展特征

2.2.1　行政区划

2006 年，广东省划分为 21 个地级市，23 县级市、41 个县、3 个自治县、54 个市辖区，4 个乡、7 个民族乡、1145 个镇、429 个街道办事处（表 2-4）。

表 2-4　广东省行政区划

市名称	县（市、区）名称
广州市（10 区 2 县级市）	越秀区　海珠区　荔湾区　天河区　白云区　黄埔区 花都区　番禺区　南沙区　萝岗区　从化市　增城市
深圳市（6 区）	福田区　罗湖区　盐田区　南山区　宝安区　龙岗区
珠海市（3 区）	香洲区　金湾区　斗门区
汕头市（6 区 1 县）	金平区　龙湖区　澄海区　濠江区　潮阳区　潮南区　南澳县
佛山市（5 区）	禅城区　顺德区　南海区　三水区　高明区
韶关市（3 区 4 县 1 自治县 2 县级市）	浈江区　武江区　曲江区　乐昌市　南雄市　仁化县 始兴县　翁源县　新丰县　乳源瑶族自治县
河源市（1 区 5 县）	源城区　东源县　和平县　龙川县　紫金县　连平县
梅州市（1 区 6 县 1 县级市）	梅江区　兴宁市　梅　县　平远县　蕉岭县　大埔县　丰顺县　五华县
惠州市（2 区 3 县）	惠城区　惠阳区　惠东县　博罗县　龙门县
汕尾市（1 区 2 县 1 县级市）	城　区　陆丰市　海丰县　陆河县
东莞市	
中山市	
江门市（3 区 4 县级市）	蓬江区　江海区　新会区　台山市　开平市　鹤山市　恩平市
阳江市（1 区 2 县 1 县级市）	江城区　阳春市　阳东县　阳西县
湛江市（4 区 2 县 3 县级市）	赤坎区　霞山区　麻章区　坡头区　雷州市　廉江市 吴川市　遂溪县　徐闻县
茂名市（2 区 1 县 3 县级市）	茂南区　茂港区　信宜市　高州市　化州市　电白县
肇庆市（2 区 4 县 2 县级市）	端州区　鼎湖区　四会市　高要市　广宁县　德庆县　封开县　怀集县
清远市（1 区 3 县 2 自治县 2 县级市）	清城区　英德市　连州市　佛冈县　清新县 连山壮族瑶族自治县　连南瑶族自治县　阳山县
潮州市（1 区 2 县）	湘桥区　饶平县　潮安县
揭阳市（1 区 3 县 1 县级市）	榕城区　普宁市　揭东县　揭西县　惠来县
云浮市（1 区 3 县 1 县级市）	云城区　罗定市　新兴县　郁南县　云安县
全省合计	21 个地级市，23 县级市、41 个县、3 个自治县、54 个市辖区

2.2.2　城市化进程

改革开放后，全省城市数量快速增长。其中，地级市由 1985 年的 9 个增长到 2005 年的 21 个，县级市由 1985 年的 8 个增加到 2005 年的 23 个，大量的乡升级到建制镇，城市化水平快速提升（表 2-5）。

表 2-5　广东省四大地理区域城市化率的差异

地理区域	1985 年（%）	1990 年（%）	1995 年（%）	2000 年（%）	2002 年（%）	2005 年（%）
珠江三角洲	25.0	33.5	43.2	68.9	49.9	80.9
粤东地区	17.7	19.6	24.7	50.5	35.6	55.9
粤西地区	13.0	15.8	21.1	38.6	24.9	38.2
粤北山区	18.2	17.6	22.9	37.0	26.8	31.5
全省平均	21.2	23.7	30.0	55.7	36.2	52.8

1995～2005 年期间，城市面积除云浮市几乎没有变化外，其它城市都成倍扩张，其中佛山市扩张 50 倍，江门市、韶关市扩张 10 倍以上（广东统计年鉴，2006）。同时，经济发达的珠江三角洲地区城市群城市化率较高，东西两翼和北部山区的城市化率较低（表 2-6）。

表 2-6　广东省主要城市市区和建成区面积的扩张变化

序号	城市	市区面积（km^2）		建成区面积（km^2）		序号	城市	市区面积（km^2）		建成区面积（km^2）	
		1995 年	2005 年	1995 年	2005 年			1995 年	2005 年	1995 年	2005 年
1	广州	1444	3843	259	780	12	揭阳	181	181	23	28
2	深圳	2020	1953	88	720	13	汕尾	401	415	9	13
3	东莞	2465	2465	17	119	14	湛江	1460	1460	58	70
4	珠海	728	1688	56	108	15	茂名	487	874	27	37
5	中山	1683	1800	23	36	16	阳江	149	658	14	37
6	佛山	77	3839	32	140	17	韶关	345	3469	34	78
7	肇庆	658	664	21	49	18	河源	365	450	28	26
8	江门	180	1818	24	109	19	梅州	323	322	45	35
9	惠州	419	2672	23	94	20	清远	929	927	33	41
10	汕头	298	1956	87	170	21	云浮	1940	762	18	18
11	潮州	176	152	38	44		合计	16 728	32 368	957	2752

2.2.3　人口状况

2.2.3.1　人口规模

根据 2005 年全国 1% 人口抽样调查结果推算，全省常住人口达 9194 万人，在全国 31 个省、市、自治区中居第三位。其中省外流动人口为 1635.89 万人，占全省常住人口总量的 17.8%。全省人口分布不平衡，经济发达的珠江三角洲地区和粤东的潮汕平原是人口最密集的地区，其中，深圳、东莞、汕头、佛山、中山、广州和揭阳的人口密度超过 1000 人/km^2。庞大的人口规模及其增长，将对资源环境构成巨大压力。2005 年全省人口密度为 511 人/km^2。按照国际上公认的水资源紧张临界值（1700m^3/人）推算，全省水资源可承载 1.08 亿人口左右。同时，广东省还是改革开放以来全国耕地面积减少最多的地区，人均耕地面积只有 0.04hm^2，不到全国平均水平的一半，已低于联合国的最低警戒线（0.053hm^2）。

目前全省的人口总量已经对环境形成了巨大的压力，现在人口总量的任何微小增长，都会进一步加大这种压力。人口的过快增长，对资源特别是土地、耕地、粮食、淡水等重要资源的压力进一步加大，人均拥有量递减。今后的十几年，是向基本实现现代化目标迈进的重要时期；而这一时期，将面临着人口增长高峰期，人口膨胀的压力将越大越大；由此环境恶化、资源耗费也将不断加剧，广东省实现可持续发展的整体形势非常严峻。

2.2.3.2　控制目标

根据相关研究结果，广东省提出了人口发展目标：到 2010 年，常住人口总量控制在 9350 万人以内，其中户籍人口控制在 8250 万人以内，人口自然增长率降到 6.8‰；到 2020 年，全省常住人口总量控制在 9420 万人以内，其中户籍人口控制在 8800 万人以内，人口自然增长率降到 6‰的低水平；到 2050 年，全省人口将达到峰值，常住人口总量不超过 9900 万人。之后人口将开始平稳下降，实现人口大省向人力资本强省的转变，实现人口与经济、社会、资源、环境的协调发展。

2.2.4 土地资源

广东是国内人多地少的省份之一，人均占有的土地面积和耕地面积分别为0.21 hm^2 和0.04 hm^2，均不足全国平均水平的一半。广东省素有“七山一水二分田”，全省农用地面积1527.4 万 hm^2，占全省土地总面积的84.97%；建设用地面积143.82 万 hm^2，占全省土地总面积的8.00%；未利用地面积126.3 万 hm^2，占全省土地总面积的7.037%，土地利用率为92.97%（1996年土地利用变更调查数据）。全省土地利用存在的主要问题有：耕地锐减，土地供需矛盾突出；土地利用不够充分，部分地区城镇布局混乱；部分城镇用地失控，山区交通尚较困难；环境污染和水土流失现象仍较严重。由于区域经济发展处于一种不平衡的状态，经济的驱动力主要集中在珠江三角洲地区，由于经济发达，土地后备资源缺乏，东西两翼和粤北山区经济发展相对滞后，但土地资源相对充裕。

按照《广东省土地利用总体规划（1997－2000年）》，全省土地利用共划分为珠江三角洲区、东部沿海区、西部沿海区、北部山区四大区域。其中，珠江三角洲区包括广州、深圳、珠海、江门、佛山、东莞、中山七市以及惠州市市区、惠阳、惠东、博罗，肇庆市的端州、鼎湖和高要、四会等县市（区），土地总面积4.17 万 km^2，占全省的23.20%；东部沿海区包括汕头、潮州、揭阳、汕尾四个市，土地总面积1.55 万 km^2，占全省土地总面积的8.62%；西部沿海区包括阳江、茂名和湛江三市，土地面积共3.26 万 km^2，占全省土地总面积的18.16%；北部山区包括梅州、河源、韶关、清远、云浮五市以及惠州的龙门、肇庆的广宁、怀集、德庆、封开等县，土地面积8.98 万 km^2，占全省土地总面积的50.0%。各分区土地利用规划情况见表2-7。

表2-7 广东省分区土地利用规划

地类		合计（万 hm^2）	百分比（%）	珠江三角洲区（万 hm^2）	东部沿海区（万 hm^2）	西部沿海区（万 hm^2）	北部山区（万 hm^2）
合计		1797.5	100	418.6	154.6	326.2	898.2
农用地	小计	1544.6	85.9	335.7	124.3	269.8	814.8
	耕地	325.8	18.1	86.1	34.0	97.7	108.0
	园地	89.2	5.0	25.0	12.9	31.0	20.3
	林地	1032.3	57.4	180.9	66.2	125.4	659.8
	牧草地	11.3	0.6	3.1	0.5	3.1	4.6
	水面	86.0	4.8	40.8	10.6	12.6	22.1
建设用地	小计	158.3	8.8	64.1	21.3	33.1	39.8
	居民点及独立工矿	115.9	6.4	47.1	15.2	25.2	28.5
	交通用地	21.3	1.2	8.2	3.0	4.1	6.0
	水利水工	21.1	1.2	8.8	3.1	3.8	5.4
未利用地		94.7	5.3	18.8	9.0	23.3	43.7

注：根据《广东省土地利用总体规划（1997－2000年）》整理而成。

广东经济发展中有两个主要特点：一是基础建设速度快；二是城镇化率高。这两大特点的机会成本就是牺牲大量土地。与中国其他城市化的模式不同，广东城市化发展是一种典型的以镇为基础的相对分散的发展模式，城市用地主要反映出土地开发的不集中性，分散的、凌乱式的发展浪费了大量的优质农田，并使一些零碎的土地既不适合耕地，也不适合建设用地。随着人口数量的持续增多和经济的高速发展，全省土地需求与土地供给不足的矛盾将更加尖锐，各项建设用地多，生态用地与建设用地的矛盾日益突出。

2.2.5　经济状况

近年来，近年来，广东省国民经济呈现持续快速健康发展的良好势头，内源型经济发展壮大，外源型经济发展水平不断提高，工业化进程显着加快，对外开放不断深化，民营经济取得新进展，高技术产业发展迅猛，信息化进程稳步推进。据统计（广东统计年鉴，2006），2006 年全省生产总值 25 968.55 亿元。第一产业增加值 1571.36 亿元；第二产业增加值 13 430.62 亿元；第三产业增加值 10 966.57 亿元。人均生产总值达 28 077 元，按现行汇率折算为 3509 美元。全年工业增加值 12 500.22 亿元，社会消费品零售总额 9118.08 亿元，进出口总额 5272.24 亿美元。城镇居民人均可支配收入 16 015.58 元，农村居民人均纯收入 5079.8 元。

广东省经济区划将全省划为珠江三角洲经济区、东翼、西翼和 50 个山区县。四大经济区域在自然地理条件、经济社会发展水平、资源环境现状、生态环境敏感程度等方面都存在显著差异。区域之间发展速度严重不平衡，珠三角地区经济总量大，发展速度快，粤北北山区县仍然比较落后。山区是全省的天然生态屏障，是重要的水源区，生态区位和地理位置十分重要；东、西两翼有较长的海岸线，拥有优越的地理条件，环境容量相对较大；珠江三角洲地区城镇化水平、经济规模及经济水平较高，环境污染问题也最为突出。

广东省委、省政府非常重视山区和东西两翼的发展。2002 年 5 月，广东省第九次党员代表大会首次提出“区域协调发展战略”；同年 9 月份广东省委、省政府出台了《关于加快山区发展的决定》；2004 年，广东省委、省政府出台了《关于加快县域经济发展的决定》；2005 年广东省政府出台了《关于我省山区及东西两翼与珠江三角洲联手推进产业转移的意见》（试行）；2007 年广东省政府印发了《关于加快粤东地区发展产业与重大项目规划》的通知，政策支撑为山区和东西两翼发展提供了更有利的发展空间和外部环境，加强全省区域之间优势互补，促进共同发展。

随着 CEPA（Closer Economic Partnership Arrangement）的落实实施，将进一步促进粤港澳经济交流，泛珠江三角洲区域合作的逐步推进将扩展广东经济发展的空间，广东省委、省政府对山区县市和东西两翼的优惠政策和重点扶持将推动区域经济的和谐发展，这些都为全省经济整体协调快速增长，实现富裕型小康社会奠定了坚实的基础。

第3章 广东现代林业建设现状

3.1 现代林业发展阶段概述

根据《广东省志·林业志》记载，历史上广东地区曾分布着茂密的森林，在明、清时期森林资源还相当丰富，但是，随着人口的增加，耕地的扩展以及战火的频繁，森林不断地遭受破坏。到了民国时期，森林破坏加剧，森林面积明显减少。新中国成立以后，广东林业建设经历了创业阶段、曲折阶段、衰退阶段、发展阶段和快速发展阶段，并取得了显著成就。

3.1.1 创业阶段（1949～1957 年）

新中国成立初期，林业生产获得迅速的恢复和发展。1957 年全省有林地面积为 420 万公顷，覆盖率为 20.9%，活立木蓄积提高到 2.24 亿 m^3，都比新中国成立前增加 7% 以上；而无林地（主要是宜林荒山）则从 807 万 hm^2 降为 713 万 hm^2。造林规模逐年扩大，从 1950 年的 1 万 hm^2 发展到 1957 年的 24.2 万 hm^2。木材年产量从 0.6 万 m^3 提高到 203 万 m^3，松香从不足 1 万 t 提高到 2.37 万 t。国营林场从 9 个发展到 44 个，林业的各方面都欣欣向荣。这一时期主要是生产关系的变革和林业机构的建立推动了林业的发展。1950 年冬到 1952 年进行土地改革，将地主占有的山林分给农民，组织互动组和合作造林小组；1955 年上半年出现了一批林业或者林农合作社（初级社）；下半年掀起了办高级社的热潮，成立了 1.69 万个林业生产合作社，入社农户占林农总数的 80%。这些变革适应了当时生产力的发展水平，促进了林业发展。但在变革过程中，也有由于林农对政策的疑虑，山林作价不合理和工作中的强迫命令，产生过一些乱砍滥伐的现象。机构方面，1950 年成立广东省农林厅，1954 年成立广东省林业厅，地（市）县区也先后设立林业机构，重点林区共设置了 500 个林业站，在合作社配备了林业员，并普遍建立了群众性的护林组织。这一阶段已开始建立新的国营林场和开发大型国有林区等工作。1954 年后，木材产销被完全纳入了计划经济的轨道。

3.1.2 曲折阶段（1958～1965 年）

1958 年林业建设遭受到巨大的挫折。上半年各地大办公社林场，由于权属的剧烈变动，引发了乱砍滥伐森林；接着又盲目地提出“苦战三年，为绿化全省荒山荒地道路村庄而战斗”的口号，造林声势很大但浮夸严重，全年号称造林 275.5 万 hm^2，实际只有 28.5 万 hm^2；特别是组织“木材民兵师”进山伐木、大放“木材”卫星的做法，对森林资源造成了极其严重的破坏。随着出现经济困难，粮食紧张，到处毁林开荒，森林继续受到破坏；同时造林的规模也趋于减少。1960 年中共中央发出《关于农村人民公社当前政策问题的紧急指示信》后，在所有制方面“左”倾的做法逐步得到纠正，到 1962 年林区已经基本恢复了以生产队为基本核算单位的体制，同时核减了林区的粮食上调任务，对林业生产实行奖售和补助，群众营林的积极性逐渐恢复；下放的省属企业也陆续收回，并开始开发边远林区和实施林业基地化、林场化和丰产化，着手建设西江和阳怀等林业基地，林业开始稳定发展。反映在造林面积上逐年增加，从 1961 年的 8.6 万 hm^2 增加到 1966 年的 53.9 万 hm^2，木材年产量达到 262.7 万 m^3，松香年产量增加到 6.22 万 t。这一时期全省对木材实行“四统一”（统一生产计划，统一贮存调拨，统一销售和统一财务管理），是新中国成立后管理最严格的时期。在营林工作上出现了一些偏差，如基地建设中补助政策过分向杉树倾斜和过分强调造林要集中连片等，带来了一些不良影响。1957～1964 年，活立木蓄积减少 481.8 万 m^3，其中，林分蓄积减少 1325.5 万 m^3。至 1964 年，全省有林地面积 491.9 万 hm^2，活立木蓄积达 2.19 亿 m^3。有林地增加的主要原因是人工造林 135.2 万 hm^2，迹地更新 7.7 万 hm^2。

3.1.3　衰退阶段（1966～1978 年）

从 1966 年到 1978 年，康复中的林业又一次遭受了严重的挫折。乱砍滥伐时间之长、蔓延之广、损失之大都是空前的。木材生产从 1969 年起，出现了前所未有的连续 5 年没能完成国家计划的情况。每年造林数量虽然不少，但质量下降。到 1978 年连造林面积也比 1966 年下降了 45.8%。这一时期，林业的各项经济指标剧烈起伏波动，森林的可伐资源濒于枯竭，山区经济陷于崩溃的边缘。

3.1.4　发展阶段（1979～2002 年）

1978 年 12 月，中共中央十一届三中全会的召开，标志着中国进入了改革开放的新时期，广东林业也从此进入了新的发展阶段。从 1979 年起开始拨乱反正，开展了一系列的工作，包括 1981 年贯彻中共中央、国务院《关于保护森林，发展林业若干政策问题的决定 <修正草案>》，全省开展了以稳定山林权属、划定自留山和确定林业生产责任制为主要内容的林业“三定”工作，1985 年贯彻中共中央、国务院《关于进一步活跃农村经济的十项政策》，开放了集体林区的木材市场等等。在克服了调整过程中一度出现的混乱以后，林业面貌出现了巨大的变化。一是有林地面积、覆盖率和活立木蓄积等几大指标都有大幅度增长；二是每年的造林面积急剧上升，最高的 1988 年人工造林 65.8 万 hm^2，飞机播种造林 16.7 万 hm^2，到 1990 年基本完成了全省的荒山造林任务；三是森林资源消耗得到控制，1987 年首次实现林木生长量超过消耗量，使森林资源实现了良性循环；四是以公有制为主体、多种经济成分并举，包括引进外资发展林业；五是林工商、内外贸全面发展；六是随着社会主义市场经济体制的建立，林企事业的活力大为增强。

新时期林业获得健康发展的主要原因，是贯彻了中央关于改革开放、发展经济的一系列方针政策，特别是改革农村经济体制、稳定山林权、取消集体林区木材统购统销，调动了广大群众对林业生产的积极性。林业立法和林业管理制度的日趋健全，也是重要因素。1985 年省委、省政府作出了“五年种上树、十年绿化广东”的决定，全省各地实现了绿化达标。1991 年，广东省被党中央、国务院授予“全国荒山造林绿化第一省”的称号。1994 年省委、省政府做出“关于巩固绿化成果，加快林业现代化建设的决定”，确立了以分类经营为指针，培育资源为基础，提高效益为中心，由以木材利用为主的传统林业向以生态效益优先三大效益兼顾的现代林业转变，提出了“增资源、增效益、优化环境，基本实现林业现代化”的奋斗目标，强化森林分类经营改革，加快生态公益林和商品林基地建设。同年广东省人大颁布了《广东省森林保护管理条例》，正式以法律形式对全省森林实行生态公益林、商品林经营管理。1998 年广东省委、省政府做出了《关于组织林业第二次创业，优化生态环境，加快林业产业进程的决定》，实施生态公益林补偿机制、以省人大通过议案的形式营造生物防火林带工程和自然保护区建设工程。1985 年至 2002 年底，有林地由 463.0 万 hm^2 增加到 932.6 万 hm^2，森林覆盖率由 27.7% 增加到 57.3%，林木蓄积量由 1.7 亿 m^3 增加到 3.5 亿 m^3。森林资源实现了生长量大于消耗量的良性循环，生态状况和投资环境明显改善，为构建国土生态安全体系打下了良好基础。

3.1.5　快速发展阶段（2003 年至今）

随着 2003 年出台的《中共中央　国务院关于加快林业发展的决定》，标志着我国林业的战略地位、指导思想、基本方针、战略目标和战略布局等一系列问题的重大调整，确立了以生态建设为主的林业发展方向。2005 年，广东省委、省政府做出《关于加快建设林业生态省的决定》中对林业进行了明确定位：在可持续发展中，赋予林业以重要地位；在生态建设中，赋予林业以首要地位；在经济建设中，赋予林业以基础地位。林业建设转入以发展现代林业为重点，以深化改革为动力，以科技创新为支撑，以队伍建设为保障，以实施重点工程为手段，构建效益显著的生态体系、充满活力的产业体系和富有感染力的生态文化体系，满足人民群众对林业提供生态产品和物质产品等多样性的需求，实现以生态优先向生态、产业、文化三大体系并重转变。全省森林资源大幅度增长，生态状况和人居环境明显改善，有力地促进了经济社会的可持续发展。林业建设已进入了调整结构、依法治林、依靠科技、提高效益的快速发展阶段。

3.2　森林资源现状

3.2.1　森林资源

3.2.1.1　*总体水平*

根据多次全省森林资源连续清查和 2006 年度森林资源二类调查统计数据，全省林地面积从新中国成立初期的 956.6 万 hm^2 增加到 2006 年的 1086.8 万 hm^2，增加了 130.2 万 hm^2；有林地面积由 1949 年的 323.0 万 hm^2 增加到 2006 年的 915.0 万 hm^2，增加了 2.8 倍。全省森林资源总体上实现了良性发展，质量和数量都有大幅提升。

（1）林业用地、有林地面积。全省 2006 年林业用地面积 1086.8 万 hm^2。其中：有林地面积 915.0 万 hm^2（其中乔木林面积 880.0 万 hm^2，竹林面积 33.7 万 hm^2，红树林面积 1.3 万 hm^2），占 84.2%；灌木林地面积 69.2 万 hm^2（其中国家特别规定灌木林地面积 47.1 万 hm^2，其他灌木林 22.1 万 hm^2），占 6.4%；疏林地面积 4.6 万 hm^2，占 0.4%；未成林地面积 45.7 万 hm^2，占 4.2%；无林地面积 51.8 万 hm^2（其中宜林荒山、荒沙及暂难利用地 20.4 万 hm^2，采伐迹地 10.2 万 hm^2，火烧迹地 1.1 万 hm^2，其他无立木林地 17.7 万 hm^2，红树林宜林地 0.9 万 hm^2），占 4.8%；苗圃地面积 0.3 万 hm^2，占 0.03%；辅助林地面积 0.2 万 hm^2，占 0.02%（表 3-1）。

（2）森林覆盖率。2006 年全省森林覆盖率为 56.2%，林木绿化率 59.7%。其中，森林覆盖率在全国排名第四，仅低于福建、浙江和江西。

表 3-1 广东省林地、有林地面积变化动态情况

时间	土地总面积（hm^2）	林地面积（hm^2）	变化值（hm^2）	有林地面积（hm^2）	变化值（hm^2）
1978 年	17 676 900.0	10 518 733.0	—	5 165 733.0	—
1978～1983 年（第一次连清）	17 676 900.0	10 205 222.0	-313 511.0	4 637 400.0	-528 333.0
1983～1988 年（第二次连清）	17 676 900.0	10 035 300.0	-169 922.0	4 864 100.0	226 700.0
1988～1992 年（第三次连清）	17 676 900.0	10 347 000.0	311 700.0	6 543 100.0	1 679 000.0
1992～1997 年（第四次连清）	17 676 900.0	10 347 000.0	—	8 150 200.0	1 607 100.0
1997～2002 年（第五次连清）	17 676 900.0	10 481 400.0	134 400.0	8 265 200.0	115 000.0
2005 年	17 631 349.0	10 859 449.0	378 049.0	9 141 590.0	876 390.0

注：第六次连清数据未完成，以 2005 年森林资源与生态状况年度监测数据作为对比。

根据广东省第五次森林资源连续清查数据，在“十年绿化广东”期间，有林地面积增幅最大，有林地面积从 460.0 万 hm^2 增加到 866.7 万 hm^2，活立木蓄积量从 1.7 亿 m^3 增加到 2.3 亿 m^3，森林覆盖率从 27.7% 提高到 59.3% （图 3-1）。

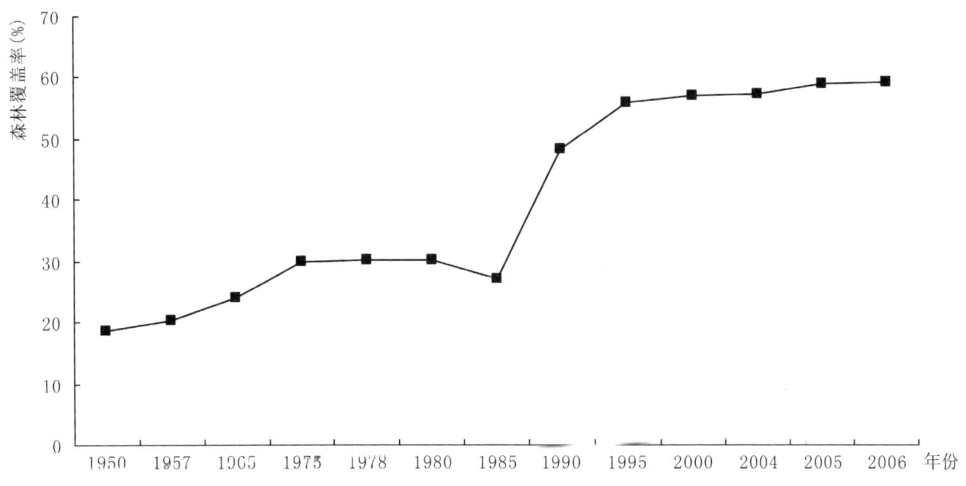

图 3-1 1950～2006 年广东省森林覆盖率变化情况

（3）林地分布。全省林地主要分布在北部、西北部、东北部山区，占全省的 61.6%；其次为珠江三角洲地区和西翼地区，东翼地区林地面积最小（图 3-2）。

（4）林地权属。林地按使用权属分类统计，国有林地面积 82.9 万 hm^2，占全省林地面积的 7.6%；集体林地面积 771.4 万 hm^2，占 71.0%；个人林地面积 216.1 万 hm^2，占 19.9%；民营林地面积 4.6 万 hm^2，占 0.4%；外商用地面积 5.1 万 hm^2，占 0.5%；其他林地面积 6.8 万 hm^2，占 0.6%。

（5）林种结构。2006 年全省林地面积 1086.8 万 hm^2，其中生态公益林（地）面积 359.2 万 hm^2，商品林地面积 727.6 万 hm^2。由于实行了森林分类经营，大力推进生态公益林建设，林种比例正趋向合理。在商品林中，用材林的比例正逐年下降，基本接近 50% 左右。同时，经济林大幅度减少，2005 年只占到 7.1%。生态公益林建设取得重要进展，防护林、特用林的比例逐年上升（表 3-2）。

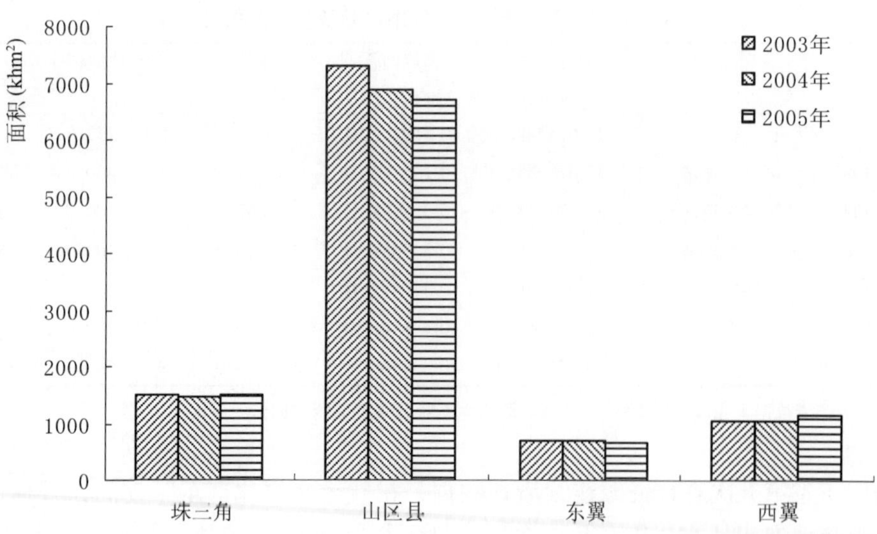

图 3-2　2003～2005 年广东省林地区域分布图

表 3-2　广东省各林种比例动态变化情况

时　间	用材林(%)	防护林(%)	薪炭林(%)	特用林(%)	经济林(%)	竹林(%)
1978 年	74.2	2.7	4.5	0.0	11.1	7.5
1978～1983 年(第一次连清)	78.5	2.0	2.7	0.0	10.3	6.5
1983～1988 年(第二次连清)	74.9	3.1	4.4	0.4	10.7	6.5
1988～1992 年(第三次连清)	73.2	3.4	4.3	0.4	13.3	5.4
1992～1997 年(第四次连清)	74.0	6.0	2.9	0.4	12.0	4.7
1997～2002 年(第五次连清)	55.1	21.6	0.7	2.5	15.6	4.5
2005 年	57.9	26.5	2.0	6.5	7.1	0.7

(6)活立木蓄积量。2006 年，全省活立木总蓄积为 37890.2 万 m^3，其中乔木林蓄积为 36307.0 万 m^3，占 95.8%；疏林蓄积为 70.6 万 m^3，占 0.2%；散生木蓄积为 435.3 万 m^3，占 1.2%；四旁树蓄积为 1077.3 万 m^3，占 2.8%。

表 3-3　广东省森林蓄积变化动态情况

时　间	活立木蓄积(m^3)	前后期变化(m^3)	林分蓄积(m^3)	前后期变化(m^3)
1978 年	0.0	—	128 149 000.0	—
1978～1983 年(第一次连清)	156 560 407.0	—	128 148 908.0	-92.0
1983～1988 年(第二次连清)	152 308 900.0	-4 251 507.0	127 595 400.0	-553 508.0
1988～1992 年(第三次连清)	192 880 900.0	40 572 000.0	162 481 700.0	34 886 300.0
1992～1997 年(第四次连清)	213 251 500.0	20 370 600.0	197 267 000.0	34 785 300.0
1997～2002 年(第五次连清)	297 033 500.0	83 782 000.0	283 656 300.0	86 389 300.0
2005 年	366 522 459.0	69 488 959.0	362 206 067.0	78 549 767.0

全省活立木蓄积从1978年的15 656.0万 m^3 增加到2005年底的36 652.2万 m^3，增长了1倍多。增幅较大的是1997年以后，是“十年绿化广东”时期造林效益的成果（表3-3）。

（7）乔木林按优势树种分。在乔木林中，马尾松面积、蓄积值最大，面积217.9万 hm^2、蓄积8731.3万 m^3，分别占乔木林总面积和蓄积的24.8%和24.0%；其次为杉木，面积82.2万 hm^2、蓄积5110.5万 m^3，分别占乔木林总面积和蓄积的9.3%和14.1%；其它软阔类树种也占了较大比重，其面积为103.7万 hm^2、蓄积为4502.3万 m^3，分别占总面积和蓄积的11.8%和12.4%。

（8）乔木林按龄组分。在现有乔木林中，幼龄林面积234.3万 hm^2、蓄积5648.9万 m^3，分别占乔木林总面积和蓄积的26.6%和15.6%；中龄林面积282.3万 hm^2、蓄积13 467.4万 m^3，分别占乔木林总面积和蓄积的32.1%和37.1%；近熟林面积157.2万 hm^2、蓄积8632.5万 m^3，分别占乔木林总面积和蓄积的17.9%和23.8%；成熟林面积100.3万 hm^2、蓄积6032.1万 m^3，分别占乔木林总面积和蓄积的11.4%和16.6%；过熟林面积33.2万 hm^2、蓄积2294.9万 m^3，分别占乔木林总面积和蓄积的3.8%和6.3%；乔木经济林面积72.7万 hm^2、蓄积231.3万 m^3，分别占乔木林总面积和蓄积的8.2%和0.6%（表3-4）。

表3-4　广东省乔木林按龄组统计

序号	龄组	面积（万 hm^2）	比例（%）	蓄积（万 m^3）	比例（%）
1	幼龄林	234.3	26.6	5648.9	15.6
2	中龄林	282.3	32.1	13 467.4	37.1
3	近熟林	157.2	17.9	8632.5	23.8
4	成熟林	100.3	11.4	6032.1	16.6
5	过熟林	33.2	3.8	2294.9	6.3
6	乔木经济林	72.7	8.2	231.3	0.6
7	合计	880.0	100.0	36 307.0	100.0

（9）乔木林按起源分。在现有乔木林中，人工林面积364.9万 hm^2、蓄积13539.3万 m^3，分别占乔木林总面积和蓄积的41.5%和37.3%；天然林面积481.6万 hm^2、蓄积21369.8万 m^3，分别占乔木林总面积和蓄积的54.7%和58.9%；飞播林面积33.4万 hm^2、蓄积1398.0万 m^3，均占乔木林总面积和蓄积的3.8%（表3-5）。

表3-5　广东省乔木林按起源统计

序号	起源	面积（万 hm^2）	比例（%）	蓄积（万 m^3）	比例（%）
1	人工林	364.9	41.5	13 539.3	37.3
2	天然林	481.6	54.7	21 369.8	58.9
3	飞播林	33.4	3.8	1398.0	3.8
4	合计	880.0	100.0	36 307.0	100.0

3.2.1.2　质量评价

选取森林郁闭度等级、单位生产量、公顷蓄积等级、公顷株数等级等相关指标进行现状分析和动态对比，评价全省森林资源的质量水平。

（1）森林郁闭度等级。全省郁闭度等级为Ⅰ级（郁闭度大于等于0.8）的森林面积为

91.9 万 hm^2，等级为Ⅱ级（郁闭度大于等于 0.5 且小于 0.8）的森林面积为 523.5 万 hm^2，等级为Ⅲ级（郁闭度小于 0.5）的森林面积为 264.6 万 hm^2，分别占总面积的 10.4%、59.5% 和 30.1%。

（2）单位生产量。全省森林乔木林面积 880.0 万 hm^2，公顷蓄积量为 41.3 m^3，公顷株数为 1998 株，乔木林平均胸径为 9.9cm。

（3）公顷蓄积等级。乔木林公顷蓄积是反映森林资源质量的重要指标，公顷蓄积按不同类型分类统计如下：按起源分，天然林 44.4 m^3/hm^2、人工林 37.1 m^3/hm^2。全省蓄积量等级为Ⅰ级（>90 m^3）的森林面积为 80.5 万 hm^2，等级为Ⅱ级（≤45 m^3 <90 m^3）的森林面积为 211.2 万 hm^2，等级为Ⅲ级（<45 m^3）的森林面积为 588.2 万 hm^2，分别占总面积的 9.1%、24.0% 和 66.9%。

受全省林业发展不同时期森林经营管理水平的影响，单位林分面积的蓄积在 1978～2005 年期间呈上下波动变化，从 1978 年的 33.9 m^3/hm^2 提高到 41.3 m^3/hm^2，质量有所提升（表 3-6）。

表 3-6　广东省单位乔木林蓄积量变化情况

时间	单位林分面积的蓄积（m^3/hm^2）	变化值
1978 年	33.9	—
1978～1983 年（第一次连清）	29.9	-4.1
1983～1988 年（第二次连清）	31.7	1.8
1988～1992 年（第三次连清）	30.6	-1.1
1992～1997 年（第四次连清）	29.1	-1.5
1997～2002 年（第五次连清）	42.9	13.8
2005 年	41.3	-1.7

（4）公顷株数等级。2006 年，全省森林公顷株数等级为Ⅰ级（大于等于 1500 株）的森林面积为 483.3 万 hm^2，Ⅱ级（大于等于 1000 株且小于 1500 株）的森林面积为 197.7 万 hm^2，Ⅲ级（小于 1000 株）的森林面积为 198.9 万 hm^2，分别占总面积的 54.9%、22.5% 和 22.6%。

3.2.2　森林生态状况

选取森林生态功能等级、森林自然度、森林健康状况、森林景观等级、林地土壤流失状况、森林碳氧平衡量等相关指标评价全省森林生态状况。

（1）森林生态功能等级。以森林生态功能等级划分，全省森林（地）一类林面积 57.7 万 hm^2，占全省林地总面积的 5.3%；二类林面积 633.1 万 hm^2，占 58.3%；三类林面积 291.9 万 hm^2，占 26.8%；四类林面积 104.1 万 hm^2，占 9.6%。

（2）森林自然度。以森林自然度等级划分，全省森林（地），Ⅰ类林面积 6.1 万 hm^2，全省林地总面积的 0.6%；Ⅱ类林面积 257.9 万 hm^2，占 23.7%；Ⅲ类林面积 104.1 万 hm^2，占 9.6%；Ⅳ林面积 529.6 万 hm^2，占 48.7%；Ⅴ类林面积 189.2 万 hm^2，占 17.4%。

（3）森林健康状况。全省森林（林木）健康状况良好，健康和较健康的森林（林木）面积占全省林地面积的 97.8%，亚健康和不健康的森林（林木）面积占 2.2%。全省森林受害面积仅有 65.3 万 hm^2，其中病害面积 9.5 万 hm^2、虫害面积 47.9 万 hm^2、火灾面积 5.6 万 hm^2、自然灾害面积 1.4 万 hm^2、受空气污染面积 1.0 万 hm^2。

（4）森林景观等级。森林景观等级Ⅰ级面积 8.3 万 hm^2，占全省林地总面积的 0.9%；Ⅱ级森林面积 81.3 万 hm^2，占 8.9%；Ⅲ级面积 242.6 万 hm^2，占 26.5%；Ⅳ级面积 582.9 万 hm^2，占 63.7%。

（5）林地土壤流失。全省森林（地）中，受轻度侵蚀为 115.7 万 hm^2，占全省林地总面积的 10.7%；受中度侵蚀为 8.9 万 hm^2，占 0.8%；受强度和剧强度侵蚀为 1.9 万 hm^2，占 0.2%；未受侵蚀为 958.0 万 hm^2，占 88.3%。

（6）森林碳氧平衡量。全省森林吸收二氧化碳总量为 7.9 亿 t，释放氧气总量为 5.7 亿 t，碳贮存总量为 2.1 亿 t，储能总量为 93 518.1 亿 MJ。

3.2.3　非木材林业资源

广东非木材林业资源主要有：柑橘、柿子、龙眼、荔枝、柚子、板栗、青榄、油茶籽、茶叶、八角、桂皮、食用菌、竹笋、木本药材、松脂、油桐、松香、松节油、紫胶、盆花、盆景、观赏苗木、野生动物饲养以及竹藤制品等。其中，四会市是“沙糖橘之乡”，廉江市是“红橙之乡”，龙门县是“中国年橘之乡”，郁南县为“无核黄皮之乡”，始兴县为“枇杷之乡”，梅县和连山县为“广东两大沙田柚基地”，阳山县为“中国板栗之乡”，南雄市为“岭南银杏之乡”，揭西县为“中国青榄基地县”，潮安县为“凤凰山茶之乡”，封开县是“中国松脂之乡”，翁源县为“全国最大的兰花基地”，顺德和中山是花卉苗木主产地。

据初步调查统计，全省非木材林业资源年总产值 1 838 318.2 万元，其中：经济林产品年总产值 1 630 448.2 万元，占全省年总产值的 88.7%；藤、棕、苇产品年总产值 143 408.1 万元，占全省总产值的 7.8%；花卉产品年总产值 45 589.6 万元，占全省总产值的 2.5%；陆生野生动物产品年总产值 13 167.3 万元，占全省总产值的 0.7%；林产化学产品年总产值 5705.0 万元，占全省总产值的 0.3%。非木材林业资源各品种按产值统计，柑橘最多，年总产值 361 750.8 万元；其次是荔枝，年总产值 346 449.3 万元；第三位为龙眼，年总产值 253 791.7万元；接下来是松脂、竹藤制品、柚子、茶叶、桂皮、观赏苗木等。

3.3　林业生态体系建设

3.3.1　森林生态系统建设

3.3.1.1　生态公益林建设

（1）区划界定。广东省依据生态区位重要性和脆弱性，制定了生态公益林区划界定标准，并依据区划标准于 1994 年划定、1999 年核定、2003 年界定了全省生态公益林面积 365.4 万 hm^2，占全省林地总面积的 33.2%，占全省国土总面积的 19.2%。其中国家重点公益林 81.4 万 hm^2，省级生态公益林 344.98 万 hm^2（含与国家重点公益林重叠部分），市级生态公益林 11.6 万 hm^2。

国家及省级生态公益林按生态区位划分：生态区位为河流两岸面积 93.4 万 hm^2，所占比例为 26.4%；水库周边面积 46.1 万 hm^2，所占比例为 13.0%；自然保护区面积 39.0 万 hm^2，所占比例为 11.0%；地质公园面积 0.2 万 hm^2，所占比例为 0.1%；森林公园面积 10.9 万 hm^2，所占比例为 3.1%；沿海防护面积 17.2 万 hm^2，所占比例为 4.9%；道路两侧面积 17.8 万 hm^2，所占比例为 5.0%；居民区周边面积 61.8 万 hm^2，所占比例为 17.5%；水土流失严重地区 67.6 万 hm^2，所占比例为 19.0%。

（2）补偿情况。广东省政府于1998年11月颁布了《广东省生态公益林建设管理和效益补偿办法》（省政府第48号令），确立了由政府对生态公益林经营者的经济损失给予效益补偿。1999～2007年共落实省级生态公益林效益补偿资金28.1亿元，受惠林农达到536.6万户，受益群众2561.8万人，为当地提供了近3.2万个就业机会。国家于2004年全面建立中央森林生态效益补偿制度，中央财政2004～2007年共落实广东省中央森林生态效益补偿基金1.7亿元。

（3）管护情况。全省按照《广东省生态公益林建设管理和效益补偿目标责任制考核奖惩办法》及《广东省生态公益林建设管理和效益补偿办法》的要求对划定的生态公益林进行综合管护。一是成立了生态公益林管理机构。目前全省已建立了省级生态公益林管理中心，茂名、揭阳、惠州、河源等4个市建立了市级生态公益林管理机构，英德、阳山等部分生态公益林面积较大的县还建立了县级生态公益林管理机构；二是签订管护合同，组织各地、各单位通过层层签订管护合同，划定管护责任区，明确四至界线，明确管护责任；三是落实了生态公益林管护人员。到2005年底，全省落实管护人员18324人，落实率达100%；签订管护责任面积337.4万公顷，落实率为99.97%。

综合监测数据表明：全省生态公益林在资源结构、生态质量等指标上均优于商品林所对应的指标，且生态公益林的效益增量更为明显。据统计，2006年省级生态公益林公顷蓄积量比商品林地高8.8 m^3，公顷生物量比商品林高16.9 t，公顷株数比商品林多42株，平均胸径比商品林高0.5cm。从生态质量重要指标值Ⅰ+Ⅱ级面积比例情况看，省级生态公益林郁闭度等级比商品林高出9.7%，生态功能等级高出12.3%，自然度等级高出18.6%，森林景观度等级高出6.8%。

3.3.1.2 林业生态县建设

为落实省委、省政府关于实施可持续发展和区域协调发展战略、增创环境新优势的重大决策，加强全省森林资源的培育与保护，建立以森林生态系统为主体的生态屏障，维护区域生态安全与平衡，促进人口、资源、环境的协调发展。2003年，广东批准实施《广东省创建林业生态县实施方案》，率先在全国开展创建林业生态县活动。

林业生态县建设是以“三个代表”重要思想为指导，以“生态建设、生态安全、生态文明”为核心，以改善生态环境质量和维护区域生态安全为目标，以建设和保护生态环境为重点，依靠科技进步，动员和组织全社会力量，开展林业生态工程建设，强化森林资源保护和管理，优化区域生态环境，提高区域生态质量，为广东经济社会的可持续发展、率先基本实现社会主义现代化做出贡献。

围绕创建林业生态县、建设林业生态省这一主题，广东各地继续加大造林绿化力度。封开县、南澳县、梅州市梅江区等10县（市、区）成为广东第三批林业生态县。至此，广东省的林业生态县总数达23个，占全省县（市、区）的19%。

3.3.1.3 林业生态重点工程建设

广东全省各地认真实施《广东省生态环境建设规划》，加快实施林业重点生态工程建设，提高森林整体质量和生态功能等级，构建“点、线、面”相结合的生态安全体系，为全省经济社会的可持续发展提供生态保障。

（1）水源涵养林及水土保持林工程。抓好东江、西江、北江、韩江流域水源涵养林建设，启动鉴江、榕江、漠阳江、潭江流域及大中型水库库区水源涵养林建设，丰富和充实各流域（或库区）森林生态系统及景观的完整性和多样性，提高森林涵养水源的生态保护功能。据统计，1999～2007 年，实施“四江”流域水源涵养林、林分改造和珠江防护林工程，完成投资 3.9 亿元，完成林分改造任务 72 800.0hm^2、封山育林 18 600.0 hm^2、抚育48 266.7 hm^2，调整了森林结构。

在水土流失较为严重，有沟蚀和崩岗以及石漠化的地区建设水土保持林。通过采用封育和改造相结合的方式，逐步恢复区域地带性森林植被，突出森林保持水土的防护功能，强化对水土流失以及石漠化的治理。据统计，1999～2007 年，建设水土保持林面积 301 333.3 hm^2，其中改造面积 55 333.3 hm^2，封山育林面积 246 000.0 hm^2，

（2）沿海防护林及红树林工程。多年来，全省沿海各地区高度重视沿海防护林体系建设，采取有力措施，加大投入力度，突出以海岸防护林建设为重点，以工程为依托，通过“造、改、封、育”等措施，大力营造、保护沿海防护林和滩涂红树林，恢复海岸湿地生态系统，增强抗击台风、海啸等自然灾害的能力，减少台风和海啸对人民生命财产的威胁。

沿海防护林建设范围涉及沿海 16 个市 60 个县（市、区），沿海红树林建设的范围包括粤东、粤西和珠江三角洲地区的 14 个市 38 个县（市、区）。据统计，1999～2007 年，实施沿海防护林和红树林工程，完成投资 1.2 亿元，建设沿海防护林 57 133.3 hm^2，完成红树林造林 4466.7 hm^2。沿海地区已基本建成“山、海、路、田、城”相连的防护林体系框架，基干林带已成为沿海地区防御台风、风暴潮、海啸等自然灾害的第一道绿色生态屏障，为维护沿海地区国土生态安全、人民财产安全、工农业生产安全发挥了重要作用。

（3）绿色通道及农田林网工程。推进铁路、国道、省道、高速公路和农田林网等沿线绿化，构筑覆盖全省的绿色森林网络。全省各通道总里程 11.3 万 km，可绿化里程 9.9 万 km。目前已绿化里程占可绿化里程的 51.7%，已绿化未达标里程占可绿化里程为 22.0%。通过实施绿色通道工程，省级财政投入建设资金 2290.0 万元，完成高速公路两旁山地造林 8600.0 hm^2。

农田林网建设实施范围包括 37 个平原县（市、区），农田林网造林 234.3 万株，建设农田防护林 54 666.7 hm^2，农田林网控制面积 258 000.0 hm^2，使全省平原区的路、沟、渠、堤及适宜造林的农田林网带基本绿化且布局合理，森林生态防护效益显著提高，农业生态状况得到明显改善。

（4）城市林业工程。1996 年广东省人民政府出台了《关于加快城市林业规划建设的意见》（粤府办〔1996〕62 号文），标志着广东省城市林业建设工作进入到由政府宏观调控下的全面启动新阶段，城市林业成为广东省林业现代化建设的一个新领域。统筹规划城市林业建设，大力推进城乡绿化一体化。建设起以高大乔木为主体，乔、灌、花、草、藤结合的城市森林生态体系，改善和提高人居环境质量、提升城市现代生态文明形象。同时全面调查古树名木资源，做好古树名木建档工作，统一竖立标志牌，落实保护复壮措施，加强古树名木保护管理。城市林业建设成绩显著，人居森林环境良好。

近十几年来，特别是珠江三角洲地区大力开展城市林业建设，并取得显著的效益。诸如，深圳市实施的“城市林业十一五规划”、“生态风景林工程”、“林相改造工程”等；广州市实施的“森林围城工程”、“青山绿地”工程；中山市实施的“城市林业总体规划”、“一区三线”森林景观改造工程；东莞市的“绿化莞城、生态东莞”工程等。这些工程都是政府主导的公益性投入，是围绕城市林业展开的。随着珠三角地区经济的快速增长和城市化

进程的加快，城市林业在维护健康的城市生态系统、构建城市森林生态空间、美化城市、提供森林游憩空间等方面，也将发挥越来越重要的作用。

(5) 森林公园建设工程。广东位于祖国的南疆，北倚五岭，南临南海，北回归线横贯中部，拥有热带、南亚热带、中亚热带三条气候带，水热资源丰富，十分有利于森林的生长和野生动植物的生息繁衍，森林类型多样，生物群落复杂。同时，广袤的林区孕育着丰富多彩的民俗风情，形态各异的森林景观，构成了特色浓郁的森林旅游资源。

1980 年，经林业部批准建立了我国第一处森林公园——广东省深圳沙头角海山森林公园（后更名为梧桐山国家森林公园），拉开了广东森林公园建设的序幕。广东省森林公园建设大致经历了起步、快速发展和森林公园体系基本建立三个阶段。到 2006 年底，全省已建森林公园 412 处，总面积 981 571. 7 hm^2，占全省国土面积的 5. 5%，占林业用地的 8. 9%。其中：国家级 22 处，面积 193 730. 1 hm^2；省级 61 处，面积 116 519. 6 hm^2；市县级 329 处，面积 671 322. 0 hm^2。初步形成了包括各种不同类型的森林自然景观在内、并与众多历史遗迹和人文景观及天象等景观相辉映、具有鲜明特色的以国家森林公园为骨干，国家、省和市（县）级不同层次森林公园相互协调发展的森林公园建设体系。

(6) 碳汇林业建设工程。为应对全球气候变化，国际社会积极行动，先后签订了《联合国气候变化框架公约》和《联合国气候变化框架公约〈京都议定书〉》。作为发展中国家，中国政府正在为减少温室气体排放，缓解全球气候变暖不懈努力。

在适应与减缓全球气候变化中，森林具有十分重要和不可替代的作用。积极开展造林绿化，增加森林植被，加强森林管理，提高森林质量，减少对森林的不合理采伐，延长森林采伐周期等，都可以增强森林对二氧化碳的吸收和固定。

近年来，广东省政府制定了《广东省应对气候变化行动方案（林业专项）》。在中国绿色碳基金的资助下，分别在汕头市潮阳区和河源市龙川县营造碳汇林。主要造林树种包括木荷、火力楠、锥栗、大头茶、潺槁树、罗浮栲、红锥、樟树、枫香、阴香、山杜英、山乌桕、鸭脚木、铁冬青、海南蒲桃、相思等，从而揭开了全省碳汇林业建设的序幕。

3. 3. 2 湿地生态系统建设

全省湿地资源具有类型多、面积大、分布广、亚热带及热带特色明显、生物多样性丰富等特点，现有湿地面积 181. 0 万 hm^2，约占全省国土面积的 10. 1%。

3. 3. 2. 1 湿地类型分布

全省湿地类型多样，分为 5 大类 19 种类型，国家规定属于近海与海岸湿地的 12 种湿地类型在广东均有分布。其中，近海及海岸湿地类型最丰富、面积最大，分布在粤东饶平至粤西廉江市安浦港沿线，面积为 99. 8 万 hm^2，占 55. 1%；其次为河流湿地，集中分布在中、南部的丘陵、台地及三角洲平原地区，面积 60. 5 万 hm^2，占 33. 4%；人工湿地大多分布于丘陵、山地，面积 20. 4 万 hm^2，占 11. 3%；湖泊和沼泽湿地面积分别为 0. 2 万 hm^2 和 0. 06 万 hm^2，比例较小。

3. 3. 2. 2 湿地动植物资源

全省湿地生态区位重要，地处东亚—澳大利亚候鸟迁飞路线上是各种迁徙鸟的“加油站”和停歇点。沿海地区的鸻形目和鸥形目的鸟类种类繁多、数量庞大。据统计，全省湿地鸟类 11 目 23 科 155 种，占全国的 48. 3%；爬行动物 3 目 13 科 60 种，两栖动物 3 目 9 科 43 种，兽类 8 目 17 科 32 种；浅海与海岸海域湿地鱼类有 54 科 122 属 211 种；滨海湿地还有 70 多种珊瑚，以及软体动物、节肢动物、棘皮动物等丰富的无脊椎动物资源。湿地植物 141 科 294 属 451 种，其中，被子植物就有 93 科 246 属 381 种。

3.3.2.3 湿地保护区建设

湛江、深圳、珠海、汕头等红树林重点分布地区建立了 12 处红树林湿地自然保护区，包括国家级自然保护区 2 处，省级自然保护区 2 处，市、县级自然保护区 8 处，保护面积达 55 870.4 hm^2。到 2005 年，全省已建 93 个各类湿地自然保护区，保护面积 78.0 万 hm^2；湿地公园 2 处，面积 1000.0 hm^2；人工营造红树林 2600.0 hm^2。湛江红树林和惠东港口海龟国家级自然保护区被列入湿地公约国际重要湿地名录。在汕头海岸湿地自然保护区实施首个全球环境基金（GEF）湿地国际示范区项目。

3.3.3 石漠化及沙化土地治理

3.3.3.1 石漠化土地治理

据统计，全省石漠化土地面积 81 329.8 hm^2，其中：轻度石漠化面积 14 111.5 hm^2，占 17.4%；中度石漠化面积 30 332.5 hm^2，占 37.3%；强度石漠化面积 36 394.7 hm^2，占 44.8%；极强度石漠化面积 491.1 hm^2，占 0.6%。

（1）分布状况。韶关市石漠化面积最大，为 42 303.8 hm^2，占 52.0%；清远市石漠化面积26 321.4 hm^2，占 32.4%；阳江市石漠化面积 5688.6 hm^2，占 7.0%；肇庆市石漠化面积 4629.2 hm^2，占 5.7%；河源市石漠化面积 1711.1 hm^2，占 2.1%；云浮市石漠化面积 675.7 hm^2，占 0.8%。石漠化面积居全省前 5 位的县市分别为乐昌市（26 758.9 hm^2）、阳山县、英德市、乳源县、阳春市。潜在石漠化面积居全省前 5 位的县市分别为阳山县（119 368.5 hm^2）、英德市、乐昌市、连州市、乳源县。石漠化隐患面积（石漠化面积 + 潜在石漠化面积）居全省前 5 位的县市分别为阳山县（135 538.0 hm^2）、英德市、乐昌市、连州市、乳源县（图 3-3）。

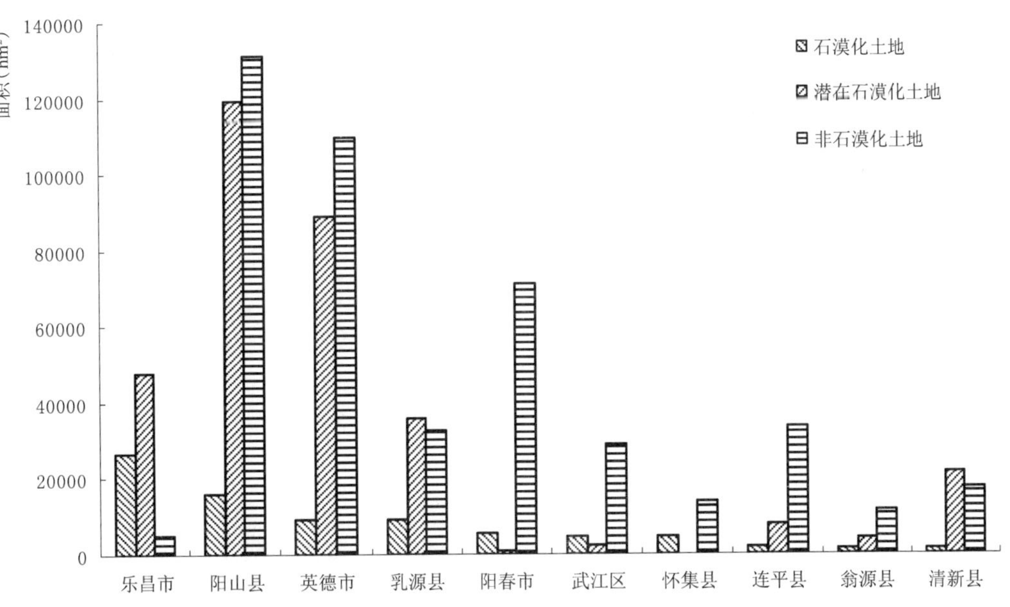

图 3-3 岩溶区主要县市各类型石漠化土地面积结构

（2）石漠化成因分析。全省石漠化土地人为因素造成的面积69 680. 2 hm^2，占全省石漠化土地总面积的85. 7%；自然因素造成的面积11 649. 6 hm^2，占14. 3%（表3-8）。

表3-8　石漠化土地按成因统计情况

序号	类别成因（hm^2）	轻度石漠化（hm^2）	中度石漠化（hm^2）	强度石漠化（hm^2）	极强度石漠化（hm^2）	合计（hm^2）
1	人为原因	13987. 4	27 608	27 780. 4	304. 4	69 680. 2
1（1）	毁林（草）开垦	0	0	0	0	0
1（2）	过牧	0	0	0	0	0
1（3）	过度樵采	10 454. 8	14 499. 4	21 383. 7	64. 4	46 402. 3
1（4）	火烧	784	3471. 2	1176. 8	121. 8	5553. 8
1（5）	工矿工程建设	0	0	0	23. 7	23. 7
1（6）	工业污染	0	0	0		0
1（7）	不适当经营方式	2326. 8	7302. 2	4355. 5	94. 5	14 079
1（8）	其　他	421. 8	2335. 2	864. 4		3621. 4
2	自然原因	124. 1	2724. 5	8614. 3	186. 7	11 649. 6
2（1）	地质灾害		1281. 4	5886. 1		7167. 5
2（2）	灾害性气候					
2（3）	其　他	124. 1	1443. 1	2728. 2	186. 7	4482. 1
	合　计	14 111. 5	30 332. 5	36 394. 7	491. 1	81 329. 8

（3）石漠化土地治理措施。石漠化土地治理措施主要有四个方面：一是造林绿化恢复林草植被，实现脱贫致富。对于全裸石山种植藤类等攀爬植物，增加植被覆盖度和湿润度，促进石头风化，减少蒸发；对于半裸石山实行封山育林；对于立地条件较好的，通过人工种植乡土阔叶树种，提高森林覆盖率，增加生态功能等级。二是积极探索石漠化治理新技术、新模式。采取"总体封山育林，石窝栽种竹木药"，筛选了吊丝竹、任豆、山葡萄等一大批石山人工造林树种和"竹子 + 任豆"、"任豆 + 银合欢"、"任豆 + 金银花"、"任豆 + 山葡萄"、"台湾相思 + 任豆"等10多种石山造林模式，探索和推广"养殖—沼气—种植"三位一体的模式，为加快综合治理提供了宝贵经验。三是加大封山管护力度，保护石山现有的森林植被。按照因害设防、突出重点的原则，优先将岩溶石山现有的森林植被作为重点补偿对象，列入森林生态效益补偿范围，并按面积对林权所有单位或个人实行森林生态效益补偿，使岩溶石山宝贵的森林植被得以休养生息，持续发挥生态效能。四是继续实施退耕还林等生物防治工程，人工恢复森林植被。通过退耕还林，适当调整当地农村的产业结构，建设一批用材林、经济林基地，为消除退耕农户的后顾之忧发挥重要作用。

3. 3. 3. 2　沙化土地治理

截至2005年，广东省沙化土地面积12. 0万 hm^2。全省32个单位中，沙化土地面积超过5000. 0 hm^2 的单位有5个，依次是雷州市面积22 619. 9 hm^2，陆丰县面积19 333. 6 hm^2，电白县面积9852. 5 hm^2，徐闻县面积8696. 4 hm^2，惠来县面积8269. 5 hm^2，5个单位的沙化土地68 771. 9 hm^2，占全省的62. 8%。

（1）沙化土地类型。流动沙地面积3467. 0 hm^2，占3. 3%；半固定沙地面积2022. 0

hm^2，占 1.8%；固定沙地面积 44 334.0 hm^2，占 42.3%；沙化耕地（沙改田）面积 54 076.0 hm^2，占 52.5%；非生物工程治沙地面积 54.6 hm^2，占 0.1%。沙化耕地（沙改田）占沙化土地的半数以上，固定沙超过 40.0%。沙化土地已有半数被人耕种和造林利用，基本上不会为风沙侵蚀危害。

（2）土地沙化程度。沙化程度“轻”的沙化土地面积为 96 349.7 hm^2，占 88.0%；沙化程度“中”的沙化土地面积为 4197.0 hm^2，占 3.8%；沙化程度“重”的沙化土地面积为 1704.3 hm^2，占 1.6%；沙化程度“极重”的沙化土地面积为 7276.5 hm^2，占 6.6%。沙化程度“轻”和“中”的面积占 91.8%，说明广东全省土地的沙化程度是比较轻的。

（3）沙化土地利用。沙化耕地 57 483.2 hm^2，占 52.6%；林地 43 207.4 hm^2，占 39.4%；草地 4861.4 hm^2，占 4.4%；未利用地 3957.5 hm^2，占 3.6%。在沙化土地的林地中，有林地 35 751.3 hm^2，占 82.7%；未成林造林地 4530.0 hm^2，占 10.5%；无立木林地 2489.4 hm^2，占 5.8%。沙化土地大部分被用作耕地、林地，只有极少数为未利用地（主要是海湾中的沙滩），仅占 3.6%。

（4）沙化土地治理。全省有治理措施的沙化土地面积 99 413.3 hm^2，占 90.8%；没有治理措施的沙化土地 10 114.2 hm^2，占 9.2%。在全省流动沙地、半固定沙地及固定沙地 51 989.7 hm^2 中，除沙化耕地外，已有 93.3% 的面积已实施了封沙育林和人工造林而变成了森林，其中封沙育林 33 469.3 hm^2，占 64.4%；人工造林（乔、灌）15 017.3 hm^2，占 28.9%。经过监测，1999～2004 年间，全省沙化土地的变化趋势逐年递减。其中降幅较大的单位有徐闻县、东海试验区、防护林场、阳东县、台山市，降幅分别为 12.3%、23.7%、27.4%、19.5%、15.2%。这说明广东近几年来营造沿海防护林的面积增大，成效显著，沙化土地的治理程度比较高，从而使沙化地区的生态环境得到长期有效的保护。

3.3.4 生物多样性保护及自然保护区建设

3.3.4.1 生物多样性保护

全省拥有陆地生态系统（森林、草坡等）、水域生态系统（湖泊、海洋等）及人工生态系统（农田、城市等）。生态系统以森林生态系统、湿地生态系统、农田生态系统占绝大部分。

广东是全国植物区系数量较为丰富的地区之一，其数量仅次于云南（约 14 000 种）和四川（约 10 000 种）。全省共有野生维管植物 280 科、1645 属、7055 种，分别占全国总数的 76.9%、51.7% 和 26.0%。天然分布的珍稀濒危植物 40 科 61 属 75 种，其中蕨类植物 1 科 1 属 1 种，裸子植物 7 科 10 属 13 种，被子植物 32 科 50 属 61 种，濒危 12 种，渐危 41 种，稀有 22 种；国家重点保护野生植物共 37 科 50 属 65 种，其中蕨类植物 5 科 7 属 10 种，裸子植物 6 科 7 属 9 种，被子植物 26 科 36 属 46 种，其中国家Ⅰ级重点保护野生植物 10 种，国家Ⅱ级重点保护野生植物 55 种。此外，省级保护的植物有红豆杉、三尖杉等 12 种。维管植物科属种数量与中国和世界的比较，丰富程度较高。

广东省共有陆生脊椎动物 829 种，其中兽类 124 种、鸟类 510 种、爬行类 145 种、两栖类 50 种，分别占全国的 30%、43.4%、46% 和 25.5%。其中，被列入国家一级保护的有华南虎、云豹、熊猴和中华白海豚等 19 种，被列入国家二级保护的有金猫、水鹿、穿山甲、弥猴和白鹇等 95 种。

3.3.4.2 自然保护区建设

广东自然保护区建设经历了三个阶段，包括起步阶段、调整阶段和快速发展阶段。到

2006年底，全省已建自然保护区252个，其中森林、野生动植物和湿地类型自然保护区246个，陆地管护面积113.5万hm^2，占全省国土面积的5.96%，初步形成了以国家级为核心，以省级为骨干，以市县级自然保护区和自然保护小区为通道的自然保护区网络体系。2006年广东被国家林业局列为全国第一个自然保护区建设示范省。其中：

全省森林生态系统类型自然保护区207个，面积84.0万hm^2，保护了北热带、南亚热带、中亚热带的平原、沟谷、低山、中山的多种类型的森林生态系统，特别是亚热带常绿阔叶林，是世界上最为典型和特殊的森林生态系统类型，也是自然保护的重点，主要的自然保护区有清远南岭、始兴车八岭、博罗象头山、英德石门台、龙门南昆山、封开黑石顶、阳春鹅凰嶂、茂名大雾岭等。

湿地生态系统类型自然保护区27个，面积17.3万hm^2，主要有近海与海岸湿地、库塘湿地、沼泽湿地等类型，特别是近海与海岸湿地类型的红树林是保护重点。主要的湿地自然保护区有湛江红树林、深圳福田、惠东莲花山白盆珠、海丰公平大湖、珠海淇澳岛等。

野生动植物类型自然保护区12个，面积12.2万hm^2。其中动物类型有8个，面积10.4万hm^2，主要保护野生动物有华南虎、猕猴、瑶山鳄蜥、鸟类等；植物类型有4个，面积1.8万hm^2，包括陆河南万红锥林、高明合水桫椤、乳源南方红豆杉、饶平山门山苏铁蕨。

3.4 林业产业体系建设

目前，广东林业产业已形成了造林营林、木材生产流通、林产工业等包括一、二、三产业在内的产业体系。依托丰富的森林资源，逐步形成了木竹浆造纸业、人造板业、家具制造业、林产化工业、木本花卉业、森林生态旅游业等六大林业支柱产业。总之，广东的林业产业在曲折中发展、在开拓中前进、在调整中完善，为经济社会发展做出了重要贡献（表3-9）。

表3-9 广东六大林业支柱产业发展现状

产业名称	产品形态	规 模	备注
木竹浆造纸业	木质	全省共有造纸企业350多家，生产纸及纸板730.0万t，消耗量1020.0万t，居全国第一位	全国造纸和纸制品生产的大省，全国造纸及纸制品进出口贸易最大窗口
人造板业	木质	总产量484.6万m^3，产值约74.14亿元，其中，胶合板160.0万m^3，纤维板215.3万m^3，刨花板109.3万m^3，其他人造板10.0万m^3	人造板总产量在全国排第五位（但人造板消耗总量排第一位）
家具制造业	木质	家具产值1020.0亿元，占全国3400.0亿元的30.0%，其中出口56.6亿美元，占全国137.7亿美元的41.1%	形成家具的产业集群和特色区域，全亚洲最大的家具批发市场和中国最具有影响力的家具市场和物流配送中心基地
林产化工业	非木质	每年松脂产量占全国产量的1/5以上；松香、松节油及松香深加工产品的年生产量，约占全国总产量的1/3左右，位居国内第二，广东松香出口数量约占产量的一半左右，在国际市场占有重要位置	资源丰富，在国内外市场具有重要位置
木本花卉业	非木质	全省花卉种植面积为25 003.5hm^2，切花年销售量73 360.1万支，苗木年销售量46 516.3万株（盆）；总销售额141 791.4万元，其中出口额29 624.0万元	热带苗木和花卉为本省的特色和优势

（续表）

产业名称	产品形态	规　　模	备注
森林生态旅游业	非木质	全省共批建了国家级森林公园22处，省级森林公园61处，市县级森林公园329处，森林公园总数达到412处，总面积达98.2万hm^2，占全省国土面积的5.5%，占林业用地面积的8.9%；2006年接待游客已超过3717.9万人次，收入9.6亿元	形成了国家级、省级、市（县）级三级森林公园体系，资源丰富，客流充足，发展潜力大

3.4.1 第一产业

3.4.1.1 林木的培育和种植

全省主要乔木树种有桉树、湿地松、马尾松、黎蒴和杉木等。其中桉树面积68.2万hm^2，蓄积量为2060.6万m^3；湿地松46.9万hm^2，蓄积量2078.0万m^3；马尾松222.6万hm^2，蓄积量8436.1万m^3；杉木83.3万hm^2，蓄积量4949.1万m^3；其他树种453.9万hm^2，蓄积量16 909.0万m^3。

目前，全省商品林基地面积已达256.7万hm^2，其中：速生丰产林面积50.0万hm^2，短周期工业原料林面积65.3万hm^2，竹林面积44.0万hm^2，经济林面积97.3万hm^2。商品林基地主要分布在湛江（桉树为主）、肇庆、清远、韶关、梅州、惠州（桉树）、河源等地，其中马尾松和杉木两大用材树种占最大面积，其次为桉树、相思、南洋楹等树种。

3.4.1.2 木材和竹材的采运

目前全省商品林大部分为中幼龄林，尚不能进行采伐利用。2005年国家批准的采伐限额为1100.0万m^3，实际消耗790.0万m^3，其中：主伐消耗535.0万m^3、抚育间伐28.0万m^3、其他采伐消耗227.0万m^3，实际出材550.0万m^3。据统计，2001～2005年，全省木材总产量1820.0万m^3，竹材产量37 000.0万根，但远远不能满足以木材为原料的工业企业的需求。全省造纸工业原料供应主要依赖进口，国产木、竹浆比重只占6%左右（图3-4）。

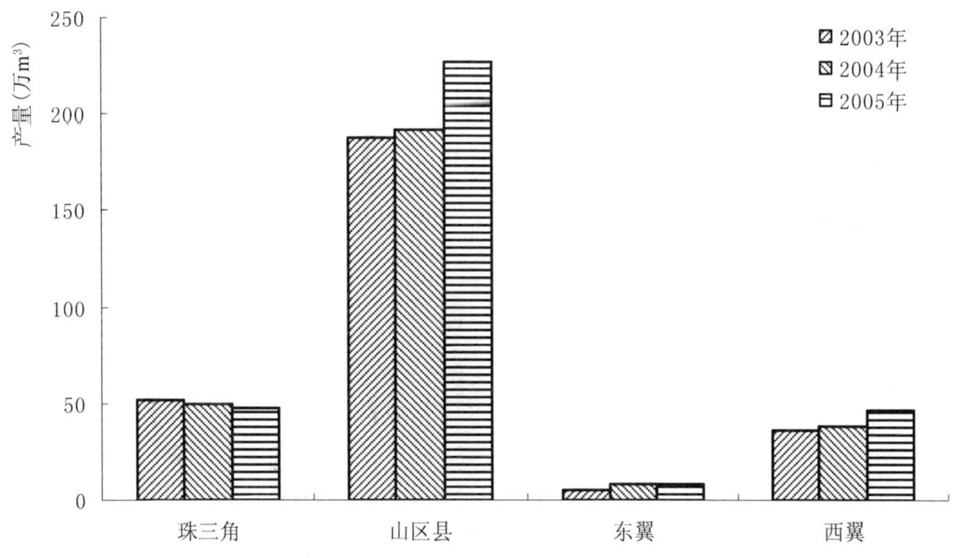

图3-4 2003～2005年广东省木材产量区域分布

广东还是全国竹材生产的重点区，竹林总面积33.7万hm^2，其中毛竹林面积15.3万

hm^2，杂竹林面积 18.4 万 hm^2。信宜市是全国重要的竹器工艺品出口生产基地，竹业编织工艺品出口额占全国的1/6，竹编织工艺出口年创汇 1.6 亿美元；怀集县是全国茶杆竹重要生产出口基地，有茶杆竹 1.3 多万 hm^2，产值达 2.1 亿元，年出口量占全国出口量的 60.0%，年出口创汇 1200.0 万美元；广宁县是全国著名的“竹子之乡”，竹林 7.2 万 hm^2，居全国第二，全省第一，有 330 多家竹子企业，500 多种竹产品，竹业产值超 6 亿元；英德市是中国麻竹笋之乡，有麻竹基地 2.3 万 hm^2，年产鲜笋 3.5 万 t，年总产值 2.26 亿元，成为全国最大的笋竹基地之一。

全省竹业发展表现出如下几个特点：①竹林资源增长较快，规模经营进一步发展。全省竹林面积超 1.0 万 hm^2 以上的县有 25 个，其中，广宁县 6.0 万 hm^2，南雄市和怀集县各有 3.0 万 hm^2。②竹种结构进一步优化，形成多竹种综合发展的新格局。③传统竹产业得到发展，区域特色愈加明显，涌现出一批具有区域特色的竹产品大县，如茶杆竹出口大县怀集县，竹工艺品出口大县信宜市和五华县，竹笋加工出口大县英德市和清新、揭东县，竹浆造纸大县广宁县和南雄市，竹牙签加工大县龙门县，毛竹生产大县南雄市和仁化县。④竹产业化程度不断提高，竹产业效益显著。竹业产值都超亿元的地区有：信宜、广宁、清新、英德、仁化、南雄、龙门、怀集、罗定等县（市）。竹材生产已经成为林业的一大新兴产业和山区经济发展新的增长点，在山区经济发展中起着愈来愈重要的作用。

3.4.1.3 经济林产品的种植与采集

2006 年，全省经济林面积 112.1 万 hm^2。按使用土地地类分，属林业用地面积 95.3 万 hm^2，占经济林面积的 85.0%；属园地（四旁）面积 16.8 万 hm^2，占经济林面积的 15.0%（表 3-10）。

表 3-10 广东省经济林产业生产现状统计表

序号	类　别	面积（万 hm^2）	产量（t）	产值（万元）	出口值（万美元）
1	小 计	112.1	4 416 376.5	1 118 714.3	3245.3
2	木本果品类	73.2	3 640 093.0	913 409.0	1457.3
3	木本粮油类	9.1	31 377.0	23 044.9	/
4	工业原料类	3.3	3821.0	1968.8	/
5	木本药材调料类	15.9	45 124.0	46 923.1	1210.0
6	森林食品类	5.3	663 352.5	62 318.5	578.0
7	饮料类	5.4	32 609.0	71 050.0	/

3.4.1.4 花卉的种植

全省花卉种植面积为 25 003.5 hm^2，其中，国营（集体）单位种植面积 1248.2 hm^2，个体种植面积 22 589.7 hm^2，外资（合资）单位种植面积 1165.6 hm^2。据初步统计，规模在 3.3 hm^2 以上的约 900 家。年销售量中，切花 73 360.1 万支，苗木 46 516.3 万株（盆）；年销售额 141 791.4 万元，其中出口额 29 624.0 万元。顺德“陈村花卉世界”、中山“古镇园艺苗木”、“广州花卉博览园”等品牌，在国内外享有较高的知名度，大大提高苗木、花卉在国内外市场中的竞争力。

目前，花卉产业存在的主要问题：①花卉生产对市场需求缺乏科学预测，规模趋于盲目扩大，市场供过于求，价格普遍下降。②花卉市场建设速度过快，缺乏统一规划，重复建设现象严重，花卉市场流通体系不健全，市场功能不完善。③花卉科技力量发展滞后，严重制约着花卉业的健康快速发展。

3.4.2　第二产业

3.4.2.1　木材加工及木、竹、藤制品制造

(1) 全省人造板总产量从 1990 年的 15.5 万 m^3 增长到 2005 年的 494.6 万 m^3，产值约 74.1 亿元。其中胶合板 160.0 万 m^3，纤维板 215.3 万 m^3，刨花板 109.3 万 m^3，其它人造板 10.0 万 m^3。近 15 年来，全省人造板产量以年均 27.6 % 的速度增长。从总量上看，人造板年产量位居全国第五位，人造板消费总量超过 1000.0 万 m^3，销售额约 150.0 亿元。

全省胶合板企业 173 家，产量只有 160.0 万 m^3，平均规模为 0.9 万 m^3/年；刨花板企业 66 家，产量 109.1 万 m^3，平均规模为 1.7 万 m^3/年；中密度纤维板企业 32 家，产量 215.3 万 m^3，平均规模为 6.7 万 m^3。与世界纤维板企业的平均规模 10 万 m^3/年（1995 年）还有一定的差距。

其中，在胶合板生产企业中，多数大中型企业以进口原木或单板（表面板）为原料，主要集中在深圳、东莞、广州、佛山等珠三角地区。中密度纤维板企业分布在肇庆、韶关、清远、梅州、河源、广州、东莞、深圳、佛山、江门、阳江、湛江、茂名等 13 个地区。

(2) 广东木竹地板是全国实木地板最集中的地区之一。产量约为 10 525.0 万 m^2，总产值约 140 亿元，规模以上生产企业约 160 家。但是，实木地板几乎全部以进口材为原料。现有实木地板企业约 100 家，各地市均有分布，但多数在广州、深圳、佛山、中山、东莞、江门等地区。年生产能力约 1580 万 m^2，在全国居第 6 位。

全省实木复合地板生产企业约 35 家，分布在广州、深圳、佛山、中山、江门等地区。年总生产能力约 3000 万 m^2，在全国居第 1 位。强化木地板企业约 20 家，年生产能力约 5870 万 m^2，在全国居第 4 位。

由于珍贵木材非常缺乏，实木地板和实木复合地板表层的原材料基本上都是从国外进口，年消耗进口优质木材约 40 万 m^3。

3.4.2.2　木、竹、藤家具制造

全省家具企业达到 6000 家，主要由民营、集体和港、台资等企业组成，但大多数是中、小型企业。2005 年，全省家具产值达 1020.0 亿元，占全国的 30.0%，其中出口 56.6 亿美元，占全国 137.7 亿美元的 41.1%（表 3-11）。

表 3-11　1998～2005 年广东家具业年产值和出口量

序号	年份	家具总产值（亿元）	比上年增长率（%）	家具出口产值（亿美元）	比上年增长率（%）
1	1998	180.0	—	11.3	—
2	1999	320	77.8	15.6	37.6
3	2000	360.0	12.5	18.9	21.3
4	2001	428.0	18.9	19.9	5.6
5	2002	520.0	12.1	27.4	37.6
6	2003	650.0	25.0	36.5	33.1
7	2004	760.0	16.9	44.6	22.3
8	2005	1020.0	34.2	56.6	26.9

家具企业绝大部分集中在珠江三角洲地区，其中以东莞、深圳、顺德、广州、中山为主要集中地。其分布情况如下：①按照地域来分：东莞、深圳各约1800家（各占30.0%），顺德约1200家（占20.0%），广州、中山、南海等地合计约1200家（占20.0%）；②按照资本性质来分：以民营企业为主，约有5000家（占83.0%），其余约1000家（占17.0%）为中外合资和海外独资（含港资、台资、澳资）企业。

3.4.2.3 木、竹浆造纸

全省共有造纸企业350多家，生产纸及纸板730.0万t，消耗量1020.0万t，居全国第一位。产量排在全国造纸企业前20位的大型造纸企业有地名广纸、珠海红塔仁恒、东莞玖龙、地名理文和中山联合鸿兴等5家。在造纸企业中，民营企业居多，达200多家，产量占60.0%以上。这些个体及集体企业，多数是改革开放初期以村集体股份或私人股份建厂的，建设规模小，年产3.0万t以上规模的纸厂只占造纸企业总数的5.0%，多数是1.0万t左右规模。

广东造纸工业和纸制品生产在全国举足轻重，主要分布在珠江三角洲地区。2005年，规模以上造纸工业企业的总产量已达到了1410.3万t，其中纸浆320.0万t、纸及纸板730.0万t、纸制品360.3万t，分别居全国第一、第三和第一位。工业总产值500.0亿元，排全国第二位。箱纸板、瓦楞原纸和纸箱是广东的绝对优势产品，三种产量均占全国同类产品榜首。

全省的纸浆、纸、纸板和纸制品业的出口交货值共110.0亿元，居全国第一。其中，纸制品出口交货值占全国的71.8%，全国纸制品企业出口交货值前十位中，广东占9家，深圳华生、锦胜包装、力嘉包装居前三位。目前，进口纸浆为110.0万t左右，占全国纸浆进口量的14.1%；进口废纸400.0万t左右，占全国进口量的32.0%；进口纸及纸板为450.0万t左右，占全国进口量的71.5%。

3.4.2.4 林产化学产品制造

广东林产化学工业在国内占有重要地位，每年松脂产量占全国产量的1/5以上（图3-5），

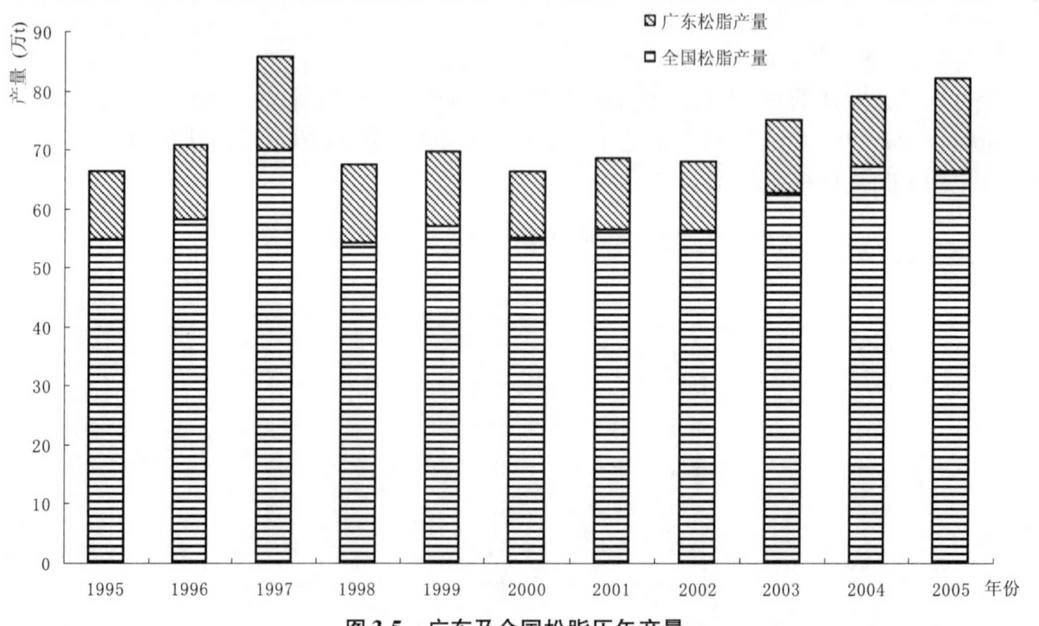

图3-5 广东及全国松脂历年产量

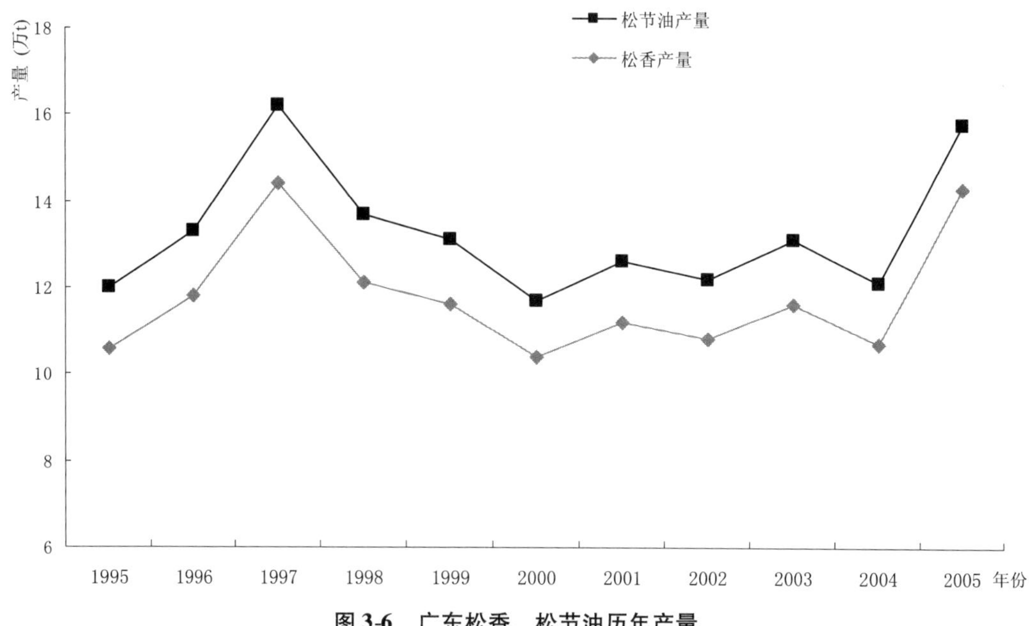

图 3-6　广东松香、松节油历年产量

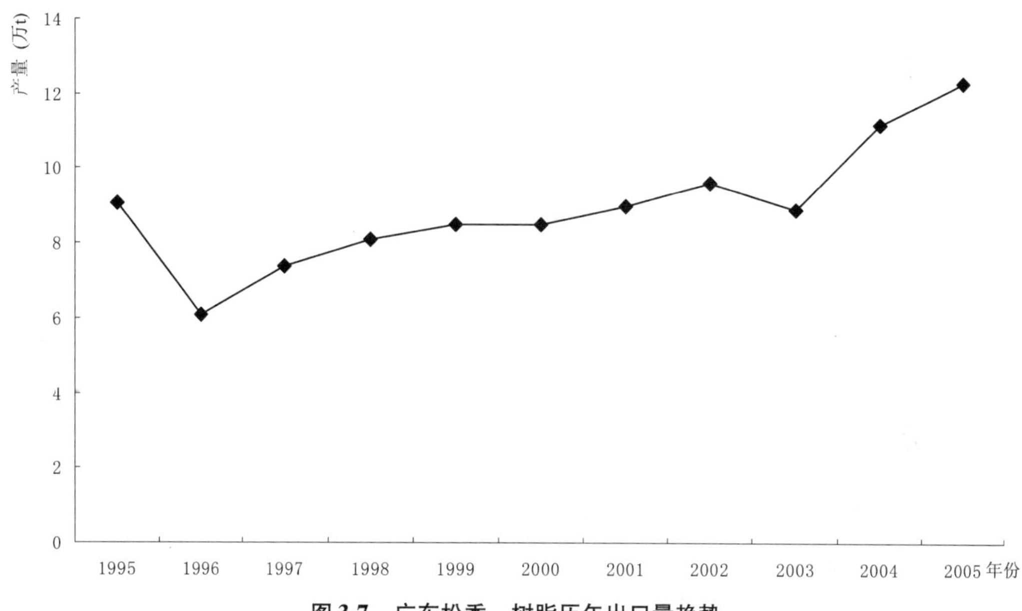

图 3-7　广东松香、树脂历年出口量趋势

松香、松节油及松香深加工产品的年生产量，约占全国总产量的 1/3，位居国内第二（图 3-6）。而栲胶、紫胶、木炭、活性炭等传统林化产品，由于受替代产品、市场价格、环境因素、资源限制等影响，已日渐萎缩，基本停产。松香出口数量约占产量的一半，在国际市场占有重要位置（图 3-7、3-8）。

3.4.3　第三产业

第三产业包括林业旅游与休闲服务。全省森林风景资源有 5 大景观资源类别，22 种森林景观类型，包括山丘、河流、峡谷、岛屿、岩溶、洞穴、湖泊、水库、瀑布、温泉、天然

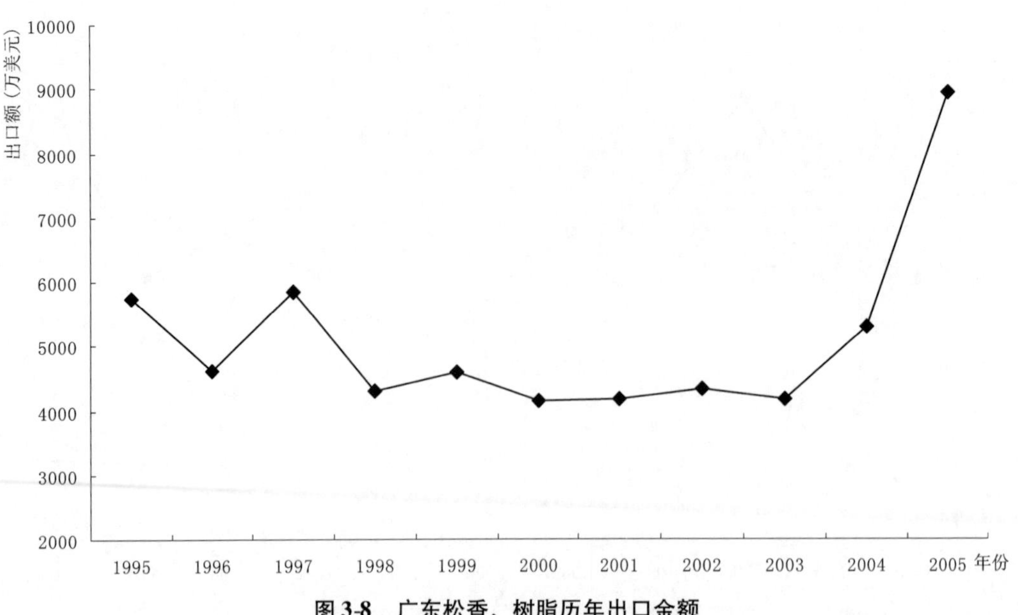

图 3-8　广东松香、树脂历年出口金额

林、野生动物栖息地、观赏花草、化石遗址等主要类型的自然景观和具有以客家、潮汕、广府、少数民族和西方文化相融合的岭南文化为底蕴的人文景观。全省森林风景资源组团式分布特征明显，基本形成“以珠三角为中心，两个羽翼，一个山区”的四大相互渗透的单元。一是以广州为中心，以岭南文化和自然生态为一体的森林风景资源组团，呈放射状向外延伸；二是以韶关市为中心，以丹霞地貌、岩溶地貌、原始森林为典型代表的粤北山岳地区；三是以汕头和梅州为中心，以潮汕文化和客家文化为代表的粤东地区；四是以湛江为中心，以滨海风光和观光农业为代表的森林风景资源组团。据初步统计，目前全省共有山岳景观696处，湖泊岛屿 62 760.1 hm^2，海滨海岛 683.2 hm^2，瀑布温泉 136 处，水景溪流2312.3km，湿地 5717.8 hm^2，洞穴 512 处，人文景观 2702 处，以及 128 种民俗风情等，森林风景资源颇为丰厚。

为促进森林公园和森林生态旅游产业的发展，广东相关部门联手开发和推出了以广州为中心的四条森林生态旅游线路：珠江三角洲线的广州流溪河、石门、龙门南昆山、南海西樵山、新会圭峰山、台山北峰山、深圳梧桐山、东莞观音山国家森林公园和广州帽峰山省级森林公园等；粤北线的英德、韶关、曲江小坑、乳源南岭国家森林公园；粤东线的河源新丰江、汕头南澳岛国家森林公园和河源霍山、汕尾莲花山省级森林公园；粤西线的广宁竹海国家森林公园和清远的笔架山、羊角山、太和洞、茂名省级森林公园等。

目前，广东以森林公园为主要依托的森林生态旅游文化产业体系已有一定规模，基本形成了森林旅游“吃、住、行、游、购、娱”六要素配套发展的服务体系。2006 年全年接待游客 3717.9 万人次，其中海外游客 61.1 万人次，森林旅游总收入达 9.6 亿元；旅游接待能力（床位）达 15 666 张，森林旅游直接从业人员 5600 多人（其中导游 360 多人），间接从业人员 26 000 多人。近年来，广东森林公园的旅游收入成倍增长，并呈良好的发展态势，森林生态旅游已成为旅游业的一支新生力量和广东现代林业产业新的经济增长点，在经济建设中发挥着重要作用。

3.5　林业生态文化体系建设

林业作为生态建设的主体，在建设生态文化、促进生态文明中具有特殊地位并肩负光荣使命，发挥着不可替代的重要作用。广东森林生态文化体系建设以搭建森林生态文化平台为切入点，以扩大宣传普及为抓手，大力传播生态文化，培植森林生态文化产业。目前，在全社会培育生态文化意识和理念，搭建生态文化体系建设平台，培育传递生态文化的载体，开展形式多样的生态文化宣传教育等方面都取得较大的成绩。

3.5.1　义务植树

广东历来都十分重视全民义务植树工作，严格全民义务植树管理，建立健全《义务植树任务通知书》制度和义务植树登记卡的使用管理制度。县级以上绿委办公室负责统计本地区适龄公民，落实分配任务，检查考核尽责率的情况。农村义务植树由所在地行政村和乡镇负责组织；单位和“三资”企业中方适龄公民由所在地政府负责组织；城镇居民、个体工商、无业和外来人口由城市社区和街道负责组织。

开展全民义务植树运动28年来，广东累计有6亿人次参加了义务植树，植树30亿株。目前，全省城市建成区绿化覆盖率达到37.96%，人均公共绿地达到12.11m^2，先后有239个集体（单位）和298名个人获得全国绿委的表彰奖励，深圳、东莞市获得“全国绿化模范城市”称号，蕉岭、仁化、广宁、郁南、南澳24个县（市、区）获得“全国绿化模范县”称号，11个单位被授予“全国绿化模范单位”称号。

为了拓宽全民义务植树领域，丰富全民义务植树形式，使适龄公民更好地履行法定义务，广东省还制定了一系列更为有效的措施：对确因条件限制，难以组织适龄公民直接参加植树的地方，鼓励适龄公民积极开展绿地保护、古树名木保护、门前三包等方式履行义务；对于不能直接参加植树劳动的中小学生，鼓励参加力所能及爱绿护绿宣传活动。积极组织城乡适龄公民通过参加居住区环境的绿化美化活动履行植树义务，大力提倡种植各种类型的“纪念树”、“纪念林”，对城镇的适龄公民，因特殊情况不能直接参加义务植树，实行以资代劳。为加强对义务植树绿化成果的管理，根据实际和自愿，将管护任务折合成义务植树任务。

3.5.2　古树名木保护

古树名木是指百年以上树龄、稀有、珍贵的树木，是具有历史价值或者重要纪念意义的林木。古树名木作为一种特殊的植物资源，是经过长期严酷磨练、生存竞争而保存下来的“老寿星”，是先人留给我们后代的宝贵财富，是大地自然历史中的活文物，是历史悠久、人文荟萃的象征，堪称“绿色古董”。古树名木是国家财富，既有生物学研究价值，又具有活的文物和历史文化价值。绝大部分古树名木具有丰富的文化内涵，被誉为“活教材”、“活档案”、“活文物”，在生态、科研、人文、地理、旅游诸方面具有特殊的价值，是历史文化延续的标志和生态文化传承的重要载体。

广东有着丰富的古树名木资源，种类多，分布广，并且拥有国家重点保护野生植物和濒危植物资源，全省的古树名木共有23 179株，其中一级古树（≥500年）693株，占3.0%；二级古树（300～499年）2387株，占10.3%；三级古树（100～299年）19 964株，占

86.1%；名木135株，占0.6%，一级古树和名木比例较小。其中最长寿的是新兴国恩寺禅宗六祖手植的荔枝树，已经活了1300多年。树形最壮观的化州高山榕，其母体繁衍的21条气根落地生成树干，一树成林；树冠最大的新会细叶榕——树冠投影面积达1.15 hm^2。在135株名木中，有许多是名人所植，如伟大革命先行者孙中山先生在翠亨村故居手植的酸豆树，邓小平同志在深圳市仙湖植物园手植的高山榕，江泽民同志在高州市根子镇手植的荔枝。这些古树名木以热带、亚热带科属的种类为主，隶属于73科194属311种，主要为桑科、壳斗科、樟科和桃金娘科等科树种，这4个科的种类有85种，占总种数的27.3%，其中有国家重点保护野生植物22种，珍稀濒危植物24种。

3.5.3 林业生态文明万村绿建设行动

为贯彻落实党的十七大、十七届三中全会、省委十届四次全会、《中共广东省委 广东省人民政府关于贯彻落实党的十七届三中全会精神加快推进农村改革发展的意见》（粤发〔2009〕3号）精神，广东在全省组织开展“建设林业生态文明万村绿”大行动。“万村绿行动”是以建设林业生态文明村为目标，弘扬生态文明理念，建设林业生态文明，统筹城乡科学发展，改善农民生产生活条件，营造人与自然和谐共处的绿色生态环境，建设宜居村镇，把农村建设成为广大农民的美好家园，推进农村改革发展，促进农民增收致富，为社会主义新农村和生态文明建设做出贡献。

“万村绿行动”要求，从2009年起，每个县（市、区）每年选择20个自然村送苗下乡，每个村送5000～10 000株苗，把优良树苗送到农民手中，组织农民群众造林栽树护绿。重点抓好村内道路、公共场所和农户庭院的绿化，搞好农田林网化，提高村庄绿化覆盖率，建设一处绿色景观点，栽植一条绿化带，营造一片风景林（果林或竹林等），形成点、线、面相结合的农村绿化美化新模式，实现村庄四周有风景林，入村有绿化景观路，围村有绿化带，村内主次干道两旁植有行道树，农户房前院内种有树木花草，消除空闲地，村庄绿化覆盖率达到30%以上。因地制宜，适地适树，宜林则林，宜果则果，宜竹则竹，田林路结合，多树种结合，乔灌草结合，形成路有树、街有景，四季常青、花果飘香的良好生态环境。通过开展万村绿大行动，全省每年建成2000个以上林业生态文明村，5年全省建成10 000个以上林业生态文明村。

3.5.4 生态文明示范点建设

生态文明（林业）示范点建设的内容和指标是围绕省委、省政府《关于争当实践科学发展观排头兵的决定》有关要求提出的，目的就是践行省委、省政府决策，率先探索生态文明的发展道路，大力推进生态文明建设，加强生态保护和环境治理，打造人与自然和谐的宜居广东。示范点建设以发展生态林业、民生林业、文化林业、创新林业、和谐林业为重点，通过生态文明（林业）示范点建设，在全省乃至全国竖起一面“发展现代林业，建设生态文明”的旗帜。

广东第一个省市共建生态文明示范点落户梅州。梅州生态文明（林业）示范点的建设将以改善和优化梅州市生态状况为目标，通过重点建设41.3万 hm^2 高效生态公益林体系和12万 hm^2 高效商品林基地，到2020年，梅州市森林覆盖率达70%以上，自然保护区体系面积占国土总面积比重达10%，人均公共绿地面积达到15m^2，村庄绿化覆盖率达到25%，构筑梅州生态屏障，打造梅州绿色经济，实现森林生态、经济、社会三大效益最大化，让生态文明的建设成果惠及梅州人民，实现“推动绿色崛起，实现科学发展”战略目标。

3.5.5　风水林保护

风水林在中国有上千年的传承，是在宗教意识和风水意识（传统文化）共同支配下营造和保护下来的历时久远的林木，是民众原始自然崇拜的一种物态表现。风水林是古代部分地区对林木培护曾发挥过重要作用的历史见证，是珍贵的历史文物，具有重要的科研价值、文化价值和旅游观光价值。由于风水林所处的特殊地理位置，因此它也是对地带性珍稀动植物资源进行保护的重要场所，是生态文化在中小尺度和微观尺度上的物质载体，而且能更加直观地对群众进行生态文化意识和观念的宣传教育。风水林文化已成为广东生态文化体系建设中的重要组成部分，主要从三个方面体现了现代生态文化的思想：①体现了注重林木景观、推崇绿化环境的风水思想；②体现了倡导植树的风水绿化思想；③体现了禁止毁林的风水护林思想。

风水林主要有村落宅基风水林、坟园墓地风水林、寺院风水林等基本类型。目前，广东风水林（自然保护小区）面积 41.6 万 hm^2，保护着广东大部分濒危和珍稀野生动植物资源及其栖息地，也是广东地带性植被的岛屿。

3.5.6　生态文化教育基地建设

建设生态文化基地，让人们直观、切身感受生态文化的魅力，是繁荣发展生态文化的有效途径。生态文化基地是生态文化理念的集中体现，是生态文化的物质载体，同时也是宣传生态文化的重要课堂，是弘扬生态文化的示范场所。生态文化领域有大量集中体现生态文化元素的载体。

森林公园和湿地公园就具有优美自然景观和人文景观，可供人们游览、休憩或进行科学、文化、教育活动，所承载的生态文化信息十分丰富。一些符合生态文化理念的村庄、社区、厂矿等，都可以成为生态文化的示范基地，也可在已有的博物馆、文化馆、科技馆、标本馆、科普教育和生态教育示范基地基础上进行改建，完善功能，丰富内容。目前，广东已建有各类生态文化科普教育基地，如华南植物园、南沙科学展览馆、中山大学生物博物馆、流溪河国家森林公园科普基地、香江野生动物世界等，以及各种纪念林，还有规划的森林博览园等，通过这些科普基地、纪念林和森林博览园等展示森林生态功能和森林文化，可以提高人们对森林美学、森林旅游文化以及由森林文化而引伸出来的树文化、竹文化、花文化、茶文化等方面的认识，提高爱林、护林意识，从而增强生态保护意识。

建设生态文化基地是传播生态文化的有效途径。生态文化传播方式要适应人民群众审美情趣变化，才能引起共鸣，达到更好的效果。在广播、电视、互联网、手机短信等大众传播方式的基础上，积极探索具有生态文化特色的传播和教育方式。比如结合世界“地球日”、“环境日”、“荒漠化日”，结合全国“植树节”、“爱鸟周”、“科普活动日”等开展宣传教育活动；组织开展创建绿色家园、森林城市、生态省市、生态乡村等活动。

第4章 广东现代林业发展的战略定位

4.1 广东现代林业发展的战略问题

4.1.1 战略问题分析

4.1.1.1 森林资源分布不均衡，保护压力大

（1）广东人均拥有森林面积高于全国平均水平，但分布不均衡。全省人均森林面积为 0.138 hm^2/人，略高于全国人均森林面积（0.132 hm^2/人），但森林区域分布不均，韶关市、河源市、梅州市和江门市等地区人均拥有森林面积高于全省平均水平，而汕头市、东莞市、中山市、佛山市和湛江市等地区人均拥有森林面积与全省平均水平差距较大（图 4-1）。

（2）林地被征占用的现象长期存在，林地逐年减少。20 世纪 80 年代以来，随着人口的增加和经济的迅速发展，各项建设用地迅速增加，加上一些地方领导干部存在重耕地轻林地的错误思想、急功近利的短期行为，对林地的管理重视不够，认识不足，甚至认为林地被侵占无所谓，没有把林地放在与耕地同等重要的位置来对待，个别地方出现了乱占林地、乱采滥挖和毁林挖塘养虾等现象，造成全省林地面积逐年减少。据全省森林资源连续清查统计，自 1978～1997 年 20 年间，全省林地面积减少 18.2 万 hm^2，平均每年减少 0.9 万 hm^2。随着经济建设的发展，今后征占用林地的现象仍将长期存在，造成林地面积逐年减少。

（3）森林保护任务艰巨。一些地方乱砍滥伐林木、乱占滥用林地、乱捕滥猎野生动物等违法行为时有发生；森林火灾和病虫害威胁仍然严重；外来有害生物入侵形势严峻，从而造成森林资源保护难以展开。

4.1.1.2 森林林分质量不高，林地生产力较低

（1）森林树种结构不合理。根据广东第六次森林资源连续清查统计，全省以马尾松和杉木为主的针叶林面积占乔木林总面积的 44.1%，针阔混交林面积占 9.5%，以桉树、软阔为主的阔叶林面积占 39.2%，木本果林面积占 7.2%。为此，全省森林的针叶林面积偏大，以乡土树种为主的阔叶林面积偏少，造成森林树种结构不合理。

（2）林分质量不高。据统计，全省乔木林公顷蓄积量为 41.3 m^3、公顷生物量为 44.9 t，低于全国平均水平（公顷蓄积量为 84.0m^3、公顷生物量为 61.0 t），更低于世界平均水平（公顷蓄积量为 100.0 m^3、公顷生物量为 109.0 t）。乔木林公顷株数为 1998 株，林木平均胸径为 9.9cm。这表明广东全省林木仍处于中幼龄阶段，林分质量不高。

（3）林地局部地区自然条件恶劣，改造利用困难。全省尚有无林地面积 51.8 万 hm^2，其中未利用地 12.5 万 hm^2，大部分是海拔 800.0 m 以上的高山暂难造林地或石灰岩地区。因这些地区的地质、地貌的原因，缺水缺土，自然条件恶劣，改造利用十分困难。

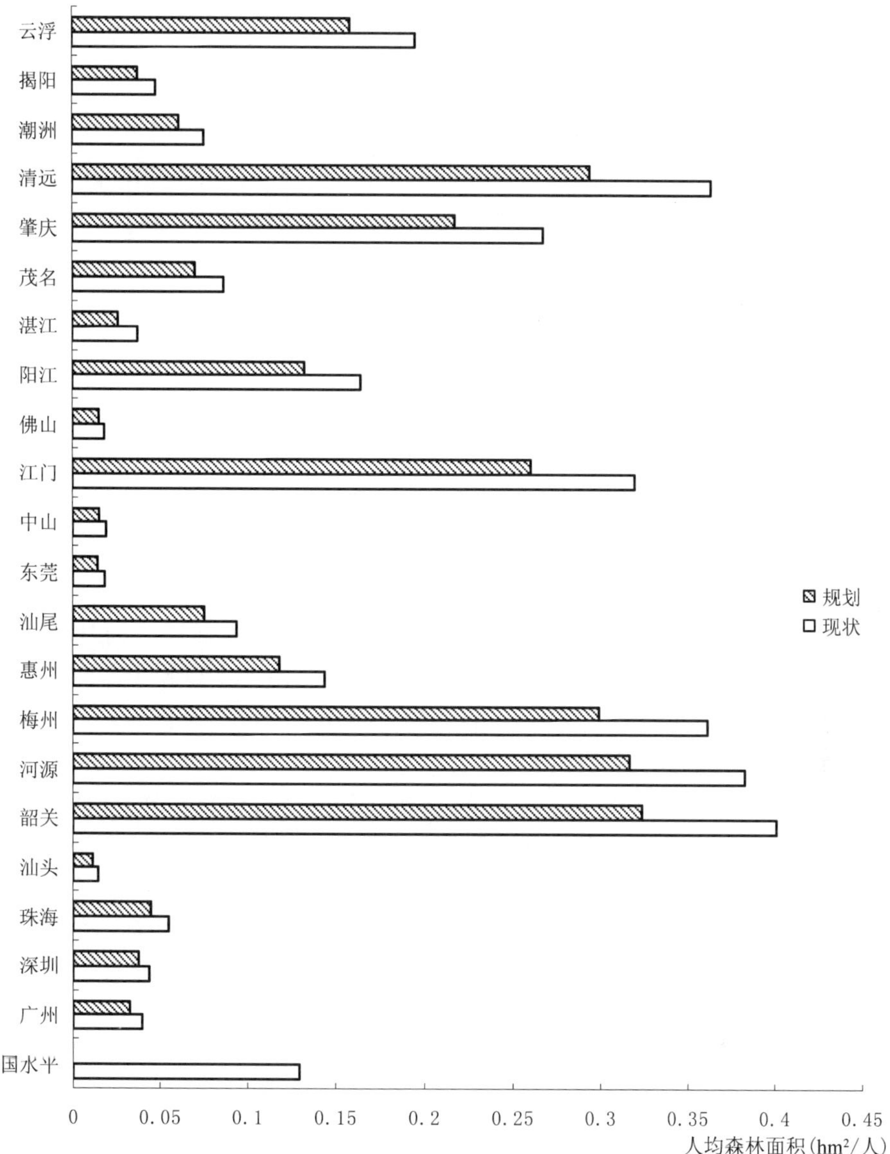

图 4-1　广东省各地级市人均森林面积现状

4.1.1.3　生态公益林比例偏低，难以满足社会生态需求

（1）公益林面积比例偏低。全省现有生态公益林面积 359.2 万 hm^2，占全省林地总面积的 33.1%，占全省国土总面积的 20.3%。按照《广东省生态公益林建设管理和效益补偿办法》要求，山区县公益林面积占林业用地总面积的 25.0% 以上，半山区、丘陵县占 30.0% 以上，平原县占 40.0% 以上。目前，部分地区仍未达到上述最低标准，生态公益林面积比例偏低。

（2）公益林布局有待优化。山区是全省的天然生态屏障，是重要的水源区，生态区位和地理位置十分重要；东、西两翼有较长的海岸线，拥有优越的地理条件，环境容量相对较大；珠三角城镇化水平、经济规模及经济水平较高，环境污染问题也最为突出。广东生态公益林布局基本上是按林地面积比例进行区划的，未能做到“因地制宜、因害设防”的要求，造成布局不尽合理，未能满足区域生态需求。

(3) 公益林生态功能等级不高。全省森林群落结构和树种结构简单、层次单一、林相单调、林地土壤流失严重，从而影响了森林生态功能的发挥。最新监测结果表明：全省森林（地）一类林面积仅占5.3%，二类林面积占58.3%，三类林面积占26.8%，四类林面积占9.6%，一、二类面积比例合计为63.6%，与林业生态省建设目标（一、二类林面积比例达80%）尚有一定的差距。

(4) 公益林补偿标准较低。目前，广东省财政对省级以上生态公益林的效益补偿标准为120元/hm^2，且大部分的地方没有落实配套补偿资金。同一林地获得的效益补偿资金不如投资商品林带来的经济效益高，林农会将更多的林地用于营造商品林，严重挫伤林农管护生态公益林的积极性。

4.1.1.4 自然保护区建设布局不合理，湿地保护形势严峻

(1) 自然保护区建设布局不合理。按自然保护区生态系统类型和重点保护对象体系结构分析，布局不合理的方面包括：缺少石灰岩森林生态系统类型的自然保护区，缺少石质岩溶脆弱生态系统类型的自然保护区；湿地生态类型自然保护区个数偏少、面积偏低，天然湿地主要缺少沿海滩涂、河口、岛屿类型的自然保护区，人工湿地主要缺少珠江三角洲“桑基鱼塘”类型的自然保护区；华南虎保护区呈岛状，尚缺少生境走廊体系；兰科植物、野生雉类、鸟类保护区个数偏少、面积偏低。

(2) 湿地保护形势严峻。存在的主要问题有：不合理的开垦和改造使湿地面积锐减、功能下降；红树林湿地抗灾能力下降、咸潮入侵农田、水产资源大减、经济损失惨重；工业污水及城镇生活污水的大量排放和农药化肥的大量使用，造成海水污染和富营养化，导致河流、湖泊水质恶化，近岸海域生态失衡，赤潮频繁发生；管理体制不完善、法规和相关条例不完善，造成执法困难；在已建的湿地自然保护区中，还有部分保护区保护管理、科研监测、宣传教育的水平低下，没有专职人员机构，没有专门经费，无法有效地开展保护工作。

4.1.1.5 非木材林业资源名优特品种不多，经营水平低。

非木材林业资源大都分散经营，规模过小，集约化程度低，产品市场流通和社会化服务体系不完善。主要体现在：①品种、产品结构不合理，名优特品种不多；②加工企业多数是规模小、分散的小厂和季节性加工点，设备技术落后，产品质量不稳定，产品缺乏深加工的规模企业，因而无法进行深加工，难以起到缓冲销售压力；③对市场需求的预测分析和开发能力差，造成供求失衡，流通不畅；④产业化程度低，加工增值作用差，综合效益不高。

4.1.1.6 产业布局不合理，综合效益不高

(1) 产业布局缺乏整体规划。从林业产业总产值的结构来看，东西两翼地区和北部及周边山区的林业第一产业和第三产业产值所占比重较大，而珠江三角洲地区的林业第二产业产值所占比重较大。全省木材加工主要分布在珠江三角洲地区，其次是北部及周边山区；森工产品主要分布在北部及周边山区，木材产量占全省的63.5%，竹材产量占全省的77.2%；人造板产量主要出自珠江三角洲地区，占全省的75.3%。

(2) 原材料供不应求。全省木材生产水平远远不能满足省内林业产业发展的需求，尤其是木地板、胶合板、家具等所需要的一些珍贵、大径级木材，仍依赖国外进口。

（3）加工企业规模较小。全省人造板企业271家，总产量484.6万m^3，平均产量1.7万m^3/家，与世界平均水平相比存在较大差距；全省制浆、造纸企业平均生产规模分别为6.0万t/年、2.8万t/年，与世界平均水平13.0万t/年和4万t/年比较，差距不小。

（4）技术装备有待升级和提高。广东制浆造纸设备，均为20世纪90年代或80年代的国产设备，与国际水平相差40～50年；一些胶合板、刨花板的技术只相当于国外20世纪70年代的水平；林产化工工艺装备水平低，生产技术落后，以初级产品为主。

4.1.1.7 生态文明理念未能真正形成，森林文化基础设施滞后。

广东有着丰富的森林文化遗产，尤其是历史悠久的木文化、竹文化和园林文化等，由于人与自然和谐相处的生态文明理念未能真正形成，全民生态忧患意识、参与意识和责任意识不强，森林艺术创新很少，主题突出、内容丰富、贴近生活、富有感染力的森林文化更少。自然保护区、森林公园、森林博物馆、森林标本馆、林业科技馆、城市园林等森林文化设施建设严重滞后，文化产业体系未能形成规模。

4.1.1.8 林业总体投入不足，建设进展缓慢。

森林资源培育生产周期长，经济效益低，投资林业、保护林地的积极性不高。近年来各级政府对林业的投入虽然有较大幅度增加，但大部分地方政府每年投入林业的资金还低于省政府提出的占当地财政支出1.0%的要求，从而造成建设进展缓慢。

4.1.2 战略需求分析

4.1.2.1 生态建设需求分析

广东是各种自然灾害的常发区和多发区，全国44种主要自然灾害中，广东占40种。同时广东也是我国大陆经济发展最快的地区，人类活动带来的环境影响和生态问题日益加剧，产生的生态灾害影响已日益明显。由此不仅严重破坏自然生态和生存环境，同时也严重影响经济建设和社会发展。进入90年代，广东因灾损失每年超过100亿元，比50年代年均损失多几倍。主要表现在：

（1）气象灾害类型多样，发生频繁。广东平均每年发生20～30次自然灾害，其中每年都有不同程度的洪、涝、旱、冻、台风、暴潮、高温、雷电等气象灾害，气象灾害次数占总自然灾害的80%以上；台风、暴雨、洪涝发生频率高、强度大，居全国之首。

（2）土壤侵蚀退化严重，水土流失加剧。生态破坏和土地的不合理利用，使土地退化严重，加上城市建设大量用地，土地面积大幅度减少，尤以耕地面积减少最多；同时，广东也是全国水土流失的重灾区。据统计，粤东、粤西水土流失严重，面积达8902km^2。

（3）地质灾害频繁发生。全省主要的地质灾害类型有崩塌、滑坡、泥石流、地面塌陷、地面沉降、低裂、水土流失等。其中以崩塌、滑坡及地面塌陷为主，多分布在粤东、粤西和粤北等山区和丘陵区，具有点多面广、活动频繁、危害严重等特点，而以泥石流造成的经济损失最为严重。

（4）全省贫困县绝大部分分布在石漠化严重的岩溶地区。长期以来，由于岩溶地区人口不断增加，人均耕地不足，人民群众为了生活，不得不以牺牲环境为代价，毁林开荒，过度樵采、滥用资源，导致了严重的生态危机。岩溶地区成为广东农村贫困面最广、贫困人口最多、贫困程度最严重的地区之一。

（5）城市化、工业化发展迅猛，随之而来的大气污染、水污染、土壤污染、噪音污染等问题日益严重。伴随大气环境的恶化，城市日照天数减少，灰霾出现日数显著增加，酸雨发生范围和频率都明显增大。据统计，全省酸雨控制区面积达 12.8 万 km^2，占全省总面积的 71.6%，占全国酸雨控制区总面积的 16%，是全国酸雨控制区面积最大的省份之一。

当前生态恶化已日渐成为影响可持续发展的突出问题，保护和改善生态，是广东省实现生产发展、生活富裕的重要前提和有效保障，是统筹人与自然和谐发展的关键所在。为此，广东林业必须加大生态公益林体系建设力度，加强林地、林木、野生动植物和湿地资源保护，加强对水土流失敏感区、水源涵养林等重要自然资源、重要生态功能区和生态敏感区的保护，全面保护原生森林生态系统，保持生物多样性。

4.1.2.2　林业产业发展需求分析

林业是一个具有很高社会、经济、生态效益的产业。木材作为重要的原材料，对经济和社会发展有重要作用。随着经济社会的发展和人民生活水平的提高，社会对木材及其他林产品的需求量越来越大。

（1）人造板业。据统计，2005 年全省共有林产品加工经营企业 2.13 万家，人造板产量约 484.6 万 m^3，人造板企业年消耗木材约 775.06 万 m^3。

（2）造纸（浆）业。目前，全省自产木浆企业 8 家，产量 40 万 t，消耗木材约 160 万 m^3；年产纸及纸板 700 万 t，年均需要木材达 364 万 m^3。除国外进口和循环利用外，纸浆、纸及纸板业年消耗木材 524 万 m^3。

（3）家具业。2005 年广东家具年产值已达 1020 亿元，家具行业已成为人造板及原木消耗的一大主力。按家具万元产值消耗原木 0.1m^3 计，家具业一年消耗原木可达 102 万 m^3。

（4）其他。近年来，林区农民自用材、培植业用材和烧材共 97.2 万 m^3，占全省林木耗材量的 12.3%；除此以外，建筑、家居装修、木片及采矿业一年消耗木材约在 300 万～400 万 m^3。

据此初步统计，目前全省年木材消耗量达 1898.26 万 m^3 以上，木材缺口有 1108.26 万 m^3 以上，主要依靠国外进口和外省流入来弥补。

森林作为一种可再生的经济资源，只要经营得当，能够为社会提供大量的木材和林产品，完全可以取之不尽、用之不竭，对促进广东尤其是山区的发展作用很大。广东山地资源十分丰富，气候条件得天独厚，发展林业大有可为。而且山区具有丰富的林业资源和良好的生态屏障，有着发展生态旅游、林产工业、林产化工、木本花卉等产业的优势，完全可以通过加快林业发展推动经济发展。加快林业发展，是实施区域协调发展战略、振兴山区经济的一条有效途径。

4.1.2.3　生态文化建设需求分析

生态文化是先进文化和生态文明的重要内容，它倡导人与自然、人与人、人与社会的和谐相处，倡导可持续发展的生产方式和科学、健康、合理的生活方式，倡导实践生态文明的道德观，维护人类的共同家园。大力弘扬和发展生态文化，对于满足人们向往自然、回归自然的精神文化要求，构建社会主义和谐社会都具有重要的现实意义。

随着广东省社会经济的快速发展和人民生活水平的提高，人们回归自然、返璞归真的生态文化需求日益增加，对生活环境质量的要求越来越高。需求层次正发生着深刻的变化，由生存消费向发展消费、享受消费转变。社会对林业的主导需求已由木材需求转向生态与文化需求。尤其是在城市地区，城市林业的发展对改善城市生态环境、丰富城市生活、活跃文化气氛等方面起到积极的作用。随着广东省城市化进程的加快，改善生态环境，保障生态安全，满足人们休闲、旅游等活动需求成为林业发展的重要任务之一。

4.1.3　优势与潜力分析

4.1.3.1　发展优势

（1）得天独厚的自然地理为广东林业发展提供了条件。广东省地处热带、南亚热带季风气候区，地形地貌复杂，土壤肥沃，光、热条件良好，雨量充沛。优越的自然地理条件，有利于林业生产，为森林资源的发展提供了优越的条件。

（2）迅速发展的社会经济为广东林业发展提供了基础。改革开放以来，广东社会经济发展迅速，城市化进程加快。据统计，2006 年全省生产总值 25 968.6 亿元，人均生产总值达 28 077.0 元，社会消费品零售总额 9118.1 亿元，进出口总额 5272.24 亿美元，城镇居民人均可支配收入 16 015.6 元，农村居民人均纯收入 5079.8 元。同时大量的乡升级到建制镇，城市化水平快速提升。这些良好的经济基础和社会条件为林业发展提供了基础支撑。

（3）领导重视为广东林业提供了支持。1985 年至今，广东省委、省政府就林业工作作出了多个决定，在不同时期提出林业发展战略，明确奋斗目标，制定政策措施，推进广东全省林业持续稳定和协调发展。各级领导的高度重视，有效推动了林业许多深层次问题的妥善解决，极大促进了广东林业的发展。

（4）群众生态意识觉醒为广东林业发展营造了氛围。随着社会的进步，人民生活水平的提高，群众生态意识的觉醒，生态需求已成为社会对林业的第一需求。人们对林业的认识越来越深刻，林业的地位和作用更加深入人心，形成了全社会关心林业、支持林业、建设林业的可喜局面，从而为广东林业建设营造了良好的氛围。

（5）大幅增加投入为广东林业建设奠定了坚实的基础。各级财政对林业的投入，有力地促进了林业生产建设和重点生态工程的顺利实施，保证了林业部门经常性的开支和林业事业持续稳定健康地发展。目前，政府对林业的公益性投入已开始发挥龙头带动作用，非公有制林业发展势头迅猛，政府扶持、社会补偿、群众投入和外资补充等四个方面相结合的林业投入机制正在逐步形成，为广东林业建设奠定了坚实的基础。

（6）逐步健全法规为广东林业建设提供了政策保障。广东市场经济发展较快，地方性林业立法在全国先行一步。目前，广东共有地方性林业法规 5 部、政府林业规章 11 部，林业法律法规基本覆盖了林业建设的主要领域。《广东省森林保护管理条例》、《广东省林地保护管理条例》中确立的分类经营、林地保护开发等一系列制度，为《中华人民共和国森林法》及其实施条例的制订和修改发挥了先行和试验的作用。《广东省野生动物保护管理条例》对非法经营加工、食用野生动物等行为作出了处罚规定，这在全国野生动物保护立法中具有超前性，是对《中华人民共和国野生动物保护法》的有益补充。除了上述地方性法规，广东还制定有《广东省全民义务植树条例》等地方性法规，《广东省生态公益林建设管理和效益补偿办法》等规章制度。广东林业法规的逐步健全，为广东林业发展提供了强有力的保障。

4.1.3.2　发展潜力

（1）林地利用潜力。①林地资源潜力。林地面积已包括宜林荒山、荒地，要扩大林地面积，潜力主要有三种途径：一是退耕还林，全省各市山区有 2.1 万 hm^2 坡地需退耕还林。二是城市林业发展，为保证城市生态环境需要，要求城市建成区绿地面积占 30%，绿化覆盖率达 35%，人均占有绿地面积 10～15 m^2，城市林业建设将增加林地绿化面积 1.24 万

hm^2。三是沿海滩涂的保护和利用，沿海滩涂主要分布在粤东的饶平、澄海和珠江三角洲的番禺、中山、斗门、台山、新会以及粤西的阳江和雷州半岛等地。②林地利用潜力。在林地面积中，现有疏林地、宜林荒山荒地、宜林沙荒、采伐迹地、火烧迹地共59.56万hm^2，占林业用地的5.50%；灌木林地57.52万hm^2，占5.31%。其中有相当一部分，只要进行科学造林或补植，加强经营管理，便可成为生产力较高的林地。据历次全省森林资源连续清查和二类调查资料统计，全省林地平均单位面积蓄积量低，用材林仅有29.2m^3/hm^2。搞好低产林改造和实行集约经营，有可能大幅度提高林地单位蓄积量，即使只达到南方现有的平均水平（43.26m^3/hm^2），便相当于增加现有一般用材林580.2万hm^2林地。现有生态公益林，树种单调，林分郁闭度低，生态功能十分脆弱，通过封育补植、套种和改造等措施，可以达到规划期内要求生态公益林生态功能等级Ⅰ类林占51%，Ⅱ类林占40%的目标，生态公益林的生态功能指数将可显著上升。

（2）森林生产力提升潜力。按照期望森林生产力计算的结果，在现有林地面积不变的情况下，全省活立木蓄积量最大值为94 880万m^3，有56 848万m^3的提升空间。按照每年提升850万m^3计算，至2020年全省活立木蓄积就可达到50 000万m^3，2030年可达到60 000万m^3，2050年达到75 000万m^3，森林生产力提升潜力较大。

（3）林业产业开发潜力。通过对2000～2004年林业产业总值在全国林业产值中的比重分析、林业产业结构变化趋势可以看出：全省一直呈增长趋势，但是增长速度在2002～2004年间明显放慢，低于全国平均速度；林业产业总值在全国占有较大比重，约为5.5%～7.1%，尤其表现在第一产业和第二产业，但是第三产业占全国的比重呈连续下降趋势（表4-1）。

表4-1　2000～2004年广东省林业总产值

年度（年）	第一产业（万元）	占全国的比重（%）	第二产业（万元）	占全国的比重（%）	第三产业（万元）	占全国的比重（%）	合计（万元）	占全国的比重（%）
2000	1 910 282	8.0	488 047	4.7	28 974	2.2	2 427 303	6.8
2001	1 895 625	7.0	887 104	7.1	39 915	2.7	2 822 644	6.9
2002	2 080 856	7.1	1155 483	7.8	31 902	1.3	3 268 241	7.1
2003	2 713 733	7.7	980 165	4.9	40 382	1.2	3 734 280	6.4
2004	2 790 319	7.2	989 166	3.9	39 052	0.9	3 818 537	5.5

林业产业总产值第二、第三产业产值所占比重过低，对国民生产总值贡献较少。在林业总产值中，世界发达国家第二、第三产业产值所占比重一般超过70%，多的达到90%以上，而我国仅为40%左右，其中第三产业产值所占比重不到7%。一、二、三产业的产值比重表明，林业产业发展没有实现由种植业向工业化转变，还处于国民经济发展格局中较低层次。通过林业产业结构的进一步分析，全省林业总产值以第一产业为主，占到总产值的60%～80%，因此未来的发展趋势应该是提高林产品的加工制造业，提升林业第三产业，进一步优化林业产业结构（图4-2）。

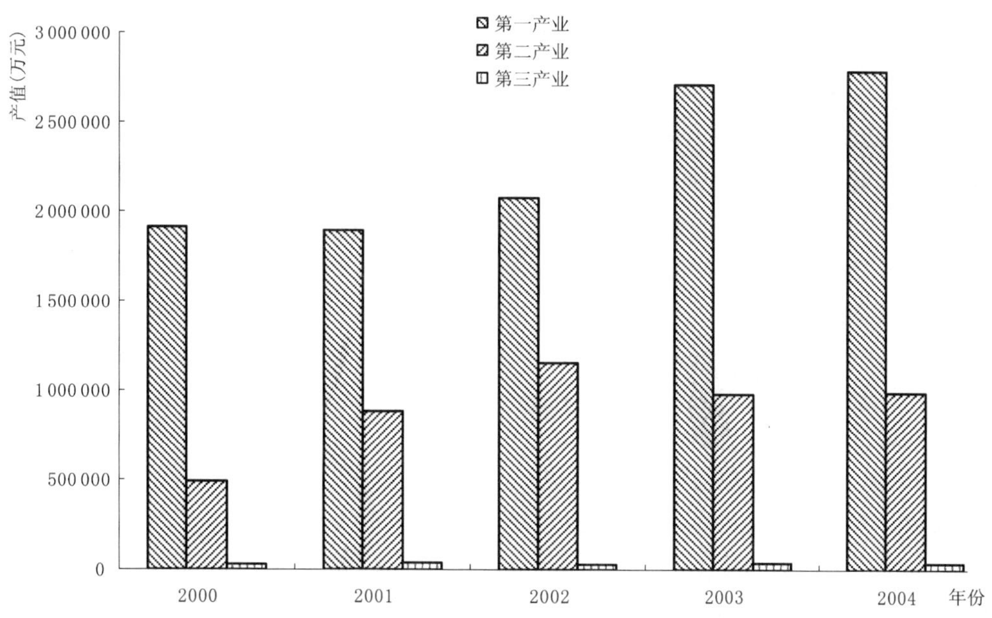

图 4-2　2000 ~ 2004 年广东省林业产业结构变化趋势

表 4-2　2000 ~ 2004 年广东林业对全省 GDP 的贡献

年度（年）	林业总产值（万元）	当年 GDP（亿元）	比重（%）
2000	2 427 303	9662. 23	2. 5
2001	2 822 644	10 647. 71	2. 7
2002	3 268 241	11 769. 73	2. 8
2003	3 734 280	13 625. 87	2. 7
2004	3 818 537	16 039. 46	2. 4

随着国民经济产业结构的日趋复杂，各产业间的联系日益紧密，林业产业将在更多层次上支撑和推动国民经济体系的发展。森林资源的可再生性又强化了林业产业的基础作用和地位。据 FAO 统计，在全球总产值中，林业产业所占比重为 7%，而我国林业产业增加值在 GDP 中所占比重仅为 0. 97%。广东省林业产业对全省的 GDP 贡献虽然高于全国水平，但仍然处于较低水平，仅为 2% 左右，存在巨大的提升空间（表 4-2）。

4. 2　广东现代林业发展的战略目标

中共广东省委关于《广东省人民政府关于加快建设林业生态省的决定》中明确了林业的战略定位：林业是重要的公益事业和基础产业。在可持续发展战略中，赋予林业以重要地位；在生态建设中，赋予林业以首要地位；在经济建设中，赋予林业以基础地位。为此，广东林业正处在一个科学发展现代林业，建设生态文明的快速发展时期。

4.2.1 总体思路

高举中国特色社会主义伟大旗帜，以邓小平理论和"三个代表"重要思想为指导，深入贯彻落实科学发展观，以发展现代林业为主题，以深化改革为动力，以科技创新为支撑，以队伍建设为保障，以实施重点工程为载体，以生态林业、民生林业、文化林业、创新林业、和谐林业为着力点和抓手，积极构建林业生态、产业和文化三大体系，实现省委省政府提出的建设广东林业生态省的目标，为广东省建设经济强省、文化大省、法治社会、和谐广东、全面实现宽裕小康社会作出更大贡献。

4.2.2 战略目标

以科学发展现代林业、促进生态文明建设为总目标，把广东建设成为全国林业生态建设的示范省，林业产业发展的主力省，科学发展现代林业的试验区，争当全国现代林业建设的排头兵的战略目标。具体包括：

到2015年，林业生态省建设稳步推进，森林覆盖率达到58%。完成全省大部分针叶纯林林分改造，大力培育优良乡土阔叶树种特别是珍贵树种666.67万hm^2；基本修复粤北受害森林，高质量完成天然修复与人工更新造林666.67万hm^2；基本建立具备抵御台风、风暴潮能力的沿海防护林体系，高标准建设基干林带2000km；建设高效益商品林基地333.33万hm^2；加快在市区、县城周边、主要道路、大江大河两旁构建多树种、多层次、多色彩的森林景观，显著改善全省生态状况，努力打造宜居广东，建设美好家园，使人民在良好生态环境中生产生活。

到2020年，全面建成林业生态省，建成高效生态公益林344.98万hm^2、商品林基地333.33万hm^2，森林覆盖率达到60%，森林资源综合效益总值达到18 800亿元，建成完备的林业生态体系、发达的林业产业体系和繁荣的生态文化体系，实现生态良好、生产发展、生活富裕、人与自然和谐相处的目标。具体指标见表4-3。

表4-3 2020年广东省现代林业发展目标

指标	森林覆盖率（%）	森林活立木蓄积量（亿m^3）	生态公益林占林业用地面积比例(%)	生态公益林一、二类林比例（%）	自然保护区占国土面积比例（%）	珍稀濒危动植物物种保护率（%）	森林公园占国土面积比例（%）	绿色通道绿化率（%）	城镇绿化覆盖率（%）	城镇人均公共绿地面积（m^2）	村庄绿化覆盖率（%）	森林资源综合效益总值(亿元)
目标	60.0	5.5	35.0	90.0	10.0	100.0	5.3	95.0	40.0	15.0	35.0	18 800

4.3 广东现代林业发展的战略方向

4.3.1 生态林业建设

生态林业建设是要以现代生态学、生态经济学原理为指导，运用系统工程方法及先进的科学技术，充分利用当地自然条件和资源，建设以森林植被为主体的国土生态安全保障体系，加强生态环境保护，实现森林生态系统动态平衡，维护生态安全，构建坚实的绿色生态屏障，满足经济社会发展对林业日益增长的生态需求。主要包括：

（1）加强生态公益林的管理。在已有丰富实践经验的基础上，借鉴先行省的做法，研究出台《广东省生态公益林管理条例》。健全生态公益林管理机构，强化其行政管理职能，并落实专职管理人员。完善县—镇—村三级管护队伍建设，实现县级管护大队专职化，镇级管护中队专业化，村级管护工作日常化。结合当前正在开展的主体功能区规划工作，完善生态公益林功能区划，实行分类指导、分区经营策略，明确经营主体，实行多种模式经营。

（2）建立和完善流域、区域生态补偿机制。提高森林生态效益补偿标准，增加公共财政对生态公益林的投入，建立效益补偿标准自然增长机制，拓宽资金渠道，鼓励社会资金投资生态公益林。规范生态公益林效益补偿资金使用范围和程序，适当调整资金分配比例，确保这项林业惠农政策得以落实。

（3）加快实施林业重点生态工程。重点抓好大江大河流域水源涵养林建设、水土流失生物治理和荒漠化治理、红树林和沿海防护林建设、绿色通道建设、雨雪冰冻灾害森林生态恢复重建、城市和乡村林业发展等特定生态区位生态修复、生态治理、生态保护工作，以及全省林分改造、林业防灾减灾等面上人工森林生态系统重建工作。在工程建设中，遵循自然生态规律，因地制宜制定方案，并按科学、合理、高效、适生的原则，大力发展乡土阔叶树种，特别是珍贵树种。

（4）加强对野生动植物和自然保护区管理。通过实施国家重点野生动植物保护工程和以森林生态系统、湿地生态系统保护为重点的国家重点生态系统保护工程建设，保护野生动植物及其栖息环境，保持生物多样性和景观多样性。加强野生动植物资源调查监测，实施华南虎、鳄蜥、苏铁、兰花等珍稀濒危物种保护工程，认真完成省人大自然保护区议案所确定的各项工作，启动实施自然保护区建设示范省建设，全面提高自然保护区建设水平。

（5）强化湿地保护管理。通过湿地保护管理立法和对湿地自然保护区、湿地公园、重要湿地的建设，全面维护湿地生态系统的生态功能，使全省天然湿地面积下降的趋势得到有效遏制。开展湿地资源的恢复和重建，逐步修复退化湿地，提高湿地生态功能，使全省湿地生态系统进入良性循环状态。

（6）大力推进林业生态县建设。把林业生态县建设作为维护区域生态安全和生态系统良性循环，建设社会主义新农村，保障经济社会可持续发展和推进生态林业建设的一项战略任务来抓。加强组织领导，广泛宣传发动，因地制宜，科学规划，采取有效措施，全面开展林业生态县的创建工作。

4.3.2　民生林业建设

林业是国民经济的重要基础产业，不仅可以为国家建设和人民生活提供包括木材、竹材、人造板、木浆、林化产品、木本粮油、食用菌、花卉、药材、森林旅游服务等在内的大量物质和非物质产品，还可以促进农村产业结构调整，帮助山区农民脱贫致富，提供社会就业机会，解决百姓的生计问题。

（1）加大对发展林业产业的扶持和引导，重点扶持林业龙头企业和获得名牌产品以及驰名商标的企业，扶持生物质能源和新型材料等新兴产业的科学研究、技术开发、成果转化和推广，以及重点地区“名、特、优、稀”经济林和珍贵树种优良种苗的开发推广和基地建设。

（2）探索建立林业保险机制，逐步建立林业信托基金制度，对林业龙头企业的种养业和林产品加工业项目、各类经济实体的工业原料林项目、一定规模的珍贵用材林和生物质能源及材料基地项目，以及林场、森林公园、自然保护区、苗圃和森工企业多种经营项目的贷款给予财政贴息。

（3）科学编制全省林业产业发展规划，积极培育林业龙头企业，引导分散的林产品加工企业形成产业集群。①珠江三角洲城市林业区。以广州为中心，包括广州、深圳、珠海、佛山、江门、惠州、东莞、中山、肇庆9市所辖38个县（市、区）。以推进城市林业建设和发展花卉业为突破口，拓展新兴产业，建立野生动物驯养繁育基地，适度发展速生丰产林，巩固提高人造板和家具业。②东西两翼沿海防护区。由汕头、潮州、揭阳、汕尾4市19个县（市、区）组成的粤东沿海林业生态区和湛江、茂名、阳江3市19个县（市、区）组成的粤西沿海林业生态区两部分组成。该区速生丰产林、短轮伐期工业原料林已走向基地化、集约化和规模化。在抓好沿海防护林建设，确保生态安全的同时，加快工业原料林，速生丰产林和名、优、特、稀经济林基地建设，发展木（竹）浆造纸、林产化工和竹木果药等加工业。③粤北山地、丘陵生态公益区。由梅州、河源、韶关、清远、云浮、肇庆6市45个县（市、区）组成。该区地处东江、北江、西江、韩江的上游，森林资源条件较好，为广东主要木材产区，从流域生态和经济系统的整体发展出发，该区应以水源涵养林和水土保持林建设为重点，充分利用区内良好的自然条件和地域空间，建设好速生丰产林、工业原料林、珍贵用材林、木本药材林、竹林和森林食品生产基地，重点发展森林生态旅游，因地制宜发展人造板、浆纸业、家具、松香及其它林副产品深加工，优化山区经济结构，促进山区经济发展。

（4）按照市场经济体制和分类经营的要求，完善森林资源采伐管理制度。目前国家林业局已经出台了《关于完善人工商品林采伐管理的意见》，使改革森林采伐管理制度迈出了坚实的一步。国家对人工商品林的年森林采伐限额和年度木材生产计划实行单列，按照合理经营、持续利用的原则，依法编制和实施森林经营方案确定的合理年森林采伐量；达到一定规模的人工商品林，其经营单位或个人可以单独编制年森林采伐限额等等。对商品林（特别是非公有制林业）应该逐步取消森林限额采伐制度，由林业经营者根据市场需求和森林自身生长状况对森林进行培育和采伐，给经营者更多自由权。

（5）落实国家和省给予非公有制林业企业的各项鼓励政策，创造公平竞争环境。

（6）引导企业和个体经营户按照自愿互利原则，组成林业专业经济组织或与企业联营等多种类型的经营体，推进集约化、规模化经营。

4.3.3 文化林业建设

文化林业是生态文明建设的重要组成部分。文化林业建设的主要任务，就是用生态文化的力量引导社会科学认识现代林业的地位和作用，积极倡导正确的生态文明观和现代林业发展观，大力推动实现人与自然和谐发展。

（1）培育人与自然和谐的生态意识。倡导全社会普遍建立符合人与自然和谐要求的生产生活方式，自觉地把以人为本、全面协调可持续的科学发展理念贯穿于生态文化体系建设的全过程，运用科学发展观的立场、观点、方法认识和解决生态文化体系建设中的矛盾和问题，使生态文化体系建设沿着科学发展观指引的方向健康发展。大力开展未成年人生态道德教育，开展生态文明观念宣传教育，提高全民对保护森林、野生动物和生物多样性重要性的认识，从根本上改变少部分人喜食野生动物的陋习，杜绝乱捕滥猎、乱挖滥采等违法行为的发生，使全社会不断增强人与自然和谐的生态价值观，逐步形成热爱自然、尊重自然、善待自然的良好风尚，促进人与自然和谐共进。

（2）推进以森林文化为主体的生态文化建设。广东地域广阔，自然地理类型和生态系统复杂多样，各地文化风俗特色鲜明，为建设多样化的生态文化提供了沃土，因此必须大力推进以森林文化为主体的文化建设。

（3）大力发展林业文化产业。林业文化产业是生态文化体系建设的重要支撑，是一项前途光明、市场广阔的朝阳产业。要做大做强山水文化、树文化、竹文化、茶文化、花文化、药文化、森林旅游、森林休闲等物质文化产业，并通过努力发展生态文化影视、音乐、书画等精神文化产业，充分挖掘生态文化培训、咨询、论坛、传媒、网络等信息文化产业。鼓励各种投资者投资生态文化产业，提高生态文化产品生产的规模化、专业化和市场化水平。

（4）推进生态文化的基础设施建设。主要包括：①抓好森林博物馆、森林标本馆、自然保护区、森林公园、林业科技馆、城市园林等森林文化设施建设；②大力发展以省级以上森林公园和自然保护区为龙头，省、市、县级森林公园和自然保护区全面发展的森林生态旅游网络体系，建成一批比较完善的森林生态文化传播基地；③通过森林文化建设，不断完善和提高森林生态服务功能，满足人们回归大自然的时尚追求，为人们提供更多的学习知识、陶冶性情、休闲放松的场所，不断提高人们的道德文化素质。

4.3.4　创新林业建设

创新林业是要创新林业发展思路、发展机制、发展模式和发展手段，紧紧把握当前林业发展的大好形势，大力推进观念创新、体制创新、管理创新和科技创新。

（1）观念创新。克服那些陈旧、狭隘、保守、固步自封的思想观念，增强全省林业系统奋发有为、科学发展的意识，树立创新形象，营造一个良好的崇尚创新、尊重创新、鼓励创新的氛围，激发全行业的创新活力。

（2）体制创新。针对广东林业发展中存在的体制机制问题，特别是与现代林业发展紧密相关的林业产权制度、管理体制、科技体制、投入体制、运行机制等进行不断改革创新，以形成适应科学发展观要求的现代林业发展的体制机制。

（3）管理创新。加强管理规范化、标准化建设，构建创新型、服务型机关，促进林业管理工作更加科学、规范、有序，进一步激发内部创新活力，提高工作效率，更好地服务于基层、服务于林农、服务于社会。

（4）科技创新。针对广东林业发展质量不高、林业的多种功能尚未开发、林业发展潜力尚未充分挖掘等问题，通过强化自主创新意识，加强原始创新、集成创新和引进消化吸收再创新，在关键技术、创新体系、产业竞争力等方面实现突破，拓展林业的多种功能，挖掘林业的发展潜力，提高林业发展的质量和林地产出率，更好地发挥林业科技的突破、引领和支撑作用。

4.3.5　和谐林业建设

和谐林业建设是全面落实科学发展观、构建社会主义和谐社会对林业建设提出的根本要求，是实现人与自然和谐相处、荣辱与共的纽带和主要内容，是经济社会可持续发展的基础和平台。

（1）建立健全林业法律体系，从法律层面上构筑人与自然和谐相处的关系。具体包括：①构建完备的林业法律法规体系。通过加强林业立法，不断完善健全与社会发展和人民群众物质文化生活相适应、人与自然相协调的林业法律制度；②建立规范的林业行政执法体系和高效的林业行政执法监督体系，保证做到依法行政和确保行政执法公正、高效；③建立健全的林业普法教育体系，在全社会树立依法治林的理念。

（2）严格执法，确保森林资源安全和林区秩序良好。具体措施有：①采取多种形式，在全省范围内组织开展打击非法开垦、占用林地、乱砍滥伐林木、故意烧毁森林和非法收购、运输木材等破坏林地资源违法犯罪专项行动；②组织开展打击非法猎捕、宰杀、收购、运输、出售以及利用互联网经营国家保护野生动物违法犯罪活动专项行动；③大力加强防控工作，构建新型防控体系，发挥护林员、群众治保组织作用，实行群防群治，对林区治安进行动态管理，促进林区和谐。

（3）化解矛盾，消除不和谐因素。目前，广东现代林业建设存在的主要深层次矛盾有：①现代林业理念与落后思想观念的矛盾；②森林资源的开发与保护的矛盾；③山林纠纷与维护稳定的矛盾；④现行生态林补偿政策与林农生存之间的矛盾；⑤基层基础薄弱与执法保护任务繁重的矛盾；⑥自然灾害频发与防御能力差的矛盾。这些矛盾具有普遍性、复杂性和尖锐性，若不及时化解，发展到一定时候就会成为不稳定因素，给建设和谐林业造成威胁。因此必须结合实际，因地制宜，政策上给予扶持，管理上提供服务，工作上加大宣传政策法规力度，做好过细的思想教育工作，综合治理，及时化解矛盾，解决问题，营造政通人和的良好局面。

第5章 广东现代林业发展区划的理论基础与方法

5.1 区划的理论基础

5.1.1 区位理论

区位理论是关于人类活动所占的场所的理论。它研究人类活动的空间选择及空间内人类活动的组合，探索人类活动的一般空间法则（Schmidt - Renner，1970）。根据不同研究对象，区位理论可以分为经济区位理论、政治区位理论、文化区位理论等，其中经济区位理论可以根据经济活动的具体内容进一步细分为农业区位理论、工业区位理论、商业区位理论等。德国农业经济学家约翰·冯·杜能（Johan Heinrich von Thunen）于1826年提出的，到20世纪60年代由美国区域经济学家威廉·阿朗索（W. Alonso）发展到最高水平的杜能农业区位理论被视为古典区位理论的开山之论（THUNEN，1997；安希级，1987），该理论详细地论述了包括林业在内的大农业的生产方式的地域配置原则以及空间配置原理。

制定广东现代林业发展区划的前提是综合考虑各区域的基本特征，林业发展区划既要体现出区域经济、社会、生态现有发展水平，也要考虑今后的发展趋势。运用区位理论研究区域的综合特征，并对区域的发展趋势做出预测，方能使得区划工作更具有前瞻性、科学性。

5.1.2 地域分异理论

地球表面的差异随处可见，从空间尺度看，地球表面的自然环境既因不同地域而表现出水平差异性，也因地势起伏而表现垂直差异性。此外经济发展水平、人文景观的差异在不同空间尺度也存在不同的表现，这种地球表层自然、经济、人文景观的地区差异性，被称为地域分异。从自然地理学、人文地理学、经济地理学的视角出发对地域分异有不同的理解，总体上讲，地域分异的含义包括三方面：一是地球表面的地域分异是自然、经济、人文等要素互相作用的结果；二是地域分异具有不同的空间尺度，具有等级层次性；三是地球表面的地域分异表现出某种规律性，并非是杂乱无章。

地域分异规律是制定现代林业发展区划的基础，区划工作需要充分考虑不同区域间在气象、水文、资源等自然环境的差异，人口、林业发展水平等社会经济的差异。地域分异的因素为区划依据的选择提供理论根据，同时地域分异规律决定了区划的空间格局。

5.1.3 可持续发展理论

《我们共同的未来》中对“可持续发展”定义为：“既满足当代人的需求，又不对后代人满足其自身需求的能力构成危害的发展”，可持续发展理论即是为实现可持续发展这一目标的一系列理论体系。可持续发展理论在内涵上主要包含了人地关系和谐、世代伦理和生态文明三方面思想。1972年6月，在瑞典斯德哥尔摩召开的联合国人类环境会议通过了的《联合国人类环境宣言》，首次向世人提出环境保护与人类发展关系的问题。1980年世界自然保护同盟与许多国家政府、学者共同制定的《世界自然保护大纲》第一次较明确地表述了既要发展又要保护的思想。1987 年世界环境与发展委员会向联合国提交的《我们共同的未来》一文中正式提出可持续发展的概念。1992 年 6 月，在巴西里约热内卢召开的联合国环境与发展大会通过了具有历史意义的《21 世纪议程》，将可持续发展作为一种思想和理论进行充分的阐述。1994 年中国政府公布的《中国 21 世纪议程——中国 21 世纪人口、环境与发展白皮书》成为中国可持续发展战略的行动纲领。

可持续发展理论自诞生以来已被广泛地运用于各个领域，从恒续林思想到可持续林业思想都反映了人类对林业的根本期望，即实现林业的可持续发展，使得林业能够不断的满足人类对其不断增长的多样化需求。在可持续理论内涵不断发展、丰富、深化的背景下，广东现代林业发展区划要体现出社会、经济、生态可持续发展，人与自然和谐相处的核心理念。

5.1.4 自然区划与生态区划理论

自然区划（physical regionalization）根据自然地理环境及其组成成分在空间分布的差异性和相似性，将一定范围的区域划分为一定等级系统的系统研究方法；生态区划（ecological regionalization）是指从系统观点出发，考虑地区功能的整体性而不是从形态（水平结构）的同型性进行全面划分，即不同等级区域生态系统的确定。自然区划研究工作起步于 18 世纪末到 19 世纪初，从最早研究气候与植物分布之间的关系发展到研究农作物及生物分布规律，及至今日，自然区划与生态区划的研究对象非常广泛，如按区划的对象分，自然区划分为综合自然区划和部门自然区划；按区划的目的分，自然区划中有部门自然区划，如公路自然区划、建筑自然区划、农业自然区划等实用性区划。

全国林业发展区划三级分类系统中的一级区划就是以反映对林业发展起控制作用的自然地理条件为依据，根据水热因子的地域分异规律及地貌格局的影响对全国林业进行区划，基于此一级区划也被称为自然条件分区。在制定广东林业发展区划的时候同样要考虑自然条件的分异规律，这样区划结果方能在尊重区域自然客观规律基础上指导林业发展。

5.1.5 分类经营理论

森林分类经营（classified forest management）是指在市场经济条件下，根据社会对林业提出的生态和经济两大需求，按照对森林主导利用功能的不同和森林所产出“产品”的商品属性和非商品属性差异，相应地把森林划分为商品林和公益林，分别按各自的特点和规律组织起一整套森林经营管理体系（朴英姬，2002）。森林分类经营并不是今年才提出来的，在 18 世纪形成的森林经营管理（森林经理）理论中就有组织森林分类经营的理论与实践，现代森林分类经营则是在 80 年代末 90 年代初由广东省率先提出。1995 年底我国又明确提出“分类经营是林业行业实现两个基本转变的重要基础，是总体推进林业发展的龙头性工作，是建立林业两大体系的迫切需要”，1996 年林业部在全国范围内开始了林业分类经营改革的试点工作。

分类经营是针对森林资源而言，涉及森林资源分类、培育与经营具体手段与方法。我国现有森林分类经营采用三级分类方法，包括生态公益林和商品林 2 个一级林种，特用林、防护林、用材林、经济林、薪炭林 5 个二级林种，以及 22 个三级林种（陈火春，2001）。

5.1.6 景观生态学理论

景观生态学（landscape ecology）研究控制某一地区不同空间单元的自然与生物关系，这种关系即是垂直关系也是水平关系（刘茂松，2004）。

1939 年德国地植物学家 C・特罗尔在利用航片研究东非土地利用问题之后，创造了“景观生态学”这一术语。20 世纪 70 年代伴随着人类面临的人口、资源、环境的压力加大，景观生态学理论获得重视，发展快速。进入 80 年代，景观生态学理论和实际应用在美国得到了重要进展；进入 90 年代之后，我国景观生态学在理论和应用方面研究蓬勃发展，广泛运用到农业生态恢复、城市建设、旅游区规划等领域。

在景观生态学中主要包括斑块、廊道、基质，生态整体性、景观异质性及景观多样性原理三大基本原理。景观生态学用斑块、廊道、基质这一基本模式来描述景观结构，最近还提出了缘的概念。生态整体性认为景观是由景观要素组成的复杂系统，具有独立的功能特性和明显的视觉特征。景观异质性是指景观要素如基质、斑块、廊道、动植物等在景观中的时空不均匀分布。景观多样性也即生态系统多样性，主要研究组成景观单元的斑块在数量、大小、形状和景观的类型，分布及斑块间的连接性、连通性等结构和功能上的多样性。

5.2　区划的基本方法

5.2.1　自然区划法

自然区划法是主要从地域自然条件分异规律出发，进行各个层次的林业区划。早在 1987 年，国家林业部区划办公室组织出版的《中国林业区划》一书就是主要按照气候、地貌、森林植被类型等为主要条件，将全国林业划定为 50 个林区。自然区划法一直贯穿于各个时期的林业区划工作，在 2007 年开始的新一轮全国林业发展区划中的一级分区仍然是以反映对林业发展起主导作用的自然地理条件为依据，因而一级分区也被称为自然条件分区。

广东现代林业发展区划采用自然区划法就是尊重自然客观规律，制定出因地制宜的林业发展战略。

5.2.2　定量区划法

5.2.2.1　多元统计分析法

多元统计分析是从经典统计学中发展起来的一个分支，是一种综合分析方法，它能够在多个对象和多个指标互相关联的情况下分析它们的统计规律，很适合林业科学研究的特点。主要内容包括多元正态分布及其抽样分布、方差假设检验、多元方差分析、回归分析、主成分分析与因子分析、判别分析与聚类分析等（何晓群，2004）。

（1）主分量聚类分析法。聚类是将数据分类到不同的类或者簇这样的一个过程，所以同一个簇中的对象有很大的相似性，而不同簇间的对象有很大的相异性。在科学技术、农业、林业、气象、医学、环境、军事和经济管理中，经常需要按事物的相似程度或亲疏关系对事物进行分类，对所研究的事物按一定标准进行分类的数学方法称为聚类分析（杨大伟，2005），聚类分析的目标就是在相似的基础上收集数据进行分类。

林业区划的目的是在遵循客观科学规律的基础上研究林业生产力的合理布局，因此林业区划工作的基础是要弄清楚自然条件中，如光照、热量、水分、土壤和气候等非生物因子对林木生长和分布有着怎样的影响，而且影响的程度如何，这就需要对各种因子的数据进行主分量聚类分析。主分量聚类分析是通过对已有数据进行样本矩阵标准化、计算样本相关矩阵、计算样本相关矩阵的特征根及特征向量矩阵、计算主成分贡献率向量、计算主成分因子负荷量矩阵、计算主成分坐标矩阵等一系列计算步骤后即可选定出主分量（董建，1998）。

（2）正交函数排序法。正交函数排序法和主分量聚类分析一样，都是用来分析多变量相关关系的方法。不同的是在主分量分析中，每一个主分量都是原变量的线性组合，不能直接给出实际意义的解释，正交函数排序法是以正交函数作为排序轴去代替用主分量为排序轴的排序方法，从而使得排序和分类结果更具实际意义。

采用正交函数排序法，通过计算属性间的内积矩阵、按固有离差大小顺序重新排列属性、重排数据矩阵并重新计算内积矩阵、计算排序坐标、计算排序轴信息量等一系列过程对某一地区进行了比较科学的气候区划，从而为林业区划和生产提供基础条件（廖正花，1998）。

5.2.2.2　模糊数学法

模糊数学是指研究和处理模糊性现象的数学理论和方法，1965 年美国控制论学者扎德发表《模糊集合》一文，标志着这门学科的诞生。林业科学是一门研究生物、社会、经济的交叉学科，是一门研究复杂巨系统的学科，因而在林业区划中必然会遇到很多模糊性现象。模糊数学打破现代数学集合论中绝对的隶属关系，在除了非 0 即 1 的两种情况下允许存在中间状态，这是模糊数学应用于解决模糊现象的基本原理。模糊数学法在林业区划工作中的应用主要有模糊聚类分析法、模糊相似优先比法。

（1）模糊聚类分析法。模糊聚类分析法中引入“资源丰度”这一概念，资源丰度是指某一自然资源在一个地域单元范围内多少的量值。在实践中，可以依据森林资源各种属性在某一地域单元范围内的丰缺程度进行林业区划。模糊聚类分析的过程主要包括样本矩阵的标准化、计算相容关系矩阵、计算模糊等价关系、模糊聚类分析（倪焱，1987）。

很多学者已将模糊聚类分析方法运用在林业区划中（高兆蔚，1986；董建林，1998；曹兵，1997；李霞，1995；曾永云，1987；徐德炎，1987；刘玉斌，1986），并起到很好的效果，而且在实践过程中可以将主分量聚类分析和模糊聚类分析等方法互为检验，从而修正分类结果使之更具可操作性。

（2）模糊相似优先比法。模糊相似优先比法，就是以成对样品与 1 个固定样品作比较，以确定哪一个样品与固定样品最相似。采用欧氏距离优先比法，从欧几里德距离出发，建立相似优先比，构成模糊相似矩阵，然后使用 λ 截矩阵概念计算对比样品与目标样品特性值相似程度的次序。

模糊相似优先比法广泛地运用在大气环境评价、水资源质量评价、森林主伐量确定、引种研究等许多方面（张德魁，2007；赵盛军，2005；赵占群，1997；何玉冰，1997；姚庆端，1991；赵占群，1989；袁嘉祖，1987）。

5.2.2.3　灰色区划法

灰色区划法是基于灰色系统理论的区划方法，灰色系统理论是 20 世纪 80 年代，由中国华中理工大学邓聚龙教授首先提出并创立的一门新兴学科，它是基于数学理论的系统工程学科，主要解决一些包含未知因素的特殊领域的问题。在林业区划中灰色区划法主要体现在森林病虫害控制、林业产业结构分析、树种综合评价、森林立地评价、森林资源消耗评价等诸多方面的研究（谭旭红，2008；贾伟宽，2008；姜微，2007；张春锋，2007；蒋文伟，2002；钟晓青，1990）。目前在林业区划中运用的灰色区划法主要包括灰色聚类分析法、灰色关联度分析法。

(1) 灰色聚类分析法。灰色聚类法的研究步骤包括聚类对象确定、聚类灰类确定、聚类指标确定、灰色白化函数确定、灰色权系数确定、灰色聚类系数计算、灰色聚类表排序，最终得出合理结论。灰色聚类法可以广泛的运用于诸如森林火险区划等林业专门区划中(杜尧东，1996)。

(2) 灰色关联度分析法。灰色关联度分析法是以主成分分析为基础的分析方法，目前，灰色关联度分析法普遍运用于引种区划中。例如，首先根据树种的生物学特性、影响树木生长的主要气候因子，利用层次分析法确定各因子对树木生长影响的权重，然后分别计算引种区域内各地与种源产地之间的气候灰色关联度，最终确定引种区开展引种工作是否合适(梁林峰，1997)。

(3) 灰色局势决策法。应用灰色系统理论中的多目标局势决策方法，确定并建立决策元、决策向量、单目标决策矩阵和多目标局势决策综合矩阵。然后对综合决策矩阵进行优序化变换，得到优序化决策矩阵，最后进行局势决策（邓聚龙，1990；王学萌，1991)。灰色局势决策法广泛地运用在林中规划、树种优化、病虫害防治、林业区划的各个方面（李先琨，1992；陆洪灿，1992；王振亮，1992；郑耀文，1989；范文杰，1987；黄健儿，1987；李建友，1987；陈新林，1987)。

王应刚、程力等学者采用灰色多目标局势决策方法从经济效益、水保效益、生物产量和改土效果四个方面，确定了晋西北地区和黄土丘陵沟壑区不同土地类型上的最佳造林树种，从而使得造林工作更具科学性（王应刚，1996；程力，1995)。

5.2.3　空间分析区划法

地理信息技术、遥感技术在林业中的广泛运用也为林业区划工作带来了革命性的变革。传统的林业区划工作中所采用的因子主要依靠直接获取、计算工程较为复杂、工作量相对较大、区划结果不够直观（张超，2005)。而融合地理信息技术、遥感技术的林业区划方法能够提取到传统方法不能获取的因子信息，形成地形地貌分布图、林种分布图、优势树种分布图等各种专题图。此外这种新方法可以课数学建模原理相结合，更为直观的显示林业区划结果（ Birkin，1996；赵宪文，1992；张超，2006)。

基于地理信息技术的林业区划工作必须遵循县级林业区划的原则和依据，运用GIS的空间分析技术对各指标的数据进行提取，并建立综合数据库。然后，应用空间统计分类分析方法对综合数据库中各指标的数据进行综合分类（分区)，形成林业区划结果和林业区划图，同时建立了林业区划基础数据资源库，在此基础上可进一步开展其他各种专业性区划工作，并得到各类区划专题图。

森林的发生发展与地形、地貌、气候、水文等自然条件密切相关。从各种遥感图片上，可以较清楚的反映出因地形、地貌、水文等自然因素的不同，而导致森林分布上的明显差异。因此遥感技术可以大幅提高林业区划的效率、精度，其不仅可以用于现阶段林业区划，也可以对其它不同时间、不同空间的林业区划进行修正。早在20个世纪80年代肖信彦(1981) 等人就基于卫星图片编制了一份1∶50万的辽宁省林业区划影象图，而现在基于遥感技术的林业区划研究不断深入，遥感技术运用也不断成熟（李清顺，2007；赵宪文，1992)。

5.3 广东现代林业发展区划的方法

广东现代林业发展区划将传统的区划方法和空间分析区划法有机结合，创造性的提出了基于信息技术为主导因子综合区划法。首先确定区划的指导思想、原则、依据和单元，采用专家智能集成法确定分区指标体系，筛选区划主导因子，计算和确定各区划单元的主导因子指标值，然后运用专家智能集成法和主导因子方法优化确定各区边界，最后运用地理信息系统软件 ArcGis 建立广东现代林业发展区划信息系统并形成分区图。

5.3.1 区划原则

在制定现代林业分区方案时，主要遵循以下原则：

（1）生态优先原则。生态需求是广东现代林业发展建设的第一需求，现代林业发展应将生态建设作为首要任务。生态功能布局根据全省县级区划单元的生态区位和生态敏感性等级，重点考虑区域主要的自然灾害和主要的生态需求，充分发挥森林的生态功能，减少和避免自然灾害的发生。生产力布局要全方位地考虑物质产品、生态产品和森林文化产品。根据林业生产潜力和市场导向，扬长避短、因势利导，且不能对区域生态环境总体上造成危害。

（2）综合性原则。综合考虑全省自然地理区域特征和社会经济状况，资源环境的承载力状况等，全面分析了广东林业生态建设、林业产业体系建设、林业生态体系建设的薄弱环节，结合未来国土发展、经济空间布局等诸多要素，全面评价每个区域林业的发展环境、生产要素、经营水平和发展模式，充分考虑影响林业发展各类要素和关键因子，在科学的区划指导体系下，进行多因素、多目标的综合分区。

（3）前瞻性原则。总结广东省林业发展各阶段的经验和教训，全面评价现阶段现代林业发展建设的水平和潜力，明确各区域林业的主体功能，战略性、前瞻性地提出未来林业发展的方向和发展目标。同时，运用先进的地理信息手段，增强区划成果的科技含量，使区划成果经得起社会、科学和历史的检验。

（4）林业生态建设产业化和林业产业建设生态化的原则。充分协调好长远利益与眼前利益、局部利益与整体利益、国家利益与地方利益的关系，遵循自然规律，把认识自然，改善自然、利用自然相结合，最大限度地发挥生态、社会和经济效益，实现森林资源的可持续发展。

（5）与全国及省主体功能区划、相关区划及规划相衔接的原则。充分继承、借鉴、吸收国内外和其他行业有关自然、生态和经济方面的研究成果，同国家、广东省主体功能区规划、国土规划、农业、环保、水利等区划相衔接。确保区划方法、区划指标和区划成果的可行性，保证区划成果能够得以有效实施，服务于林业生态省建设发展，指导广东现代林业建设发展、森林经营方案编制和各项林业规划。

5.3.2 区划依据

（1）法律、法规和政策。全面执行国家法律规定，全面落实国家和行业的相关要求。

（2）法定调查、监测、统计资料。气象、水文、资源、环境、人口、经济等数据资料采用法定部门调查、监测和统计成果资料，避免错误信息误导和人为因素干扰。

（3）科学研究成果。综合考虑区域已有的林业、气象、土壤、植被、地貌、地理、野生动植物、湿地和自然综合区划等研究成果，参考生态、经济、农业、水利等区划实践，博采众家之长。

（4）全国林业发展区划大纲和一、二级分区方案。全国林业发展区划是一个完整的体系，省级林业区划依据全国林业发展区划大纲和一、二级分区方案进行区划。

（5）全省已有各项建设规划。广东省林业“十一五”及中长期规划、广东省林业生态省建设规划、广东省湿地保护工程建设规划、广东省林业产业规划、广东省林地保护与利用规划、广东省森林公园建设规划和广东省林分改造工程规划等。

5.3.3　区划单元

广东省区划单元共 123 个，其中包括 121 个县级单元，2 个地级市单元。121 个县级单元包括 23 个县级市、41 个县、3 个自治县、54 个市辖区，分别隶属于广州市、深圳市、珠海市、汕头市、佛山市、韶关市、河源市、梅州市、惠州市、汕尾市、江门市、阳江市、湛江市、茂名市、肇庆市、清远市、潮州市、揭阳市和云浮市。2 个地级市单元是指东莞市和中山市。区划过程中，严格保证每个区划单元的完整性，即任一区划单元仅属一个分区。

5.3.4　区划技术路线

广东省现代林业发展区划是在国家一级、二级区划的范围和林业主导功能的框架下，根据自然地理条件、社会经济条件的地域分异、区域林业发展潜力和林业主导功能，进行林业生态功能和林业生产力布局，提出森林经营、保护和治理措施及优化模式，分析区域优势和发展潜力，并完善区域林业政策和措施，明确林业发展的科技需求，为构建完备的林业生态体系、发达的林业产业体系和繁荣的生态文化体系提供科学依据，主要内容包括：

（1）综合分析各项基础条件。通过对林业发展现状、自然地理条件、经济社会条件、林业发展潜力、社会经济对林业的需求、环境资源承载能力等因子的分析，根据林业区域特征、林业产业布局特点、生态可持续发展能力状况，将影响广东林业发展的重大战略性问题进行概括和总结。

（2）明确林业生态功能布局。全面考虑广东省区域社会经济可持续发展对森林生态功能的需求，贯彻“因害设防”的方针，依据生态区位的重要性，划分保护等级，统筹安排森林生态功能布局。重点是根据生态区位重要性，确定生态功能级别，明确林业生态功能、主要生态产品类型及其影响范围。

（3）合理布局林业生产力。依据全省各区域的社会需求、区域优势、森林资源现状和发展潜力，确定可以满足社会经济可持续发展的可能性，提出适宜的林业生产力布局，重点是从可持续经营的角度提出商品林发展布局、非木材林业资源发展布局、林业产业发展布局和生态文化产品发展布局。

（4）提出森林经营、保护和治理措施。根据全省各区域的森林经营、保护和治理现状，提出今后森林经营、保护和治理的优化模式，促进森林综合生产力的提高。

（5）分析区域优势和发展潜力。分析全省各区域的森林覆盖率和发展目标，评价区域内森林资源数量、质量和满足社会、生态需求的程度、发展趋势及实现途径。

（6）完善区域林业政策。根据各区域的特点，重点提出需要调整或完善的森林资源产权制度、林地保护利用政策、森林经营管理政策、生态保护政策、产业发展政策以及工程、投资、财政等方面的政策措施。

（7）明确林业发展的科技需求。根据区域实际，提出适宜该区域发展的科技需求，实现森林生产力的优化。

5.3.5 基于信息技术的主导因子综合区划法

5.3.5.1 筛选和计算主导因子

确定区划分区指标和指标体系是任何区划研究中最重要的核心内容，也是任何区划研究的难点和技术关键。现代林业发展区划涉及了森林生态系统、自然生态系统和社会经济系统中众多的要素，所要研究和确定的因素、许多指标均具有多元性。在每一种类型的系统中，各个组成要素都从某一个侧面反映出系统的特性。在许多因子中，总有一些决定性的因子，即主导因子。

因此，在区划过程中，在综合分析林业、自然、社会和经济要素的基础上，找出主导因子，并由若干区划指标共同决定区划系统和分区单元，以达到客观真实地进行区划的目的。主导因子的选择，是在综合分析全省各区域森林资源、生态重要性、林业产业、气候、土壤、植被、水文、地貌以及社会经济、生产条件等的基础上确定的，所确定的主导因子就是分区的标志。

广东现代林业发展区划采用专家智能集成确定分区指标体系，筛选出主导因子，共包括六类定性和定量指标，即生态区位、生产力级数、非木材林业资源、林业产业布局、自然地理概况和社会经济发展特征和相关规划。六类指标的优先次序为：生态区位 > 生产力级数 > 非木材林业资源 > 林业产业布局 > 自然地理概况 > 社会经济发展特征。

5.3.5.2 运用专家智能集成和主导因子法制定分区方案

区划方法是贯彻区划原则的一种手段，只有采用有效的区划方法，才能达到区划的目的。每一个区划原则都必须通过相应的方法加以贯彻。广东现代林业发展区划制定分区方案过程，首先计算和确定各区划单元的主导因子指标值，然后针对六类指标的不同优先次序，运用专家智能集成和主导因子方法确定和优化分区。具体分区过程中主要考虑以下若干种情况：

（1）若某区划单元的生态区位与相邻县差别显著，应作为分区的依据。

（2）生态敏感性是考虑区域保护发展措施的依据之一，若相邻区域保护发展措施差别过大，也应考虑单独成区。

（3）若某区划单元的森林生产力级数与相邻县差别显著（≥5 级），应作为分区的依据。

（4）若某区划单元的非木材林业资源优势明显，应作为分区的依据。

（5）若某区划单元的林业产业优势明显，具有一定的特色，应作为分区的依据。

（6）若某区划单元的区域社会经济发展对生态需求依赖度较高，应作为分区的依据。

5.3.5.3 构建广东现代林业发展区划信息系统

将各专题研究调查数据、全省基本地理要素和专题图型数据等有机地结合起来，实现区划数据管理、数据更新、数据分析和数据调用等功能，构建广东现代林业发展区划信息系统，是广东现代林业发展区划重要的技术手段之一（图 5-1）。

（1）信息系统构建。利用先进的“3S”技术收集林业资源数据，结合当地的自然和社会经济发展、状况，对林业区划信息管理、属性数据更新、图形数据库更新等，开展有目标、有重点、多尺度调查；建立区划信息库，实现对区划指标体系数据的存贮、检索、处理、分析和评价。应用 GIS 技术，将图形数据和信息数据有机结合，实现计算机一体化管

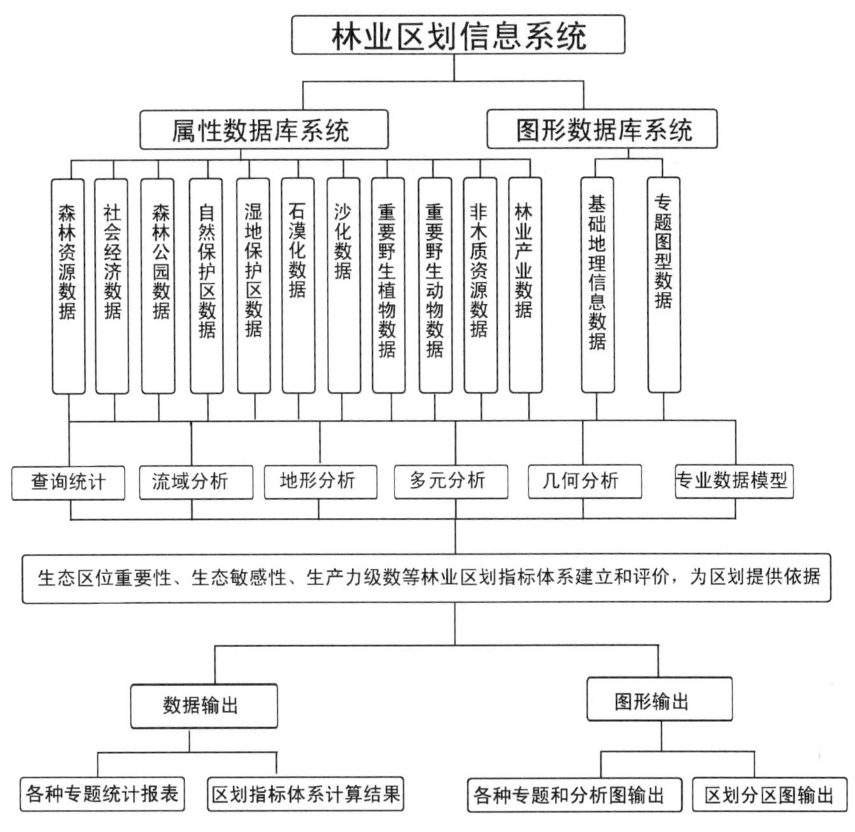

图 5-1　林业区划信息系统

理，为林业区划提供可靠数据和理论支持，指导全省林业分区等。

（2）区划信息库数据源。①卫星影像数据：卫星遥感数据是动态变化的基本数据，利用 TM 影像图进行全省森林资源调查、湿地调查、沙漠化调查、石漠化调查等进行判读区划，综合评价重点各地类、面积现状等，为资源档案更新提供数据；②数字化地形图数据：采用 2002 年广东省 1∶25 万数字化地形图；③森林资源数据：采用 2007 年广东省森林资源档案更新数库；④沙化数据和石漠化数据：来源于 2006 年沙化和石漠化调查；⑤湿地数据：来源于 2006 年广东省湿地保护工程规划；⑥野生动植物数据：来源于全国第一次野生动物和野生植物调查数据和各种文献资料；⑦社会经济数据属：来源于 2006 年广东省统计年鉴性数据；⑧林业产业数据：主要来源于《广东省林业产业规划（2006）》、《广东省统计年鉴（2006）》、《广东省工业统计年鉴（2006）》、《广东省农村统计年鉴（2006）》和各区县上报数据整理而成。⑨非木材林业资源数据：主要来源于各市、县、区林业主管部门上报的非木材林业资源调查报告，并结合《广东省林业产业规划（2006）》、《广东省统计年鉴（2006）》、《广东省工业统计年鉴（2006）》、《广东省农村统计年鉴（2006）》数据整理而成。

（3）数据库组织管理。①图型数据库：图型数据库包含空间位置和坐标信息。在信息系统分为基础地理信息数据和专题图型数据。并采用统一的地图投影系统、统一的地理网格坐标系统和统一的地理编码系统。为地理信息的输入输出以及加工处理提供一个统一的定位框架，并以此为基础正确反映出它们的地理位置和地理关系特征。林业区划信息系统，采用shape 矢量数据格式，统一投影为等积圆锥投影标准。信息量不得低于 1：250000 基础地理信息数据库中的信息（表 5-1）。②卫星遥感数据的输入：卫星遥感数据已是数字化形式的信息数据，包括机载或星载多光谱扫描磁带等系统引进的信息。这些外来信息数据虽然已经是数字格式，但其格式不一定与 GIS 数据库一致，还需要作某些必要的预处理，需要对整影像分辨率和形状、地图投影变换、数据记录格式转换，再导入图型数据库中。③属性数据的输入：属性数据即空间实体的特征数据。一般，对一个空间实体及其属性赋予一个或多个关键字进行连接。属性数据与空间数据分别输入并分别存储。把属性数据首先输入一个顺序文件，经编辑、检查无误后转存到数据库的相应文件或表格中（表 5-2）。

表 5-1　广东省林业区划图型信息系统主要内容

图形数据库子系统	数据库内容
基础地理信息数据	公路、乡村路、高速公路、国道、铁路、水系、河流、湖泊、水库、运河、等高线、高程点、主要山峰、地名标注、行政界线等
专题图形数据	非本资源分布、森林公园分布、湿地分布、自然保护区分布、重要野生动物分布、重要野生植物分布、森林资源分布、石漠化分布、沙化分布、最大林业产业分布等

表 5-2　广东省林业属性数据库内容

数据库子系统	数据库内容
森林资源数据库	地貌、地类、林木权属、优势树种、林种、龄组、郁闲度、平均高、生长率、年生长量、蓄积量、年消耗量、森林涵养水源等级、生态功能等级、植被自然度、森林景观等级、病害等级、虫害等级、火灾等级、经营措施等
社会经济数据库	户籍人口、GDP、人均 GDP、地方一般财政收入
森林公园数据库	行政区域、公园面积、级别、建立年度
自然保护区数据库	行政区域、公园面积、级别、建立年度、保护内容
湿地数据库	行政区域、公园面积、级别、湿地类型、建立年度、保护内容
沙化数据	地籍号、面积、气候类型、土地利用类型、沙化土地类型、土地使用权、地貌类型、沙丘高度、植被总盖度、植被高度、植被生长状况、沙化人原因、治理措施、可治理度等
石漠化数据	地籍号、面积、气候类型、石漠化土地类型、土地使用权、地貌类型、植被类型、郁闭度（覆盖度）、岩基裸露度、土壤厚度、植被分布状况、坡度级、石漠化程度、植被总盖度、植被高度、植被生长状况、石化原因、治理措施、可治理度等
重要野生动物数据	动物名称、活动范围、数量、栖息地情况、保护情况等
重要野生植物数据	动物名称、分布情况、保护情况等
非木材资源数据	其他水果、枣类、山杏、荔枝、龙眼、板栗、其他干果、油茶籽、核桃、其他油料、毛茶、可可豆、咖啡、其他饮料、花椒、八角、桂皮、其他调料、食用菌、山野菜、竹笋、其他林食品、天然橡胶松脂、天然树脂、生漆、虫胶、栲胶原料、油桐籽、乌桕籽、其他原料、木本饲料、鲜切花、鲜切叶、干花、盆花、盆景、观叶植物、观赏苗木、食用盆栽、其他花卉、花卉种子、花卉种苗、花卉种球、草坪、食用、皮毛、野生观赏、其他野生、食用、皮毛、观赏、其他饲养、其他棕制品、藤制品、柳条制品、苇制品、棕片、藤家具、棕家具、松香、松香产品、松节油、松节油产品、樟脑、冰片、栲胶、栲胶产品、紫胶、紫胶产品、五倍子产品、其他林化、动植物雕塑、林产花工艺、林产编织、文教体育、其他工艺品、杜仲、厚朴、枸杞、银杏、沙棘、五味子、其他木林药、甘草、人参、苁蓉、其他草林药、鹿茸、其他动林药、灵芝、其他微林药等

（续）

数据库子系统	数据库内容
林业产品数据	总产值、林木、林木企业名、林木企业产值、木材加工、木材加企业名、木材企业产值、经济林、经济林企业名、经济企业产值、花卉、花卉企业名、花卉企业值、动物繁育、繁育企业名、繁育企业值、木材加工、加工企业名、加工企业值、家具制造、家具企业名、家具企业值、造纸、造纸企业名、造纸企业值、林产化学品、林化企业名、林化企业值、木质工艺品木质企业名、木质企业值、非木材加工、非木企业名、非木企业值、森林旅游、旅游企业名、旅游企业值等
林业产业最大企业位置	地理位置、企业名称、企业类型、生产规模、产值等
经营措施	主导方向、重点治理、综合治理、封山育林、封禁保护、飞播、自然恢复、人工培育、提高森林质量

5.3.5.4 绘制分区图和专题图

通过广东现代林业发展区划信息系统可生成以下图件：广东现代林业发展区划分区图、森林资源分布图、湿地分布图、石漠化分布图、天然林与人工林分布图、珍稀野生动物分布图、自然保护区分布图、生态区位分布图、生态敏感性等级分布图、森林覆盖率分布示意图、森林现实生产力级数分布图、森林期望生产力级数分布图、森林活木蓄积提升潜力图等。

5.3.6 区划步骤

（1）收集分析相关资料，和实地调查相结合，提出区域间的差异性和区域内的一致性。

（2）对重点区域进行专题分析和必要的补充调查。

（3）区划指标体系的计算和主要因子的统计分析。

（4）提出区域划分指标、优先次序和计算方法。

（5）用类型进行空间布局，提出区划方案草案。

（6）邀请专家论证区划方案。

（7）确定区划方案，统计分区区划数据，编制各分区的区划报告。

（8）征求市县级林业行政主管部门领导和专家的意见，组织专家、领导审定。

（9）确定广东现代林业发展区划分区方案。

（10）组织实施。

5.3.7 区划命名

根据从上到下、从左到右的顺序，用阿拉伯数字编号。分区命名由两个部分组成，分别是地理位置（或主要特征）和主导布局。其中地理位置（或主要特征）主要指明该区在全省的地理位置或主要的地形地貌特征；主导布局则根据该区未来主导布局的三级林种、代表产业、主要的生态建设治理措施等，在已确定的区划类型框架内命名，优先采用三级区划类型和二级区划类型。

此外，如果该区主导布局的三级林种在两种以上，则省略第一个三级林种的“林”，例如“韶关市风景环境保护林区”。如果该区主导布局既包括三级林种又包括治理措施或代表产业，则在林种和治理措施或代表产业之间加上“及”，例如“粤北山地自然保护林及石漠化重点治理区”。原则上采用三级区划类型命名，如三级区划类型不符合该区实际，则选用级区划类型或二级区划类型。

第6章 广东现代林业发展区划的指标体系

6.1 区划因子的确定

6.1.1 设置原则

6.1.1.1 突出主导因子原则

林业发展区域是地带性因素与非地带性因素、内生因素与外生因素、现代因素与历史因素等共同作用的结果，但这些因素对形成每个林业发展区域的作用有主次之分。因此，在进行林业发展区划的划分时，要综合分析这些因素之间的关系，找出对区域形成和分异起主导作用的自然因素，并选取反映主导因素的主导指标进行区划。

6.1.1.2 贯彻发生学原则

林业发展区划的划分不但要注意目前区域自然景观特征的相对一致性，也必须要考虑其历史形成原因和未来发展趋势的相对一致性。一个区域发生上的相对一致性不能简单地理解为地质地貌发展史或古地理发展史，也必须考虑区域在人类影响下的发展趋势。在过去50年，受强烈的人类活动与全球环境变化影响，我国地理环境要素和格局发生了巨大变化，使得林业发展方向也发生了明显变化。因此，在进行林业发展区划的划分指标选取上，必须要贯彻发生学的原则。

6.1.1.3 着眼于为林业建设长远服务的原则

林业建设周期长，与自然环境条件和社会经济条件的关系密切。林业发展区划的主要目的是促进林业有序发展，所拟定的区划体系要充分反映区划目的，所采用的指标应与林业生产密切相关，如温度、水分、人口密度等。同时，区划指标既要重视林业当前的利益，又要考虑林业长远需要。

6.1.1.4 遵循多级序原则

林业发展区划是依据林业生产的地域分异规律，区别差异性，归纳共同性，划分全省林业发展区域。由于区划分区单元的相似性和差异性是相对的，因而采用的区划指标应该是多级的。从较高级到较低级，每一个划分出来的区划单位，其内部相似形逐级增大，差异性逐渐减小。

6.1.2 主导因子

根据上述原则确定了六类主导因子，其中包括三类共性指标，分别是生态区位等级、生产级数和非木材林业资源。分区的主导指标和优先指标应根据区域的主要生态威胁和区域的主要优势确定（表6-1）。

表 6-1　广东省现代林业发展区划分区指标体系

编号	类　别	主　要　指　标	是否共性指标
1	生态区位	生态区位重要性等级、生态敏感性	是
2	生产力级数	现实生产力级数、期望生产力级数	是
3	非木材林业资源	特色非木材林产品名称和产量	是
4	林业产业布局	特色林产品名称、产量、面积	否
5	自然地理概况和社会经济发展特征	地理位置、地貌类型、人口密度、人均 GDP、产业结构和城市化水平	否
6	相关规划	全省主体功能区规划、社会、经济、林业专项和其他行业的规划	否

6.1.2.1　生态区位

森林生态区位是指森林生态系统或森林生态单元在某一时刻的空间几何位置。森林生态区位主体是与人类相关的森林生态系统或森林生态单元。森林生态区位主体在空间区位中的相互联系称为森林生态区位关联度。关联度大小直接影响到区位主体综合生态功能。生态区位主要由生态区位重要性等级和生态敏感性来反映。森林生态区位重要性是指某一森林生态系统或森林生态单元对维持地区生态安全的重要程度及其在某一区域所表现出的生态功能的大小（表 6-2）。

表 6-2　广东省生态区位重要性等级划分标准

因子	重要	较重要	一般
河流生态安全	东江、北江、西江、韩江上游地区	榕江、漠阳江、鉴江、潭江上游地区	其他河流发源地汇水区及流域两侧
海岸生态防护	海岸台风 4 次/年以上	海岸台风 3 ~ 4 次/年	海岸台风 3 次/年以下
城市饮用水源及大型水库水安全	库容为 10 亿 m^3 以上的特大型水库、大中城市饮用水源湖库	库容为 1 亿 ~ 10 亿 m^3 的湖库	库容在 1 亿 m^3 以下的湖库
生物多样性保护	国家级自然保护区、国际、国家重要湿地	省级自然保护区、其他湿地	
水土流失区和石漠化区环境整治	土壤侵蚀模数大于 5000 t/a · km^2，石漠化土地面积占国土面积 20% 以上	土壤侵蚀模数 500 ~ 5000 t/a · km^2，石漠化土地面积占国土面积 10% ~ 20%	土壤侵蚀模数小于 500 t/a · km^2，石漠化土地面积占国土面积 10% 以下

生态敏感性是指自然因素决定下的区域生境对自然和人为因素干扰的反应能力或恢复的难易程度（刘友多，2008；战国强，2009）。生态敏感性用生态敏感级表示，根据区域森林生态敏感性的自然状况和抗干扰能力，生态敏感性从高到低，分为脆弱区、亚脆弱区、亚稳定区和稳定区 4 级。生态敏感性为区划后各区的林业发展措施服务，生态敏感性级别越高，保护强度越高（表 6-3）。

经分析研究，影响生态区位重要性的因子主要有河流生态安全、城市饮用水源及大型水库水安全、生物多样性保护、水土流失区和石漠化区环境整治、海岸台风和海啸侵入区等五个方面；影响生态敏感性等级的因子主要有森林自然度、石漠化程度、土壤风蚀程度和海岸基质类型等四个方面。根据划分标准，确定各县级行政单元的生态区位重要性等级和生态敏感性等级。如果一个区域内有几类因子，以任一个级别最高的因子为标准确定生态区位重要性等级和生态敏感性等级。

表 6-3 广东省生态敏感性等级划分标准

因　子	脆弱区	亚脆弱区	亚稳定区	稳定区
森林自然度	原始或人为影响很小而处于基本原始状态的植被	有明显人为干扰或处于演替中期或后期的次生群落	人为干扰大，演替逆行，极为残次状态	人工植被
石漠化程度	极重度	重度	中度	轻度
土壤风蚀程度	极强度风蚀(广布沙丘、沙垄，流动性大)	强度风蚀(有流动或半固定性沙丘或风蚀残丘)	中度风蚀(常见半固定、固定沙地、沙垄或沙质土)	轻、微度风蚀
海岸基质类型	沙质海岸线 200m 以内或泥质海岸线 100m 以内	沙质海岸线 200m 以外 500m 以内或泥质海岸线 100m 以外 300m 以内	砾质	基岩完整

6.1.2.2　生产力级数

森林生产力级数是反映林业用地或有林地的总体生产能力的指标，是一个综合评价森林资源生产力的概念，涉及森林蓄积和木材生产能力，包括现实森林生产力级数和期望森林生产力级数。现实森林生产力是指现有森林蓄积和木材生产能力，期望森林生产力是指通过科学经营，充分发挥现有林地和森林的生产潜力可能达到的最大森林生产能力。

现实森林生产力级数用活立木蓄积量(M_{bi})、年蓄积生长量(Z_{bi})、林分平均蓄积量(A_{bi})和采伐限额的商品材出材量(D_{bi})来反映，分别按照(1)~(4)式计算。得出结果后按分级标准，得出M_{bi}、Z_{bi}、A_{bi}和D_{bi}的级数，四者相加即为现实森林生产力级数$RFPI_i$(表6-4)。

$$M_{bi} = \frac{M_i}{M} \times 10 \tag{1}$$

$$Z_{bi} = \frac{Z_i}{Z} \times 10 \tag{2}$$

$$A_{bi} = \frac{A_i}{A} \times 10 \tag{3}$$

$$D_{bi} = \frac{D_i}{D} \times 10 \tag{4}$$

$$RFPI_i = M_{bi} + Z_{bi} + A_{bi} + D_{bi} \tag{5}$$

式中：M_i——i 县活立木总蓄积(万 m^3)；

Z_i——i 县森林平均生长量(万 m^3/年)；

A_i——i 县林分平均蓄积量(m^3/hm^2)；

D_i——i 县原木出材量(万 m^3)；

M——全国活立木蓄积量平均值 454 万 m^3；

Z——全国年蓄积生长量平均值 16.56 万 m^3/年；

A——全国林分平均蓄积量 84.7 m^3/hm^2；

D——全国采伐限额商品材出材量平均值 3.33 万 m^3。

期望森林生产力级数主要用期望活立木蓄积量(MPP_{bi})、期望年蓄积生长量(ZPP_{bi})、期望林分平均蓄积量(APP_{bi})和商品材出材量(DPP_{bi})来反映，计算公式见(6)~(10)。得出结果后按分级标准，得出MPP_{bi}、ZPP_{bi}、APP_{bi}和DPP_{bi}的级数，四者相加即为期望森林生产力级数 $AFPI_i$。

表 6-4　生产力级数分级标准

M_{bi}、Z_{bi}、A_{bi}和 D_{bi}数值区间	MPP_{bi}、ZPP_{bi}、APP_{bi}和 DPP_{bi}数值区间	等级
(0，2)	(0，3)	1
[2，4)	[3，6)	2
[4，6)	[6，9)	3
[6，8)	[9，12)	4
[8，10)	[12，15)	5
[10，12)	[15，18)	6
[12，14)	[18，21)	7
[14，16)	[21，24)	8
[16，18)	[24，27)	9
[18，20)	[27，30)	10
[20，22)	[30，33)	11
[22，+∞)	[33，+∞)	12

$$MPP_{bi} = \frac{MPP_i}{M} \times 10 \tag{6}$$

$$ZPP_{bi} = \frac{ZPP_i}{Z} \times 10 \tag{7}$$

$$APP_{bi} = \frac{APP_i}{A} \times 10 \tag{8}$$

$$DPP_{bi} = \frac{DPP_i}{D} \times 10 \tag{9}$$

$$AFPI_i = MPP_{bi} + ZPP_{bi} + APP_{bi} + DPP_{bi} \tag{10}$$

$$MPP_i = MA_{ci} \times S_{ci} + MA_{zi} \times S_{zi} + MA_{yi} \times (S_{yi} + S_{wi}) \tag{11}$$

$$ZPP_i = MPP_i \times W_i \tag{12}$$

$$APP_i = \frac{MPP_i}{S_i} \tag{13}$$

$$DPP_i = (ZPP_i - D_i) \times 0.42 + D_i \tag{14}$$

式中：MPP_i——i 县期望活立木蓄积量(万 m^3)；

ZPP_i——i 县期望年蓄积生长量；

APP_i——i 县期望林分平均蓄积量；

DPP_i——i 县商品材出材量；

MA_{ci}——i 县成熟林组各优势树种最大单位蓄积量的平均值；

MA_{zi}——i 县中龄林组各优势树种最大单位蓄积量的平均值；

MA_{yi}——i 县幼龄林组各优势树种最大单位蓄积量的平均值；

W_i——i 县生长率；

S_i——i 县林分面积；

S_{ci}——i 县成熟林组面积；

S_{zi}——i 县中熟林组面积；

S_{yi}——i 县幼龄林组面积；

S_{wi}——i 县未成林造林地面积。

此外，有竹材生产的县可将竹林蓄积和合理采伐的商品出材量，换算成立木蓄积当量和森林采伐限额商品材出材量当量，分别计入该县的立木蓄积和森林采伐限额商品材出材量。用全县毛竹总株数乘平均单株重量(鲜重)乘1.6系数得毛竹立木蓄积当量(m^3)，用全县杂竹总株数乘平均单株重量乘1.0系数得杂竹立木蓄积当量(m^3)，二者之和计入该县的活立木总蓄积。取活立木蓄积当量(m^3)的6%为采伐限额商品材出材量当量，计入该县的采伐限额的商品材出材量。

6.1.2.3　非木材林业资源

非木材林业资源是我国林业三大产业的重要组成部分，既包括了第一、二产业中的物质形态上的产品，也包括了第三产业的森林服务业。主要对象是物质形态上的产品，包括干鲜果品、油料、饮料、调料、森林食品、工业原料、药材、花卉、藤、棕、苇、林产化学产品等。主要的分类标准为：

(1)经济林产品。经济林是以生产果品、食用油料、饮料、调料、工业原料和药材等为主要目的的林木，是我国五大林种之一。经济林产品包括果实、种子、花、叶、皮、根、树脂和虫胶等。水果：如苹果、柑橘、梨、葡萄、柿子等。干果：如枣类、山杏、板栗等。油料：指能生产油脂的各种木本油料植物产品，包括食用和非食用木本油料产品。如油茶籽、核桃等。林产饮料：包括毛茶、可可豆、咖啡等，统计干重。林产调料：包括林产香料叶、香料籽、香料花、香料皮等调味产品，如花椒、八角、桂皮等，统计干重。森林食品：包括食用菌、竹笋、香椿、山野菜和湿地中的莲藕、茭白等，统计湿重。林产工业原料：包括橡胶、松脂、天然树脂、虫胶、栲胶原料、生漆、油桐籽、乌桕籽等等。木本饲料：指用作动物饲料的木本植物活体或其叶、根、茎、花、果等。

(2)花卉产品。包括各种鲜花、鲜花蓓蕾、园林绿化用观赏苗木、盆栽观赏花木、工艺盆景和装饰用的草皮、草坪(不包括城市草坪)、苔藓和地衣等，不包括药用花卉。

(3)陆生野生动物产品。指通过狩猎、捕捉和饲养获得的各种陆生野生动物及其产品，不包括药用类型产品。陆生野生动物狩猎和捕捉产品指为获取生活消费品、商业经营、科研材料、维持生态平衡、动物园和供观赏等目的捕获的各种动物及动物产品，如食品、毛皮。陆生野生动物饲养产品指为满足实验、观赏、旅游及其他经济用途，通过饲养而获得的陆生野生动物及其产品，如饲养的鸟类，鹿、貂、狐狸等珍贵动物，蜜蜂、蚕等虫类，土中软体动物，蛇、林蛙等两栖爬行类动物。

(4)藤、棕、苇产品。藤、棕、苇制品：指以藤、棕、苇等植物为原料的产品。其中，棕制品包括棕席、棕蓑衣、棕座垫等棕制日用品；藤制品包括藤包、藤提篮、藤安全帽等日用品和包装用品，藤制农具；柳(荆)条制品包括用柳条、荆条等灌木枝条编结的帽、框、篮、篓、箱等编结制品；苇制品包括苇席、苇箔等苇制日用品和包装用品。不包括藤、棕家具和藤、棕、苇工艺品。藤、棕家具：指以藤、棕加工材料制作的，具有坐卧、躺倚、储藏、间隔等功能，可用于住宅、旅馆、办公室、学校、餐馆、医院、剧场、公园、船舰、飞机、机动车等任何场所的各种家具。包括各种床、桌、椅、凳、柜、箱、架、沙发、屏风等；棕床垫、棕椅垫。

(5)林产化学产品。指以林产品为原料，经过化学和物理加工方法生产的产品。包括松香、松节油、栲胶、樟脑、冰片(龙脑)、紫胶、五倍子单宁产品、林产动植物香料香精、天然橡胶制品、陆生野生动物胶、其他林化产品等。

(6)林产工艺品和文教体育用品。以藤、棕、苇、野生动物产品为原料，生产的工艺品和文教体育用品。林产动植物雕塑工艺品：指以陆生野生动物牙、角、骨等硬质材料，椰壳等天然植物为原料，经雕刻、琢、磨等艺术加工制成的各种供欣赏和使用的工艺品。林产花画工艺品：指以树皮、树叶、羽毛、芦苇、花卉等为原料，经造型设计、模压、剪贴、干燥等工艺精制而成的花、果、叶等人造花类工艺品，以画面出现、可以挂或摆的具有欣赏性、装饰性的画类工艺品。包括干花及干花工艺品、羽毛花，以羽毛、芦苇、树皮等材料制成的各种立体、半立体并配以框架的画等。林产编织工艺品：指以藤、棕、苇、柳等天然植物为原料，经编织或镶嵌而成具有造型艺术或图案花纹，以欣赏为主的工艺陈列品以及工艺实用品。包括藤编工艺品、棕编工艺品、苇编工艺品、柳编工艺品等。文教体育用品：以野生动植物为原料制作的文教体育用品。包括野生动物标本、以野生动物材料制作的中西乐器。

(7)林药。主要指林地、沙地、湿地上生长的用于医药配制以及成药加工的动植物(部分或全部)和微生物。

6.1.2.4　林业产业布局

林业产业是指以获取经济效益为目的，以森林资源为基础，以技术和资金为手段，有组织生产和提供各种物质和非物质产品的行业(张智光，2004)。按照林业产业对森林资源的利用方式和所提供产品的形态不同，将林业产业划分为三大产业体系十二大类亚产业，划分标准为：

(1)第一产业。林木的培育和种植：是以林地资源为劳动对象，以种苗培育、营造林、林木的抚育和管理为主要内容，以实现森林资源特别是用材林资源有效增长为目标，培育各种木竹、林分资源的林业基础产业。木材和竹材的采运：是指以各种成熟林木和林分为劳动对象，从事木材与竹材采伐、集运和贮存作业等有关木竹资源开发，并提供各种原木、原条及竹材产品的产业。经济林产品的种植与采集：是以林地和各类经济林分为劳动对象，以优良经济林种苗培育为基础，以提供果品、油料、饮料、调料、工业原料等产品为主要目的的一项重要产业。花卉的种植：是以满足人们精神需求为目的，大规模商品化开发利用各种观赏植物资源，提供鲜花、盆花、切花、苗木、种子、种球等产品的新兴产业。陆生野生动物繁育与利用：是指利用有经济价值的陆生野生动物种质资源，驯养繁殖野生动物，大幅度提高有经济价值动物的产量，更好地保护野生动物资源，以满足社会对动物产品需求的新兴产业。

(2)第二产业。木材加工及木、竹、藤、棕、苇制品制造：是指以原木及竹材为原料，通过制材、干燥、改性及重新组合等工艺，生产各种木竹材产品及木制品的一系列加工制造业以及以木材或其他非木材植物为原料，经机械或化学加工分离成单元材料，继施加或不施加胶粘剂并加压后而成板材的制造业。木、竹、藤家具制造：是指以木材、竹材和藤为原料，进行家具制造的产业。木、竹浆造纸：是指以木材、竹材为基本原料，利用化学或物理的方法，从中分离出纤维并加工成纸张、纸板及纸制品的制造业。林产化学产品制造：是指以林产品为原料，进行化学加工和利用，提供包括松香、栲胶、紫胶、木材热解品等各种林化产品的制造业。木质工艺品和木质文教体育用品制造：是指以木、竹、藤、棕、苇、野生动物产品为原料，生产的工艺品和文教体育用品。非木材林产品加工制造业：是指以各种木本油料植物、森林食品、水果、坚果、林产动植物等为原料，进行产品加工制造的产业。

(3)第三产业。林业旅游与休闲服务：是指依托森林、自然保护区、森林动植物、湿地、沙地和其他森林类型景区等景观资源，以满足人们休闲需求为目的，提供野游、观光、休憩等活动条件的相关服务业。

6.1.2.5 自然地理概况和社会经济发展特征

(1)地形地貌指标。包括山地、丘陵、台地、平原、岩溶和湿地等。全省自然地貌因在历次地壳运动中，受褶皱、断裂和岩浆活动的影响，形成山地较多，岩石性质差别较大，山地、丘陵、台地、平原交错，地貌类型复杂多样。山地主要集中在粤北、粤东和粤西，多呈东北－西南走向，由花岗岩或花岗岩侵入变质岩系构成；丘陵占全省大部分，大都分布在山地周围，或零星散落于沿海平原与台地之上，尤以粤东南丘陵最为广阔；平原主要分布在广东南部，有河谷冲积平原和三角洲平原；全省湿地资源具有类型多、面积大、分布广、亚热带及热带特色明显、生物多样性丰富等特点。

(2)土壤差异指标。全省土壤大致可以分为6个区，包括粤北山地丘陵红壤、黄壤水稻土区，粤东山丘盆地赤红壤、黄壤、水稻土区，粤东滨海丘陵台地赤红壤、深海沙土、水稻土区，珠江三角洲及其临近地区平原低丘水稻土、堆叠土、赤红壤区，粤西北山地丘陵，赤红壤、黄壤、水稻土，以林为主，林、农并重地区，粤西台地平原，砖红壤、赤土田，以农为主，农、热带作物、果并重地区。

(3)光热条件指标。年均气温、≥10℃年均积温、无霜期、年日照时数(小时)。全省各地由于纬度、距海远近和地形的不同，气候仍有一定差异。年均气温从北向南逐步升高，从粤北平均气温19℃升至西南雷州半岛23℃。降水季节分配极不均匀，雨季、旱季分明，4～9月降水量占全年的70%～85%。历年风力6级大风区的北界在信宜—云浮—清远—佛冈—河源—丰顺一线以南。洪涝和干旱灾害经常发生，台风的影响也较为频繁，平均每年有3.54个台风登陆，占全国台风登陆数的37%。春季的低温阴雨、秋季的寒露风和秋末至春初的寒潮和霜冻，也是广东多发的灾害性天气。

(4)水资源指标。河流、年均降雨和地表水资源。全省水资源时空分布不均，夏秋易洪涝，冬春常干旱。沿海台地和低丘陵区不利蓄水，缺水现象突出，尤以粤西的雷州半岛最为典型；粤北地区的喀斯特地区面积较广，溶岩十分发育，土壤很薄，蓄水能力差，地表水缺乏，用水极为困难。全省河流众多，水量丰富，河流水网发达，主要有珠江水系的东江、北江、西江和珠三角洲水系，其次为粤东、粤西沿海，集雨面积在100 km^2 以上的各级干、支流542条(其中集雨面积1000 km^2 以上的有62条)，其中独流入海的有54条。

(5)植被类型指标。中亚热带典型常绿阔叶林、南亚热带季风常绿阔叶林、热带季雨林。在地处高温多雨、终年湿润的热带和亚热带气候环境下，分布着以热带与亚热带植物区系成分为主的常绿阔叶林，形成地带性森林植被特征：北部为中亚热带典型常绿阔叶林、中部为南亚热带季风常绿阔叶林以及南部的热带季雨林。由于受人为干扰破坏，各地带原生性的森林植被类型残存不多。在热带地区的次生森林植被以具有硬叶常绿的稀树灌丛和草原为优势，亚热带地区则以针叶稀树灌丛，草坡为多，人工林以杉木、马尾松、桉树、木麻黄、竹林等纯林为主。

(6)社会发展指标。主要包括人口分布、经济发展和城市化水平。全省人口分布不平衡，经济发达的珠三角地区和粤东的潮汕平原是人口最密集的地区，其中，深圳、东莞、汕头、佛山、中山、广州和揭阳的人口密度超过 1000 人/km2。庞大的人口规模及其增长，将对资源环境构成巨大压力。经济发展指标：按照地理位置和经济特点，全省可划分为珠江三角洲、东翼、西翼和北部山区四个经济区域，其中：珠江三角洲包括 9 市，分别是广州、深圳、珠海、佛山、东莞、中山、江门、肇庆和惠州；东翼包括 4 市，分别是汕头、汕尾、潮州、揭阳；西翼包括 3 市，分别是湛江、茂名、阳江；山区包括 5 市，分别是韶关、河源、梅州、清远和云浮。珠江三角洲、东翼、西翼和北部山区四大板块经济发展不均衡，已成为严重制约广东省建设富裕型小康社会的瓶颈。珠三角城镇化水平、经济规模及经济水平较高，而粤北山区县仍然比较落后。城市化水平：改革开放后，全省城市数量快速增长，但地区分布平衡。经济发达的珠三角地区城市群城市化率较高，东西两翼和北部山区的城市化率较低。城市化进程加快必然带来许多城市生态环境问题，"把森林引入城市，让城市拥抱森林"已成为人们的迫切需要，城市森林建设已经成为现代城市建设的一项重要内容和标志。

6.1.2.6　相关规划

全省主体功能区规划、社会、经济、林业专项和其他行业的规划。主要包括：《广东省主体功能区规划》、《广东省林业"十一五"及中长期规划》、《广东省林业生省建设规划》、《广东省湿地保护工程建设规划》、《广东省林业产业规划》、《广东省林地保护与利用规划》、《广东省森林公园建设规划》和《广东省林分改造工程规划》等。

6.2　区划类型的划分

建立合理、正确的区划类型体系，对区划研究极为重要。没有正确、合理的区划类型体系，一方面不可能真正有效和全面地认识和揭示广东现代林业极为复杂和多样的区域分异规律，另一方面更不可能真正有效地为广东现代林业建设服务。按林种、林业产业和非木材林业资源可分为三级区划类型，按治理措施、湿地类型和荒漠类型只分成二级区划类型。

6.2.1　按林种分

按林种分，一级区划类型包括生态公益林和商品林 2 个林种，二级区划类型包括防护林、特用林、用材林、薪炭林、经济林 5 个林种，三级区划类型则包括了 31 个林种(表 6-5)。

表 6-5　按林种分区划类型

一级区划类型	二级区划类型	三级区划类型
生态公益林	防护林	水源涵养林
		水土保持林
		防风固沙林
		农田防护林
		护牧林
		护岸、护路林
		沿海防护林
		红树林
		其他防护林

（续）

一级区划类型	二级区划类型	三级区划类型
生态公益林	特种用途林	自然保护林
		国防林
		实验林
		母树林
		环境保护林
		风景林
		名胜古迹和革命纪念林
商品林	用材林	一般用材林
		工业原料林
		大径木培育林
		珍贵用材林
		特种用材林
		竹用材林
	薪炭林	一般薪炭林
		能源林
	经济林	果材兼用材
		果树林
		饮料林
		竹笋兼用林
		香料林
		调料林
		木本粮油林

6.2.2 按林业产业类型分

林业产业可分为三大产业，其中第一产业可细分为 5 个三级区划类型，第二产业可细分为 6 个三级区划类型，第三产业主要指林业旅游与休闲服务（表 6-6）。

表 6-6 按林业产业分区划类型

一级区划类型	二级区划类型	三级区划类型
林业产业	第一产业	林木的培育和种植
		木材和竹材的采运
		经济林产品的种植与采集
		花卉的种植
		陆生野生动物繁育与利用
	第二产业	木材加工及木、竹、藤、棕、苇制品制造
		木、竹、藤家具制造
		木、竹浆造纸
		林产化学产品制造
		木质工艺品和木质文教体育用品制造
		非木材林产品加工制造
	第三产业	林业旅游与休闲服务

6.2.3　按非木材林业资源分

非木材资源可以进一步细分为经济林产品、花卉产品、林产化学产品、林药等 7 个二级区划类型(表 6-7)。

表 6-7　按非木材林业资源分区划类型

一级区划类型	二级区划类型	三级区划类型
非木材林业资源	经济林产品	水果、干果、油料、林产饮料、林产调料、森林食品、林产工业原料、本本饲料
	花卉产品	
	陆生野生动物产品	陆生野生动物狩猎和捕捉产品、陆生野生动物饲养产品
	藤、棕、苇产品	藤、棕、苇制品、藤、棕家具
	林产化学产品	
	林产工艺品和文教体育用品	林产动植物雕塑工艺品、林产花画工艺品、林产编织工艺品、文教体育用品
	林药	

6.2.4　其他

其他区划类型主要是以治理措施、湿地类型、荒漠类型等作为一级区划类型，进一步细分出二级区划类型(表 6-8)。

表 6-8　其他区划类型

一级区划类型	二级区划类型
治理措施	重点治理
	综合治理
	封山育林
	封禁保护
	飞播
	自然恢复
	人工培育
湿地类型	近海及海岸湿地
	河流湿地
	湖泊湿地
	沼泽湿地
	人工湿地
荒漠类型	石漠化
	盐碱地
	沙化土地
	高原冻土
	水土流失

第7章 广东现代林业发展区划的分区布局

7.1 总体布局

广东现代林业发展区划以分类经营、分区施策理论为基础，以构建完备的林业生态体系、发达的林业产业体系、繁荣的生态文化体系为目标，按照生态优先、全面、协调、可持续发展的要求，进行“综合区划、全面评价、明确功能、分区施策”，对全省现代林业发展方向和重点进行宏观布局和调控。

7.1.1 布局原则

(1)以生态主导功能为主线。在综合区划和全面评价的基础上制定分区方案，针对全省各县(区)林业的发展现状和未来的发展要求，提出区域性林业发展的主导方向，明确各分区林业的主导功能。

区划的主导功能划分以优化生态结构和空间布局为核心，构建区域性的生态屏障，重点维护区域生态安全和保护生物多样性。重点考虑南岭生态屏障的构建、经济发展中心城市周边生态屏障的构建、四江流域生态保护和生态修复、区域性重要饮用水源地建设、沿海防护林及湿地生态系统的修复等，以提升林业的生态服务功能，满足广东经济社会对林业的生态需求。提出重点发展水源涵养林、水土保持林、自然保护林、风景林等林种。

(2)综合谋划生产力布局。依据社会需求、区域优势、森林资源现状和发展潜力，确定可以满足社会经济可持续发展的可能性，提出适宜的生态产品、物质产品和生态文化产品的综合生产力布局。

各分区的生产力布局是在确保区域生态安全的前提下，以提高森林质量为核心，发挥区域产业优势，提升林业产业水平和发展活力，缓解广东社会经济对木材生产需求的紧张局面。提出重点发展一般用材林、工业原料林、特色经济林、珍贵用材林、竹用材林等林种。

(3)充分突出广东林业特色。分区方案还综合考虑了全省华南虎等珍稀野生动物的生态廊道、国际候鸟的迁徙路线、野生珍稀植物的保护利用、国家沿海防护林工程建设、岩溶地区石漠化治理、城市林业建设、森林文化产品等生态需求。结合全省国土规划和主体功能区规划的要求，针对优化类、重点开发类、适度开发类等地区提出区域性生态防护和生态治理的模式，进一步强化林业在社会经济发展的地位和重要作用，发挥林业在生态建设的主体功能，充分体现广东林业发展的基本特征。

7.1.2 总体布局

以区划指标体系的主导因子技术标准为依据，结合广东的实际情况，全省共划分了16个分区(表7-1)，并形成了以下特色。

表 7-1 广东省现代林业发展区划分区

序号	分区名称	面积(hm^2)	行政范围
1	粤北山地自然保护林及石漠化重点治理区	1 351 413.2	连山县、连南县、连州市、乐昌市、乳源县、阳山县
2	韶关市风景环境保护林区	290 412.5	浈江区、武江区、曲江区
3	北江中上游水源涵养一般用材林区	1 461 952.6	仁化县、南雄市、始兴县、翁源县、英德市
4	绥江上游水源涵养林竹用材林区	606 120.0	广宁县、怀集县
5	珠江三角洲外围水源涵养风景林区	1 398 569.2	清新县、从化市、增城市、清城区、佛冈县、鹤山市、高明区、高要市、四会市
6	东江流域水源涵养水土保持林区	1 635 482.6	新丰县、源城区、和平县、龙川县、连平县、东源县、龙门县
7	韩江流域水土保持珍贵用材林区	1 593 005.4	丰顺县、五华县、兴宁市、梅江区、梅县、蕉岭县、大埔县、平远县
8	西江流域水源涵养珍贵用材林区	1 257 872.5	德庆县、封开县、罗定市、郁南县、云城区、云安县、新兴县
9	珠江三角洲风景林及林业产业区	1 787 663.1	天河区、白云区、黄埔区、荔湾区、越秀区、海珠区、萝岗区、南沙区、花都区、番禺区、罗湖区、福田区、南山区、盐田区、宝安区、龙岗区、香洲区、金湾区、斗门区、惠城区、惠阳区、东莞市、中山市、蓬江区、江海区、禅城区、南海区、顺德区、三水区、端州区、鼎湖区
10	东江中游自然保护一般用材林区	1 003 690.2	博罗县、紫金县、惠东县
11	粤东凤凰山脉—莲花山脉水土保持林及经济林产品区	797 124.4	湘桥区、潮安县、饶平县、普宁市、揭东县、揭西县、陆河县
12	粤西云开大山—云雾山脉自然保护林及经济林产品区	1 018 629.9	阳春市、信宜市、高州市
13	潭江流域工业原料沿海防护林区	777 358.1	新会区、台山市、开平市、恩平市
14	粤东潮汕平原近海及海岸湿地区	734 018.3	榕城区、海丰县、城区、陆丰市、惠来县、金平区、濠江区、龙湖区、潮阳区、潮南区、澄海区、南澳县
15	粤西雷州半岛工业原料红树林区	989 143.4	雷州市、遂溪县、廉江市、徐闻县、霞山区、坡头区、麻章区、赤坎区
16	粤西沿海防护工业原料林区	929 402.9	化州市、江城区、阳西县、阳东县、吴川市、茂南区、茂港区、电白县

7.1.2.1 粤北山地自然保护林及石漠化重点治理区

该区地处中亚热带季风气候带，地貌类型以山地为主，是全省重要的生态屏障。物种丰富，有华南虎、广东松等珍稀濒危动植物，地带性顶级植被中亚热带常绿阔叶林保存良好，属生态敏感性脆弱区。建有省级以上自然保护区 3 个，生态区位重要。

林业的主导功能为：以实施自然保护区、水源涵养区和重点水土保持区等保护工程为主，稳步推进生物多样性保护和石漠化治理，维护当地生态安全。同时，可适当发展森林旅游和林产品生产。主要建设林种有：自然保护林、环境保护林、水源涵养林和水土保持林。主要发展方向为：建立粤北森林生态系统类型自然保护区示范群，保护中亚热带常绿阔叶林和华南虎等珍稀濒危动植物资源，保存物种基因库；重点加强石漠化治理力度，通过各种生物工程措施，恢复石漠化地区植物群落，保障溶岩地区饮用水供水；大力扶持板栗、油茶、松林等产业发展，重点扶持区域森林生态旅游发展，打造粤北山区特色生态旅游品牌。

7.1.2.2　韶关市风景环境保护林区

地处北部山区经济中心和人口聚居地，工业基础好，自然资源丰富，是北部地区的适度发展区域。建有2处国家级森林公园和3处省级自然保护区，生态区位较重要，属生态敏感性脆弱区。该区是全省林业产业的重要分布区域之一，森林旅游资源丰富。

林业的主导功能为：以城市林业建设为主，保持一定的绿色开敞空间，营造"城在林中、路在绿中"的城市森林气氛，维持城市良好的生态环境，实现经济、社会、环境的可持续发展。布局的主要林种有：风景林、自然环境保护林、一般用材林和经济林。林业发展方向为：加强城市林业建设，保护好城郊森林，重点建设城市通风走廊、绿色通道、河流两岸防护林和环境保护林，维持城市良好的生态环境；重点扶持和做大森林旅游产业，加快城市周边森林公园建设，大力发展生态旅游；巩固松香、松节油等传统出口产品，大力发展林化产品的精深加工，扩大现有人造板骨干企业的生产规模。

7.1.2.3　北江中上游水源涵养林、一般用材林区

该区地处北江中上游，以南雄盆地为中心，属广东北部山区。建有1处国家级自然保护区、1处国家级森林公园、1处国家级风景名胜区、2处省级森林公园和3处省级自然保护区，生态区位重要，属生态敏感性脆弱区。区域内森林生产力级数较高，其中始兴县是全省森林生产力级数最高的县。林业产业优势产业为第一产业，银杏、兰花、蚕桑、三华李、麻竹笋和沙糖桔等非木材林业资源产品闻名全省。

林业的主导功能为：重点发展一般用材林，加强竹用材林、特色经济林及水源涵养林建设，发展森林旅游等。布局的主要林种有：水源涵养林、水土保持林、一般用材林、自然保护林和竹用材林。林业发展主要方向为：保护现存的天然植被，加强生态公益林建设，维护区域生态安全；充分利用山地资源，发展以珍贵用材、毛竹、水果、苗木花卉、森林食品为主导的林业产业。

7.1.2.4　绥江上游水源涵养林、竹用材林区

该区属中低山、丘陵地貌，东南部为珠江三角洲平原。建有省级自然保护区2处，国家级森林公园1处，省级森林公园3处，生态区位较重要，属生态敏感性亚脆弱区。林业产业以第一产业为主，非木材林业资源十分丰富。竹产业发达，其中广宁县是全省竹业加工的集散地之一，怀集县是全省茶秆竹最重要的生产、出口基地。

区域林业的主导功能：以竹用材林及其产品生产、竹特色生态旅游、水土保持、水源涵养和森林资源培育等为主。布局的主要林种有：水源涵养林、水土保持林、竹用材林和经济林。林业发展主要方向为：积极推进绥江两岸水源涵养林建设，缓解和治理区域水土流失；充分利用竹资源优势，打造成全省重要的竹业加工、集散基地。

7.1.2.5　珠江三角洲外围水源涵养林、风景林区

该区地处珠三角外围经济区域，是珠江三角洲平原与粤北、粤西、粤东北山区的过渡地带，是遏制和防止珠江三角洲地区核心城市生态环境恶化的第一道生态屏障。区内有流溪河水库等大型水库，生态区位重要，属生态敏感性亚稳定区。林业产业较发达，建有多处国家级森林公园，发展生态旅游优势明显。

区域林业的主导功能主要为：维护新型工业化城市（区）的生态环境、保护饮用水源、

构筑区域生态屏障、重点建设风景林以及发展森林生态旅游等。布局的主要林种有：水源涵养林、风景林、自然保护林、一般用材林和经济林。林业发展方向主要有：重点实施生态保护，提高生态公益林比例，提升森林质量；利用毗邻珠江三角洲经济发达地区的优势开展特色森林旅游；适度发展一般用材林、竹用材林。

7.1.2.6　东江流域水源涵养水土保持林区

该区地处东江中上游，属于武夷山、九连山余脉绵延地带，是一个以山地、丘陵为主的地区。该区是粤东地区重要的水源涵养林和水土保持林区，也是珠三角地区最重要的绿色生态屏障，建有新丰江和枫树坝两座特大型水库，生态区位重要，属生态敏感性脆弱区。林业产业以第二产业为主，非木材林业资源主要产品类型为经济林产品、花卉产品、陆生野生动物产品和林产化学产品，其中，龙门县是“中国年桔之乡”。

林业的主导功能是：维护东江流域生态涵养功能，改善东江流域生态环境。布局的主要林种有：水源涵养林、水土保持林、自然保护林、用材林和经济林。林业发展主要方向为：加强东江中上游水源涵养林建设，保障港澳地区供水；加大生态补偿力度，在生态优先的前提下，重点建设竹林和经济林，建设名、优、稀、特经济林基地和绿色食品基地；利用良好的森林植被开展生态旅游，推动地区经济发展。

7.1.2.7　韩江流域水土保持珍贵用材林区

该区地处韩江中上游，以丘陵、山地地貌为主，罗浮山脉、九连山脉和青云山脉南北贯穿本区，保护韩江水系生态环境对粤东地区生态环境保护和经济社会可持续发展具有重大的意义。该区生态区位重要，水土流失严重，生态敏感性脆弱，具备发展珍贵乡土阔叶树种的各项条件。非木材林业资源闻名全省，特色森林文化浓厚，森林旅游业发展前景好。

区域林业的主导功能主要表现在生态屏障、保护生物多样性、林产品生产、森林旅游和水土保持、水源涵养等。布局的主要林种有：水土保持林、水源涵养林、珍贵用材林、一般用材林、经济林和自然保护林。林业发展主要方向为：加大森林植被恢复力度，加强水土保持林建设，采取生物工程治理区域水土流失，改善生态环境；加强韩江上游水源林建设，保护南亚热带季风常绿阔叶林天然植被；积极开展客家文化特色森林旅游；利用优良的气候条件和丰富的林地资源，大力发展珍贵用材林，适度发展用材林和经济林，推动山区经济发展。

7.1.2.8　西江流域水源涵养珍贵用材林区

该区位于西江主要支流的发源地，森林的水源涵养功能重要。森林生产力级数高，珍贵用材林培育前景良好。非木材林业资源产品丰富，松香、贡柑、沙糖桔、柑橘、桂皮等特色经济林产品闻名全省。

林业的主导功能为：加强西江流域水源涵养林、水土保持林建设，发展珍贵用材林。布局的主要林种有：水源涵养林、水土保持林、珍贵用材林、一般用材林、自然保护林和经济林。林业的主要发展方向为：积极推进西江及主要支流水源林建设，采用生物工程措施治理区域水土流失；加快印度檀香、降香黄檀、红椎、竹柏、穗花杉、秃杉、紫檀、沉香、柚木等珍贵用材林培育，提升松香、松脂等林产加工业水平，将贡柑、沙糖桔等特色经济林产品继续做大做强，全面推进山区林业发展。

7.1.2.9　珠江三角洲风景林及林业产业区

该区是西江、北江、东江出海口的三角地带，地势平坦。海岸线长，台风等自然灾害频繁，是珠江口沿海防护林和红树林重点建设区，建有2处省级以上自然保护区，生态区位较重要，属生态敏感性亚稳定区。城市林业发展迅速，建有15处省级以上森林公园，森林生态文化浓厚。林业产业加工水平较高，是全省苗木、家具、人造板等林产品的主要生产地和流转中心。

林业的主导功能为：城市林业、生态风景林及林产品加工集散地。布局的主要林种有：风景林、自然保护小区林、沿海防护林和红树林。林业发展的主要方向为：发展城市林业，建设城市森林，改善和提升城市生态质量和品味；巩固和加强防护林建设，恢复和重建珠江口红树林湿地生态系统；加强外来物种的监控和防治，维护区域生态安全；继续发挥林产品流转中心的作用，加强花卉苗木基地建设，提升家具制造和林产化工的技术水平；发展森林生态旅游，积极开发森林文化产业，努力构建森林文化体系，在全省率先构建生态文明社会示范区。

7.1.2.10　东江中游自然保护一般用材林区

该区地处东江中游，地貌以丘陵为主，北高南低，北部山地多，南部临海。区内建有象头山国家级自然保护区和4处省级自然保护区，其中惠东港口海龟国家级自然保护区被列入国际重要湿地名录和国家级人与生物圈保护网络，生态区位较重要。林业产业(优势产业)为第一产业，是广东木材主要生产区之一，主要的非木材林业资源产品有观赏苗木、荔枝、盆花和其它水果。

林业的主导功能为：保护珍稀濒危植物资源和南亚热带季风常绿阔叶林，发展一般用材林。布局的主要林种有：自然保护林、自然保护小区林、一般用材林、水源涵养林和水土保持林。林业发展的主要方向为：加强自然保护区建设和沿海湿地恢复，进一步完善生态保护网络；保护好东江支流两岸的生态环境，利用良好的森林植被开展生态旅游；充分发挥林地的生产潜力，大力发展一般用材林。

7.1.2.11　粤东凤凰山脉—莲花山脉水土保持林及经济林产品区

该区属粤东凤凰山脉—莲花山脉，是粤东沿海主要河流的发源地，森林的水源涵养及水土保持功能重要，对维护区域生态安全具有重要意义。青榄等特色水果种植业基础良好，是全省重要的经济林产品区之一。旅游资源丰富，是全省海滨风光特色森林旅游重点开发区。

林业的主导功能为：森林的水源涵养及水土保持、热带经济水果种植等。布局的主要林种有：水土保持林、水源涵养林、经济林和风景林。林业发展的主要方向为：积极推进林分改造工程，提高森林质量；适度发展两头在外的林产加工业和热带经济水果种植业；加强森林公园建设，开展具海滨风光的特色森林旅游。

7.1.2.12　粤西云开大山—云雾山脉自然保护林及经济林产品区

该区属粤西云开大山—云雾山脉，地处热带北缘，热量资源丰富，山地多。生物多样性丰富，建有3个省级以上森林类型保护区，同时是粤西主要河流的水源地，其中高州水库为广东特大型水库之一，生态区位重要。竹产品重要产地，荔枝、龙眼等热带水果业闻名全省，是重要的经济林产品区。

林业的主导功能为：保护好南亚热带季风常绿阔叶林及珍稀濒危植物野生种群，充分发挥森林的涵养水源作用，发展工业原料林及特色经济林。布局的主要林种有：自然保护林、经济林、工业原料林、水源涵养林和水土保持林。林业发展的主要方向为：提高现有保护区的森林资源保护和管理水平，加强水源地水源林建设，保护南亚热带季风常绿阔叶林和杜鹃红山茶、猪血木等珍稀濒危植物野生种群；重点发展热带水果种植、竹用材林和竹产品加工业，加速林业产业发展。

7.1.2.13　潭江流域工业原料沿海防护林区

该区地处粤西潭江流域，林地资源丰富，热量条件好，是广东工业原料林的重要基地。海岸线长，岛屿资源丰富，遭遇台风频繁，是沿海防护林建设的重点地区。上下川岛分布的野生猕猴是国家二级保护动物，建有省级自然保护区。

林业的主导功能为：工业原料林基地、森林沿海防风固沙、水源涵养等。布局的主要林种有：沿海防护林、红树林和工业原料林。林业发展的主要方向为：大力发展工业原料林；加强沿海防护林建设，保护岛屿生态系统和野生珍稀濒危动物栖息地。

7.1.2.14　粤东潮汕平原近海及海岸湿地区

该区地处粤东潮汕平原，林地面积少，森林覆盖率低，森林质量不高。湿地资源丰富，是广东红树林主要分布地之一，也是东亚—澳大利亚候鸟迁徙路线候鸟的主要栖息地。海岸线长，遭遇台风频繁，是沿海防护林重点建设区。茶叶、青榄等非木材林业资源闻名全省，发展潜力巨大。

林业的主导功能为：维护粤东沿海地区生态安全，发展特色经济林产品等。布局的主要林种有：红树林、沿海防护林、经济林、风景林和水土保持林。林业发展的主要方向为：建立多样的自然生态教育基地，开展生态旅游；加强沿海防护林建设，维护粤东沿海地区生态安全；利用地理优势，加强热带水果种植、特色经济林产品种植，提升林产加工业水平；实施林分改造，提高现有森林林分质量。

7.1.2.15　粤西雷州半岛工业原料红树林区

该区属热带季风气候，热量资源丰富，是广东工业原料林的主要基地。红树林湿地资源丰富，建有湛江红树林国家级自然保护区，其中廉江市的鹤地水库库容超过 10 亿立方米，生态区位重要。干旱性缺水严重，生态环境较脆弱。

林业的主导功能为：发展工业原料林及速生丰产林，加强湿地红树林保护与恢复。布局的主要林种有：红树林、工业原料林、经济林、自然保护小区林和水源涵养林。林业发展的主要方向为：加强科技自主创新，选育优良种质资源，重点提高现有工业原料林和速生丰产林的集约经营水平，优化现有林产加工业，培育大型林业加工企业；利用湛江红树林自然保护区的湿地资源开展生态旅游项目和科普教育；加强大中型水库水源林建设，发挥森林涵养水源的功能。

7.1.2.16　粤西沿海防护工业原料林区

该区属热带季风气候，热量资源丰富，是全省工业原料林的主要基地。遭遇台风、干旱等自然灾害频繁，是沿海防护林建设的重点地区。粤西地区是未来发展和建设的中心区域，城市林业具有良好的发展前景。

林业的主导功能为：提供工业原料、沿海防护、特色经济林产品。布局的主要林种有：沿海防护林、工业原料林、经济林和环境保护林。林业发展的主要方向为：加强沿海防护林建设，维护沿海地区生态安全；加强优良品种的选育，继续扩大热带经济水果产区的品牌，大力发展热带水果加工业；加快环境保护林和城市林业建设。

7.2 分区概述

7.2.1 粤北山地自然保护林及石漠化重点治理区

7.2.1.1 区域位置

该区位于地处广东北部山区，北江上游，与湖南省交界，地理位置为北纬 23°57′50″～25°30′59″，东经 113°34′16″～115°55′24″，区域范围包括韶关市所辖的乳源县、乐昌市和清远市所辖的连山县、连南县、连州市和阳山县 6 个县(市)。国土面积 135.1 万 hm^2，占全省国土总面积的 7.7%。

7.2.1.2 区域特征

(1)自然地理和社会经济。地貌类型以山地为主，主要山脉为起微山、瑶山、九峰山和大东山等，其中石坑崆(海拔 1902 m)是全省的最高峰。地处中亚热带季风气候带，日均温≥10℃，积温<7500℃，最冷月平均气温 9～11.9℃。土壤以红壤和黄壤为主。主要河流有保安河、连江，主要水库为南水水库。区域还是全省北部著名的瑶族、壮族等少数民族聚居区，基础设施落后，交通不便，经济不发达，人均收入较低，属贫困山区县，农林产品收入在当地经济发展中占有相当大的比重。

(2)林业资源及林种结构。地带性植被以典型常绿阔叶林为主，人工林主要有马尾松林、杉木林和毛竹林等，属全省的林业发展重点区。林地面积 110.7 万 hm^2，占全省林地总面积的 10.2%，占该区总面积的 81.9%。有林地 76.3 万 hm^2，活立木蓄积 5433.3 万 m^3，森林覆盖率为 71.8%，土地权属、林木权属主要以集体所有为主。生态公益林面积为 27.6 万 hm^2，其中以自然保护区林、水源涵养林、水土保持林和护路林为主；商品林面积为 48.8 万 hm^2，以一般用材林为主。

(3)湿地、荒漠化土地。湿地面积 40 036.0 hm^2，占全省湿地总面积的 2.2%。湿地类型主要以河流湿地和人工湿地为主，河流湿地主要包括保安河及连江湿地，人工湿地主要包括乳源南水水库和连南板洞水库湿地等。该区是石漠化土地重点分布区，石漠化土地面积共 51 887.2 hm^2,潜在石漠化面积 262 981.5 hm^2，分别占全省石漠化面积和潜在石漠化面积的 63.8% 和 65.0%，主要分布在连州市和连南县的西北部，阳山县的西部及乐昌市、乳源县的东部地区。

(4)生态区位重要性和敏感性。以南岭为主的粤北山区是南部中国以及广东北部重要的生态屏障，地带性顶级植被的中亚热带常绿阔叶林保存良好，物种丰富，珍稀濒危动植物 300 多种，建有省级以上自然保护区 6 个，保护总面积 10.4 万 hm^2，约占该区国土总面积的 7.7%，是全省自然保护区分布最多的区域之一，生态区位重要(表 7-2)。主要生态因子有河流、自然保护区、石漠化和湖库防护等，属生态敏感性脆弱区(表 7-3)。

表 7-2 生态区位等级划分

单位	主要河流/名称	主要河流/生态区位等级	自然保护区/省级以上保护区名称与级别	自然保护区/生态区位等级	石漠化区/面积占%	石漠化区/生态区位等级	湖库防护/特大型水库	湖库防护/生态区位等级	综合生态区位等级
乳源县	北江	重要	南岭国家级自然保护和乳源大峡谷省级自然保护区	重要	31. 1	重要	南水水库	重要	重要
乐昌县	北江	重要	乐昌大瑶山省级自然保护区和乐昌杨东山十二度水省级自然保护区	较重要	32. 8	重要	无	一般	重要
连山县	北江	重要	连山笔架山天鹅湖省级自然保护区	较重要			无	一般	重要
连南县	北江	重要	连南板洞自然保护区	较重要	15. 0	较重要	无	一般	重要
连州市	北江	重要	南岭国家级自然保护区	重要	32. 4	重要	无	一般	重要
阳山县	北江	重要	无	一般	79. 0	重要	无	一般	重要

表 7-3 生态敏感性等级划分

单位	植被/植被状况	植被/生态敏感性等级	石漠化/石漠化状况	石漠化/生态敏感性等级	综合生态敏感性等级
乳源县	以自然植被为主，处于基本原始状态或次生状态	脆弱	极重度	脆弱	脆弱区
乐昌县	以自然植被为主，处于基本原始状态或次生状态	脆弱	极重度	脆弱	脆弱区
连山县	以自然植被为主，处于基本原始状态或次生状态	脆弱	极重度	脆弱	脆弱区
连南县	以自然植被为主，处于基本原始状态或次生状态	脆弱	极重度	脆弱	脆弱区
连州市	以自然植被为主，处于基本原始状态或次生状态	脆弱	极重度	脆弱	脆弱区
阳山县	以自然植被为主，处于基本原始状态或次生状态	脆弱	极重度	脆弱	脆弱区

(5)生产力级数。区域内森林生产力级数在全省处于较高水平。现实生产力级数分别为：乳源县(39)、乐昌市(38)、连山县(39)、连南县(35)、连州市(40)和阳山县(35)(表7-4)。

经测算，期望生产力级数分别为：乳源县(43)、乐昌市(44)、连山县(44)、连南县(44)、连州市(44)、阳山县(40)(表 7-5)。

(6)木材供需分析。根据活立木蓄积提升空间测算，预计到 2010 年可增加林分蓄积生产能力 241. 1 万 m^3，2020 年可增加 290. 4 万 m^3，2050 年可增加 372. 3 万 m^3。按出材率 0. 63 计算，2010 年木材产量将达到 151. 9 万 m^3，2020 年将达到 182. 9 万 m^3，2050 年将达到 234. 5 万 m^3。

表 7-4　现实生产力级数

单位	活立木蓄积			林分平均蓄积			年蓄积生长量			商品出材量			现实生产力级数
	县值（万 m³）	比值（m³/hm²）	级数（万 m³/年）	县值（万 m³）	比值（m³/hm²）	级数（万 m³/年）	县值（万 m³）	比值（m³/hm²）	级数（万 m³/年）	县值（万 m³）	比值（m³/hm²）	级数（万 m³/年）	
乳源县	10104.1	22.3	12	469.5	5.5	3	483.5	29.2	12	234.0	70.3	12	39
乐昌市	9320.6	20.5	11	492.0	5.8	3	460.1	27.8	12	241.0	72.4	12	38
连山县	8863.9	19.5	10	782.6	9.2	5	469.6	28.4	12	142.0	42.6	12	39
连南县	7162.9	15.8	8	650.7	7.7	4	335.3	20.3	11	147.0	44.1	12	35
连州市	11400.3	25.1	12	548.7	6.5	4	487.6	29.5	12	152.0	45.7	12	40
阳山县	7732.3	17.0	9	285.1	3.4	2	390.0	23.6	12	126.0	37.8	12	35

表 7-5　期望生产力级数

单位	期望活立木蓄积			期望林分平均蓄积			期望年蓄积生长量			商品出材量			期望生产力级数
	县值（万 m³）	比值（m³/hm²）	级数（万 m³/年）	县值（万 m³）	比值（m³/hm²）	级数（万 m³/年）	县值（万 m³）	比值（m³/hm²）	级数（万 m³/年）	县值（万 m³）	比值（m³/hm²）	级数（万 m³/年）	
乳源县	37989.2	83.7	12	1765.3	20.8	7	5052.6	305.1	12	2257.8	678.0	12	43
乐昌市	34805.1	76.7	12	1837.3	21.7	8	3759.0	227.0	12	1718.5	516.1	12	44
连山县	24402.2	53.8	12	2154.5	25.4	8	3001.5	181.3	12	1343.0	403.3	12	44
连南县	21218.3	46.7	12	1927.6	22.8	8	3564.7	215.3	12	1582.4	475.2	12	44
连州市	38317.3	84.4	12	1844.1	21.8	8	3257.0	196.7	12	1456.1	437.3	12	44
阳山县	22965.2	50.6	12	846.8	10.0	4	2985.5	180.3	12	1327.0	398.5	12	40

据统计，该区年需木材 2.2 万 m³，2006 年度生产商品材、自用材等木材 104.2 万 m³，消耗活立木蓄积 165.4 万 m³，木材盈余 102.0 万 m³，木材供应基本做到自给自足。预计 2010 年木材盈余 149.5 万 m³，2020 年木材盈余 180.2 万 m³，2050 年木材盈余 231.6 万 m³（表 7-6）。

表 7-6　“十一五”期间年森林采伐限额统计

单位	合计（万 m³）	商品材			非商品材（万 m³）	毛竹（万根）
		采伐量（万 m³）	出材量（万 m³）	出材率（%）		
合计	96.8	90.0	56.7	63.0	6.8	629.6
乳源县	21.1	19.6	12.4	63.0	1.5	45.8
乐昌市	21.3	19.9	12.5	63.0	1.5	343.1
连山县	11.8	11.0	6.9	63.0	0.8	9.8
连南县	14.7	13.7	8.6	63.0	1.0	65.6
连州市	15.2	14.1	8.9	63.0	1.1	140.1
阳山县	12.6	11.7	7.4	63.0	0.9	25.3

（7）区域产业优势。森林资源丰富，林业产业具有一定的基础，林业产业总产值约 2 775 224.6万元，占全省林业总产值的 2.6%，其中第一产业 55 278.7 万元、第二产业

2 719 886. 9万元，主要以第二产业为主，第三产业比较薄弱。非木材林业资源种类多样，年均产值达 37 987. 1 万元，主要产品类型为藤、棕、苇产品、经济林产品、林药产品和林产化学产品，其中，板栗、油茶、毛竹、杉、松等资源在全省具有较高知名度。阳山县盛产板栗，被誉为“中国板栗之乡”。连山县是广东沙田柚两大基地之一。建有 4 处森林公园，总面积达 46 729. 2 hm^2，占该区总面积的 3. 5%，森林旅游具有良好的发展基础。

7. 2. 1. 3　发展方向与目标

林业发展方向为：实施自然保护区、水源涵养区和重点水土保持区等保护工程，稳步推进生物多样性保护和石漠化综合治理，以维护当地生态安全。同时，适当发展森林旅游和林产品生产，促进山区经济发展(表 7-7)。

表 7-7　各时期林业奋斗目标

指　标	2010 年	2020 年	2050 年
有林地(hm^2)	771 832. 7	779 600. 3	790 052. 7
占林地(%)	69. 7	70. 4	71. 4
森林覆盖率(%)	73. 0	75. 4	77. 5
活立木蓄积(万 m^3)	6028. 1	7259. 6	9307. 2
向社会提供木材(万 m^3)	151. 9	182. 9	234. 5
向社会提供竹材(万根)	661. 1	692. 6	724. 0
生态公益林比例(%)	49	56	62
非木材资源产值(万元)	45 584. 5	56 980. 6	75 974. 2
林业产值(万元)	2 872 357. 5	3 005 568. 2	3 310 842. 9

7. 2. 1. 4　重点建设内容

(1)石漠化综合治理。通过各种生物工程措施，重点治理区域性的水土流失和改善石漠化状况。同时，防止开发性破坏的经济活动，切实做好水源保护、生态环境保护，保障区域生态安全和社会的可持续发展。

(2)自然保护区建设。加大自然保护区基础设施建设力度，提高自然保护区管护水平，建设成为广东省自然保护区的示范区。

(3)生态公益林建设。通过提高生态公益林比例，加强林分改造工程建设，优化林分质量，维护粤北地区生态安全，重点加强连江两岸自然保护区林、水源涵养林和水土保持林建设，提高森林经营管理水平等措施，使现有林分生态功能等级达到一、二类的面积比例提高到 70% ~80% 的水平，为下游地区提供生态屏障。

(4)特色经济林建设。鼓励发展种植经济林木，积极开展多种经营，通过“公司 + 农户”的模式，大力扶持连州市森林旅游、人工饲养野生动物基地建设，扶持连南县油茶基地、森林药材基地建设，扶持连山县沙田柚、油茶基地建设，建成一批专业化、特色化、规模化的林业产业基地。同时，制定林业产业发展优惠政策，提供林业科技技术服务，使林业产业经济得到壮大和发展，搞活山区经济，使当地林农摆脱贫困。

(5)基础设施建设。增加区域林业基础设施建设投入，特别是林业公路建设，切实改善交通条件、投资环境。

7.2.2 韶关市风景环境保护林区

7.2.2.1 区域位置

该区地处北江上游，经济发达的韶关市及其南部山区，地理坐标为东经 113°6′16″～113°58′16″、北纬 24°27′33″～25°8′7″，包括韶关市区的浈江区、武江区和曲江区。土地总面积 290412.5 hm^2，约占全省国土总面积的 1.6%。

7.2.2.2 区域特征

(1)自然地理和社会经济。地貌类型以山地、丘陵为主。地处中亚热带季风气候带，属粤北湿润气候区，气候温暖，雨量充沛，光照充足。植物区系复杂，林木种类繁多。韶关市区是粤北山区经济中心和人口聚居地，工业基础好，自然资源丰富。区域户籍人口 90.7 万人，地区 GDP 为 186.99 亿元，人均 GDP 为 21 126 元，地方财政一般预算收入 14.13 亿元。

(2)林业资源及林种结构。林地面积 21.9 万 hm^2，占全省林地总面积的 2.0%，占该区总面积的 75.4%。有林地 16.5 万 hm^2，活立木蓄积为 943.0 万 m^3，森林覆盖率为 58.1%，土地权属、林木权属主要以集体所有为主。生态公益林面积为 4.5 万 hm^2，以自然保护林、水源涵养林和水土保持林为主；商品林面积为 11.9 万 hm^2，以一般用材林为主。

(3)湿地、荒漠化土地。湿地面积 17 558.0 hm^2，占全省湿地总面积的 1.0%，以河流湿地为主，包括北江及其支流浈江、武江、南水、滋江等。石漠化土地面积 5189 hm^2，占全区土地总面积的 1.8%；潜在石漠化土地面积为 8470 hm^2，占全区土地总面积的 2.9%。

(4)生态区位重要性和敏感性。该区建有 2 个省级以上自然保护区，分别为曲江罗坑自然保护区和曲江沙溪省级自然保护区，生态区位综合评价为较重要(表 7-8)。

影响该区的主要生态因子有自然保护区建设和石漠化治理，属生态敏感性脆弱区(表 7-9)。

表 7-8 生态区位等级划分

单位	自然保护区		石漠化区		综合生态区位等级
	省名称与级别	生态区位等级	面积占%	生态区位等级	
浈江区	无	一般	石漠化占 10%～20%	较重要	较重要
武江区	无	一般	石漠化占 10%～20%	较重要	较重要
曲江区	罗坑自然保护区和沙溪省级自然保护区	较重要	石漠化占 10%～20%	较重要	较重要

表 7-9 生态敏感性等级划分

单位	植被		石漠化		综合生态敏感性等级
	植被状况	生态敏感性等级	石漠化状况	生态敏感性等级	
浈江区	原始或人为影响很小而处于基本原始状态的植被	脆弱区	重度	亚脆弱区	脆弱区
武江区	原始或人为影响很小而处于基本原始状态的植被	脆弱区	重度	亚脆弱区	脆弱区
曲江区	以自然植被为主，处于基本原始状态或次生状态	脆弱区	重度	亚脆弱区	脆弱区

(5)生产力级数。以现实森林生产力级数分析，浈江区、武江区、曲江区现实森林生产力级数分别为 20、22 和 32。其中，曲江区原是全省林业大县，为了满足韶关市经济社会发展需要而撤县设区，因此曲江区的现实森林生产力级数相对较高(表 7-10)。

表 7-10　现实生产力级数

单位	活立木蓄积			林分平均蓄积			年蓄积生长量			商品出材量			现实生产力级数
	县值(万 m^3)	比值(m^3/hm^2)	级数(万 m^3/年)	县值(万 m^3)	比值(m^3/hm^2)	级数(万 m^3/年)	县值(万 m^3)	比值(m^3/hm^2)	级数(万 m^3/年)	县值(万 m^3)	比值(m^3/hm^2)	级数(万 m^3/年)	
浈江区	1488. 8	3. 3	2	428. 9	5. 1	3	82. 2	5. 0	3	97. 0	29. 1	12	20
武江区	2573. 5	5. 7	3	486. 3	5. 7	3	122. 8	7. 4	4	94. 0	28. 2	12	22
曲江区	5464. 2	12. 0	6	415. 8	4. 9	3	344. 3	20. 8	11	201. 0	60. 4	12	32

通过测算，浈江区、武江区、曲江区期望森林生产力级数分别为 31、29 和 42(表 7-11)。

表 7-11　期望生产力级数

单位	期望活立木蓄积			期望林分平均蓄积			期望年蓄积生长量			商品出材量			期望生产力级数
	县值(万 m^3)	比值(m^3/hm^2)	级数(万 m^3/年)	县值(万 m^3)	比值(m^3/hm^2)	级数(万 m^3/年)	县值(万 m^3)	比值(m^3/hm^2)	级数(万 m^3/年)	县值(万 m^3)	比值(m^3/hm^2)	级数(万 m^3/年)	
浈江区	4268. 3	9. 4	4	1229. 6	14. 5	5	495. 1	29. 9	10	290. 3	87. 2	12	31
武江区	6323. 0	13. 9	5	1194. 9	14. 1	5	303. 5	18. 3	7	209. 8	63. 0	12	29
曲江区	19435. 2	42. 8	12	1478. 9	17. 5	6	2604. 3	157. 3	12	1210. 4	363. 5	12	42

(6)木材供需分析。根据活立木蓄积提升空间预计，到 2010 年可增加林分蓄积生产能力为 49. 6 万 m^3，2020 年可增加 59. 4 万 m^3，2050 年可增加 75. 7 万 m^3。按出材率 0. 63 计算，2010 年木材产量将达到 31. 3 万 m^3，2020 年将达到 37. 4 万 m^3，2050 年将达到 47. 7 万 m^3。

据统计，该区年需木材 0. 5 万 m^3，2006 年度生产商品材、自用材等木材 39. 2 万 m^3，消耗活立木蓄积 62. 2 万 m^3，木材盈余 38. 7 万 m^3，木材自给有余。预计 2010 年木材盈余 30. 8 万 m^3，2020 年木材盈余 36. 9 万 m^3，2050 年木材盈余 47. 1 万 m^3(表 7-12)。

表 7-12　“十一五”期间年森林采伐限额统计

单位	合计(万 m^3)	品材			非商品材(万 m^3)
		采伐量(万 m^3)	出材量(万 m^3)	出材率(%)	
合计	39. 2	36. 5	23. 0	63. 0	2. 7
武江区	9. 4	8. 8	5. 5	63. 0	0. 7
浈江区	9. 7	9. 0	5. 7	63. 0	0. 7
曲江县	20. 1	18. 7	11. 8	63. 0	1. 4

(7)区域产业优势。作为粤北地区林业产业发展的重要区域，韶关市区分布有全省重要的林产化工企业、木材加工企业和林产品集散地。林业产业总产值约 188 517. 2 万元，占全省林业总产值的 1. 8%。非木材资源年均产值达 40 769. 8 万元，主要产品类型为柑橘、其他水果及观赏苗木等，且柑橘和松脂具有较好的发展前途。森林公园总面积达 18 710 hm^2，占

该区总面积的6.4%。韶关市还是全国优秀旅游城市，自然旅游资源丰富，旅游景点众多，旅游设施完备，可加大发展森林生态旅游。

7.2.2.3 发展方向与目标

保护好城郊森林，重点建设城市通风走廊、绿色通道、河流两岸防护林、森林公园等，推动林木采种基地、松脂基地建设，适度发展珍贵树种和经济林。加快城市周边两处国家级森林公园建设，大力发展森林旅游，加强自然保护区科研监测，保护生物多样性(表7-13)。

表7-13 各时期林业奋斗目标

指 标	2010年	2020年	2050年
有林地(hm^2)	171 009.8	180 874.0	189 997.1
占林地(%)	78.1	82.6	86.7
森林覆盖率(%)	60.8	66.2	70.9
活立木蓄积(万 m^3)	1042.4	1248.2	1590.3
向社会提供木材 (万 m^3)	31.3	37.4	47.7
向社会提供竹材(万根)	182.9	191.6	200.3
生态公益林比例(%)	42.0	60.0	78.0
非木材资源产值(万元)	20 142.1	25 177.6	33 570.0
林业产值(万元)	194 172.7	204 164.1	224 901.0

7.2.2.4 重点建设内容

(1)生态公益林建设。一是加强城区风景林、环境保护林建设，通过林分改造工程，提高现有林分生态功能等级；二是加强浈江和武江沿岸生态公益林建设，提高生态公益林比例；三是加强城市通风走廊、绿色通道、森林公园及城市工业产业园区周边的环境保护林建设，保持一定规模的绿色开敞空间，维持城市良好的生态环境。

(2)林业产业建设。一是重点改造、扩大现有人造板骨干企业的生产规模，逐步形成一批技术装备先进，有相当规模和效益的高新技术企业。二是重点扶持和做大森林旅游产业，在全省形成较强的影响力。三是鼓励林产品加工及资源综合利用企业自主创新，提高生产能力和设备装备水平，大力发展林化产品的精深加工产品。

(3)自然保护区和森林公园建设。加快自然保护区建设，保护亚热带常绿阔叶林和珍稀野生动植物资源，保存物种基因库；新建和升级一批自然保护区，加大对区域生物多样性的保护力度；发展森林旅游的同时，也为城市居民提供休闲、科普、娱乐的活动场所。

7.2.3 北江中上游水源涵养一般用材林区

7.2.3.1 区域位置

该区地处南岭山脉以南，粤北南雄盆地及其周边山区，包括韶关市所辖的仁化县、南雄市、始兴县、翁源县和清远市的英德市，地理坐标为东经112°45′7″～114°45′8″，北纬23°50′13″～25°24′42″。土地总面积1 461 953.0 hm^2，约占全省国土总面积的8.3%。

7.2.3.2 区域特征

(1)自然地理和社会经济。以南雄盆地为中心，地处中亚热带湿润型季风气候区周边环绕大庾岭山脉、滑石山山脉、九峰山山脉等，最高峰为观音山，海拔1428m。区域内林地资源丰富，是广东省重点林业生产区，具有一定的林业产业基础。区域户籍人口236.6万人，

GDP 为 153.9 亿元，该区地方财政一般预算收入 5.22 亿元，人均 GDP 为 5637～11 201 元。

(2)林业资源及林种结构。森林类型丰富，是广东省重要的用材林、水源林、天然林基地及重点毛竹基地，是珠江三角洲的生态屏障。林地面积 110.0 万 hm^2，占全省林地总面积的 6.2%，占该区总面积的 75.2%。有林地 93.2 万 hm^2，森林覆盖率为 67.8%，土地权属、林木权属主要以集体所有为主。生态公益林面积为 21.8 万 hm^2，以水源涵养林、水土保持林和护路林为主；商品林面积为 71.4 万 hm^2，以一般用材林为主。

(3)湿地、荒漠化土地。湿地面积 57 399.0 hm^2，占全省湿地总面积的 3.2%，主要类型为河流湿地。石漠化土地面积 10 281.0 hm^2，占全区土地总面积的 0.7%；潜在石漠化土地面积为 95 522.0 hm^2，占全区土地总面积的 6.5%。

(4)生态区位重要性和敏感性。该区物种资源丰富，建有建有 1 处国家级自然保护区和 3 处省级自然保护区，总面积达 100 504.0 hm^2，占该区总面积的 6.9%。其中广东车八岭国家级自然保护区于 1995 年 9 月加入中国人与生物圈保护区网络(表 7-14)。

影响该区的主要生态因子有河流防护、自然保护区建设、和石漠化治理等，属生态敏感性脆弱区(表 7-15)。

表 7-14　生态区位等级划分

单位	自然保护区		河流防护		石漠化区		综合生态区位等级
	省级以上保护区名称与级别	生态区位等级	名称	生态区位等级	面积占%	生态区位等级	
仁化县	高坪省级自然保护区	较重要	北江	重要	1.2	一般	重要
南雄市	小流坑—青嶂山自然保护区	较重要	北江	重要			重要
始兴县	车八岭国家级自然保和护区和南山省级自然保护区	重要	北江	重要			重要
翁源县	无	一般	北江	较重要	7.5	一般	较重要
英德市	石门台省级自然保护区	较重要	北江	重要	36.3	重要	重要

表 7-15　生态敏感性等级划分

单位	植被		石漠化		综合生态敏感性等级
	植被状况	生态敏感性等级	石漠化状况	生态敏感性等级	
仁化县	自然植被有明显人为干扰或处于演替中期或后期的次生群落	亚脆弱区	轻度	亚稳定	亚脆弱区
南雄市	以自然植被为主，处于基本原始状态或次生状态	脆弱区	轻度	亚稳定	脆弱区
始兴县	以自然植被为主，处于基本原始状态或次生状态	脆弱区	轻度	亚稳定	脆弱区
翁源县	自然植被有明显人为干扰或处于演替中期或后期的次生群落	亚脆弱区	轻度	亚稳定	亚脆弱区
英德市	自然植被有明显人为干扰或处干演替中期或后期的次生群落	亚脆弱区	极重度	脆弱区	脆弱区

(5)生产力级数。现实森林生产力级数相对较高，其中始兴县(41)最高(表7-16)。

期望森林生产力级数：仁化县(43)，南雄市(44)，始兴县(45)，翁源县(42)，英德市(42)(表7-17)。

表7-16 现实生产力级数

单位	活立木蓄积			林分平均蓄积			年蓄积生长量			商品出材量			现实生产力级数
	县值(万m^3)	比值(m^3/hm^2)	级数(万m^3/年)	县值(万m^3)	比值(m^3/hm^2)	级数(万m^3/年)	县值(万m^3)	比值(m^3/hm^2)	级数(万m^3/年)	县值(万m^3)	比值(m^3/hm^2)	级数(万m^3/年)	
仁化县	9199.3	20.3	11	499.4	5.9	3	450.8	27.2	12	252.0	75.7	12	38
南雄市	7614.9	16.8	9	477.2	5.6	3	356.2	21.5	11	213.0	64.0	12	35
始兴县	13 378.5	29.5	12	751.4	8.9	5	490.2	29.6	12	343.0	103.0	12	41
翁源县	7127.2	15.7	8	426.1	5.0	3	504.8	30.5	12	308.0	92.5	12	35
英德市	13 985.1	30.8	12	340.5	4.0	2	740.7	44.7	12	388.0	116.5	12	38

表7-17 期望生产力级数表

单位	期望活立木蓄积			期望林分平均蓄积			期望年蓄积生长量			商品出材量			期望生产力级数
	县值(万m^3)	比值(m^3/hm^2)	级数(万m^3/年)	县值(万m^3)	比值(m^3/hm^2)	级数(万m^3/年)	县值(万m^3)	比值(m^3/hm^2)	级数(万m^3/年)	县值(万m^3)	比值(m^3/hm^2)	级数(万m^3/年)	
仁化县	31 003.3	68.3	12	1682.9	19.9	7	3410.4	205.9	12	1578.5	474.0	12	43
南雄市	30 192.2	66.5	12	1892.1	22.3	8	1479.4	89.3	12	744.9	223.7	12	44
始兴县	39 965.6	88.0	12	2244.5	26.5	9	3477.0	210.0	12	1659.3	498.3	12	45
翁源县	24 033.5	52.9	12	1436.8	17.0	6	3220.5	194.5	12	1531.3	459.8	12	42
英德市	52 521.6	115.7	12	1278.8	15.1	6	17 332.1	1046.6	12	7504.5	2253.6	12	42

(6)木材供需分析。根据活立木蓄积提升空间预测，到2010年可增加林分蓄积生产能力226.0万m^3，2020年可增加274.8万m^3，2050年可增加356.0万m^3。按出材率0.63计算，2010年木材产量将达到142.4万m^3，2020年将达到173.1万m^3，2050年将达到224.3万m^3。

据统计，年需木材4.1万m^3，2006年度生产商品材、自用材等木材150.4万m^3，消耗活立木蓄积238.7万m^3，木材盈余146.3万m^3，木材自给有余。预计2010年木材盈余137.8万m^3，2020年木材盈余168.0万m^3，2050年木材盈余218.8万m^3(表7-18)。

表7-18 “十一五”期间年森林采伐限额统计

单位	合计	商品材			非商品材	毛竹
		采伐量	出材量	出材率		
合计	150.4	139.9	88.1	63.0	10.5	1844.9
仁化县	25.2	23.4	14.7	63.0	1.8	520.6
南雄市	21.3	19.8	12.5	63.0	1.5	623.0
始兴县	34.3	31.9	20.1	63.0	2.4	397.8
翁源县	30.8	28.6	18.0	63.0	2.2	172.5
英德市	38.8	36.1	22.7	63.0	2.7	131.1

(7)区域产业优势。林业总产值约173 048.9 万元，占全省林业总产值的1.6%。林业产业的主要发展重点为第一产业中的林木培育和种植业、木材和竹材的采运业；第二产业中的胶合板、林产化学产品制造业。非木材林业资源主要产品类型为藤、棕、苇产品、茶叶、林药产品、盆花、油料和干果类产品。其中：南雄市被誉为“岭南银杏之乡”，翁源县拥有全国最大的兰花生产基地、全省最大蚕桑基地和三华李原产地，英德是全国“麻竹笋之乡”和“沙糖桔之乡”。该区建有 1 处国家级森林公园、2 处省级森林公园和 1 处国家级风景名胜区，面积为118 094 hm^2，占区域总面积的8.1%。其中丹霞山国家级风景名胜区也是世界地质公园、国家重点风景名胜区，总面积达319km^2，主要保护对象为丹霞地层、丹霞地貌与珍稀动植物资源。

7.2.3.3　发展方向与目标

逐年提高森林覆盖率，重点加强北江流域的水源涵养林、水土保持林建设，保障北江水源的生态安全。加快用材林基地建设，积极引导珍贵树种和乡土树种的种苗培育、加工、推广(表7-19)。

表 7-19　各时期林业奋斗目标指标

指　标	2010 年	2020 年	2050 年
有林地(hm^2)	941 904.4	949 899.3	961 414.0
占林地(%)	85.6	86.4	87.4
森林覆盖率(%)	69.1	71.7	74.0
活立木蓄积(万 m^3)	5650.2	6870.3	8899.0
向社会提供木材 (万 m^3)	142.4	173.1	224.3
向社会提供竹材(万根)	1937.1	2029.4	2121.6
生态公益林比例(%)	31.0	35.0	40.0
非木材资源产值(万元)	125 961.8	157 452.3	209 936.3
林业产值(万元)	180 143.9	187 412.0	206 447.3

7.2.3.4　重点建设内容

(1)水源林建设。提高生态公益林比例，实施林分改造建设工程，提高林分生态功能，保障北江水源的生态安全。

(2)用材林基地建设。积极引导珍贵树种和乡土树种的种苗培育、加工、推广。通过科学的经营管理措施，提高林分的单位面积蓄积量，提高林地的生产能力。利用山地、盆地等有利的山地资源和优越的气候条件，发展以毛竹、水果、苗木花卉、森林食品等林业产业。

(3)特色经济林建设。加快英德市麻竹笋、红茶、蚕桑三大林业产业向专业化、规模化方向发展。加快特色经济林产业，扩大以兰花为主的花卉种植面积。

7.2.4　绥江上游水源涵养竹用材林区

7.2.4.1　区域位置

该区地处粤西北绥江两岸、罗壳山南麓，多山地和丘陵，包括肇庆市所辖的广宁县和怀集县，地理坐标为东经 111°52′44″～112°43′12″，北纬 23°22′1″～24°23′44″。国土总面积60.6 万 hm^2，占全省国土总面积的3.4%。

7.2.4.2　区域特征

(1)自然地理和社会经济。属中低山、丘陵地貌，南东部为珠江三角洲平原。地处亚热带气候带，气候温和，年平均气温21.1℃，雨量充沛，年降雨量1600～2400mm，主要河流有北江及其支流绥江。区域户籍人口148.81万人，GDP为87.17亿元，地方财政一般预算收入3.34亿元，人均GDP为6742～7358元。

(2)林业资源及林种结构。林地面积47.7万hm^2，占全省林地总面积的2.7%，占该区总面积的78.7%。有林地面积42.0万hm^2，土地权属、林木权属主要以集体所有为主。生态公益林面积为11.0万hm^2，以水源涵养林、水土保持林和其他防护林为主；商品林面积为31.0万hm^2，以一般用材林为主。广宁和怀集县竹林资源十分丰富，主要分布在广宁县绥江两岸，总面积9.65万hm^2。

(3)湿地、荒漠化土地。该区湿地面积17 561.0 hm^2，占全省湿地总面积的1.0%，以河流湿地为主，包括北江及其支流绥江。石漠化土地面积4510.0 hm^2，占全区土地总面积的0.7%。

(4)生态区位重要性和敏感性。该区建有2处省级自然保护区，分别是怀集县的大稠顶省级自然保护区和三岳省级自然保护区，保护对象以森林生态为主，面积10 523 hm^2，约占该区总面积的1.7%(表7-20)。

影响该区的主要生态因子有河流防护、自然保护区建设、水土流失治理、石漠化治理等，属生态敏感性亚脆弱区(表7-21)。

表7-20　生态区位等级划分

单位	主要河流		自然保护区		石漠化区		综合生态区位等级
	名称	生态区位等级	名称与级别	生态区位等级	面积占%	生态区位等级	
广宁县	绥江	较重要	大稠顶省级自然保护区和三岳省级自然保护区	较重要			较重要
怀集县	绥江	较重要	较重要	较重要	5.1	一般	较重要

表7-21　生态敏感性等级划分

单位	原　因	敏感性等级
广宁县	自然植被有明显人为干扰或处于演替中期或后期的次生群落	亚脆弱区
怀集县	自然植被有明显人为干扰或处于演替中期或后期的次生群落	亚脆弱区

(5)生产力级数。以现实森林生产力级数分析，怀集县为39、广宁县为36(表7-22)。

表7-22　现实生产力级数

单位	活立木蓄积			林分平均蓄积			年蓄积生长量			商品出材量			现实生产力级数
	县值（万m^3）	比值（m^3/hm^2）	级数（万m^3/年）	县值（万m^3）	比值（m^3/hm^2）	级数（万m^3/年）	县值（万m^3）	比值（m^3/hm^2）	级数（万m^3/年）	县值（万m^3）	比值（m^3/hm^2）	级数（万m^3/年）	
广宁县	8730.5	19.2	10	430.6	5.1	3	351.1	21.2	11	226.0	67.9	12	36
怀集县	10 350.8	22.8	12	377.8	4.5	3	503.1	30.4	12	282.0	84.7	12	39

通过测算期望森林生产力级数：怀集县为44、广宁县为40(表7-23)。

表 7-23　期望生产力级数

单位	期望活立木蓄积			期望林分平均蓄积			期望年蓄积生长量			商品出材量			现实生产力级数
	县值（万 m^3）	比值（m^3/hm^2）	级数（万 m^3/年）	县值（万 m^3）	比值（m^3/hm^2）	级数（万 m^3/年）	县值（万 m^3）	比值（m^3/hm^2）	级数（万 m^3/年）	县值（万 m^3）	比值（m^3/hm^2）	级数（万 m^3/年）	
广宁县	19 638. 2	43. 3	12	968. 5	11. 4	4	3102. 8	187. 4	12	1434. 3	430. 7	12	40
怀集县	51 581. 5	113. 6	12	1882. 7	22. 2	8	7840. 4	473. 5	12	3456. 5	1038. 0	12	44

(6)木材供需分析。根据活立木蓄积提升空间预计，到 2010 年可增加林分蓄积生产能力 71. 6 万 m^3，2020 年可增加 91. 3 万 m^3，2050 年可增加 124. 1 万 m^3。按出材率 0. 63 计算，该区 2010 年木材产量将达到 45. 1 万 m^3，2020 年将达到 57. 5 万 m^3，2050 年将达到 78. 2 万 m^3。

据统计，年需木材 1. 8 万 m^3，2006 年度生产商品材、自用材等木材 50. 8 万 m^3，消耗活立木蓄积 80. 6 万 m^3，木材盈余 49. 0 万 m^3，木材自给有余。预计 2010 年木材盈余 43. 1 万 m^3，2020 年木材盈余 55. 3 万 m^3，2050 年木材盈余 75. 7 万 m^3(表 7-24)。

表 7-24　"十一五"期间年森林采伐限额统计

单位	合计（万 m^3）	商品材			非商品材（万 m^3）	毛竹（万根）
		采伐量（万 m^3）	出材量（万 m^3）	出材率（%）		
合　计	50. 8	47. 2	29. 8		3. 6	17. 4
广宁县	22. 6	21. 0	13. 2	63. 0	1. 6	15. 3
怀集县	28. 2	26. 3	16. 5	63. 0	2. 0	2. 0

(7)区域产业优势。林业产业总产值约 122 211. 0 万元，占全省林业总产值的 1. 1%。其中，广宁县竹子加工企业有 300 多家，加工原竹 40 万 t 以上，产品种类丰富，年竹业加工总产值超 10 亿元，创税 3000 多万元，已成为全省竹业加工的集散地；怀集县作为我国茶竿竹最重要的生产、出口基地盛产，拥有竹加工厂 400 多家，年产量超过 7 万 t，产值达 1. 1 亿元人民币，每年出口创汇 1200 多万美元。该区建有国家级森林公园 1 处、省级森林公园 3 处，总面积 10 853 hm^2，广宁竹海国家森林公园是全省唯一一家以竹特色旅游资源为主的景区。

7. 2. 4. 3　发展方向与目标

保护绥江两岸的生态环境，加强水源涵养林建设。严格控制污染企业在绥江两岸的布局，限制中小型竹木加工企业的数量和规模。利用丰富的山地资源因地制宜发展竹资源，提高林地单位产值，积极鼓励引导企业建设自用工业原料林基地(表 7-25)。

表 7-25　各时期林业奋斗目标

指　标	2010 年	2020 年	2050 年
有林地(hm^2)	424 702. 7	430 052. 7	436 703. 4
占林地(%)	89. 1	90. 2	91. 6
森林覆盖率(%)	71. 0	74. 2	76. 9
活立木蓄积(万 m^3)	1790. 8	2283. 2	3102. 0

（续）

指　标	2010年	2020年	2050年
向社会提供木材（万 m^3）	45.1	57.5	78.2
向社会提供竹材(万根)	18.3	19.1	20.0
生态公益林比例(%)	32	38	45
非木材资源产值(万元)	79 640.93	99 551.16	132 734.9
林业产值(万元)	126 488.4	132 354.5	145 797.7

7.2.4.4　重点建设内容

(1)水源林建设。保护好绥江两岸的生态环境，提高生态公益林面积比例，保障绥江水源的生态安全。逐年提高森林覆盖率，并通过林分改造提升现有林分生态功能等级。

(2)竹用材林建设。一是扶持竹加工的龙头企业，积极鼓励引导企业建设自用工业原料林基地；二是加强茶竿竹基地、青皮竹生产基地、林板经营一体化基地建设；三是积极发展竹特色旅游产业，发展多种经营，振兴林业经济，为建设社会主义新农村服务。

7.2.5　珠江三角洲外围水源涵养风景林区

7.2.5.1　区域位置

该区位于粤中珠江三角洲平原边缘，是平原向丘陵、山地过渡的区域，同时又是珠江三角洲地区的生态屏障和饮用水源地。区域范围包括广州市的从化市、增城市，清远市的清城区、佛冈县、清新县，肇庆市的四会市、高要市，佛山市的高明区，江门市的鹤山市等，共计9个县(市、区)。地理坐标为北纬22°27′9″~24°18′59″，东经112°11′24″~114°0′22″。该区总面积1 398 569.2 hm^2，占全省国土总面积的7.9%。

7.2.5.2　区域特征

(1)自然地理和社会经济。珠江三角洲的经济发展呈内外圈层发展模式，主要的经济社会活动和城镇高度集中于环珠江口地区，客观上形成了发展水平及特点都存在差异的内外两个圈层，即环珠江口地区的内圈层(包括香港、澳门、广州、深圳、珠海、佛山、中山、东莞等市)和惠州、肇庆、江门等地区构成的外圈层。内圈层是珠江三角洲城镇、高新技术产业和各种大型基础设施的密集区，是城镇和产业发展的核心区及对外联系的枢纽区，外圈层主要发展与内圈层相配合的第二产业，是生态旅游产业和特色农业分布区。

珠江三角洲外围地区是珠江三角洲平原与粤北、粤西、粤东北山区的过渡地带，是遏制和防止珠江三角洲地区核心城市生态环境恶化的第一道生态屏障。地貌类型以平原、丘陵、台地和低山为主。属于亚热带气候，终年温暖湿润，6~10月常有台风影响，降雨集中，年均降水量1500 mm以上，多雨季节与高温季节同步。土壤肥沃，河道纵横，对植物生长有利。由于地处珠三角外围经济区域，人口密度较大，地方财政收入水平高，区域户籍人口480.66万人，地区GDP为900.20亿元，地方财政一般预算收入37.18亿元，人均GDP为8365~45 300元，属经济次发达地区。

(2)林业资源及林种结构。地带性森林植被为南亚热带季风常绿阔叶林，但因受到人为活动的影响，广大地区为次生季风常绿阔叶林、人工林或农作物所替代，在丘陵台地以马尾松分布最广。林地面积85.1万 hm^2，占全省林地总面积的4.8%，占该区总面积的60.8%。森林资源相对珠江三角洲平原地区而言较为丰富，其中有林地73.3万 hm^2，森林覆盖率为

54.8%，土地权属、林木权属主要以集体所有为主。生态公益林面积为24.7万hm^2，以水源涵养林、水土保持林和环境保护林为主；商品林面积为48.6万hm^2，以一般用材林为主。

(3)湿地资源。珠江三角洲是珠江流域的出海口，湿地类型多样、资源丰富，湿地文化悠久，包括河口、水道、滩涂、浅海、基围、三角洲、红树林沼泽、草本沼泽等众多的湿地类型，湿地面积73 879.0 hm^2，占全省湿地总面积的4.1%，以河流湿地和人工湿地为主。

(4)生态区位重要性和敏感性。地处发达城市(或中心城市)的边缘带或生态景观交错带，城市林业具有由建成区向城郊环境过渡的特点，森林资源丰富，是珠江三角洲地区外围地区森林植被保存较完好的区域，同时是珠江三角洲饮用水源主要流经区域，区内流溪河水库等大型水库是广州市的重要水源地。建有自然保护区5处，其中省级自然保护区3处，保护总面积20 730.6 hm^2，不足该区国土总面积的1.4%，主要的保护对象为珍稀濒危动植物、南亚热带季风常绿阔叶林和湿地生态系统，生态区位综合评价为较重要(表7-26)。

主要生态因子有自然保护区建设和水土流失治理等，属生态敏感性亚脆弱区(表7-27)。

表7-26　生态区位等级划分

单位	自然保护区		水土流失区		综合生态区位等级
	名称与级别	生态区位等级	土壤侵蚀模数(t/年·km^2)	生态区位等级	
从化市	陈禾洞省级自然保护区	较重要	500~5000	较重要	较重要
增城区	无	一般	500~5000	较重要	较重要
鹤山市	无	一般	500~5000	较重要	较重要
高明区	无	一般	500~5000	较重要	较重要
高要市	西江烂柯山省级自然保护区	较重要	500~5000	较重要	较重要
四会市	无	一般	500~5000	较重要	较重要
清城区	无	一般	500~5000	较重要	较重要

表7-27　生态敏感性等级划表

单位	生态敏感性等级	原　因
从化市	亚脆弱区	自然植被有明显人为干扰或处于演替中期或后期的次生群落
增城区	亚脆弱区	自然植被有明显人为干扰或处于演替中期或后期的次生群落
鹤山市	亚脆弱区	自然植被有明显人为干扰或处于演替中期或后期的次生群落
高明区	亚脆弱区	自然植被有明显人为干扰或处于演替中期或后期的次生群落
高要市	亚脆弱区	自然植被有明显人为干扰或处于演替中期或后期的次生群落
四会市	亚脆弱区	自然植被有明显人为干扰或处于演替中期或后期的次生群落
清城区	亚脆弱区	自然植被有明显人为干扰或处于演替中期或后期的次生群落
清新县	亚脆弱区	重度石漠化
佛冈县	亚脆弱区	自然植被有明显人为干扰或处于演替中期或后期的次生群落

(5)生产力级数。现实森林生产力级数为19－32(表7-28)。经测算，期望森林生产力级数为31－42(表7-29)。

表 7-28　现实生产力级数

单位	活立木蓄积			林分平均蓄积			年蓄积生长量			商品出材量			现实生产力级数
	县值（万 m^3）	比值（m^3/hm^2）	级数（万 m^3/年）	县值（万 m^3）	比值（m^3/hm^2）	级数（万 m^3/年）	县值（万 m^3）	比值（m^3/hm^2）	级数（万 m^3/年）	县值（万 m^3）	比值（m^3/hm^2）	级数（万 m^3/年）	
从化市	4602.7	10.1	6	328.1	3.9	2	226.6	13.7	7	156.0	46.9	12	27
增城市	1691.6	3.7	2	212.4	2.5	2	133.6	8.1	5	195.0	58.6	12	21
鹤山市	1862.7	4.1	3	322.6	3.8	2	174.0	10.5	6	177.0	53.2	12	23
高明区	1727.6	3.8	2	353.8	4.2	3	132.4	8.0	4	97.0	29.1	12	21
高要市	4852.8	10.7	6	355.9	4.2	3	231.7	14.0	7	142.0	42.6	12	28
四会市	1988.9	4.4	3	314.0	3.7	2	127.3	7.7	4	64.0	19.2	10	19
清城区	1590.3	3.5	2	416.0	4.9	3	101.2	6.1	4	104.0	31.2	12	21
清新县	5808.8	12.8	7	299.5	3.5	2	363.7	22.0	11	226.0	67.9	12	32
佛冈县	2509.5	5.5	3	272.0	3.2	2	170.3	10.3	6	137.0	41.1	12	23

表 7-29　期望生产力级数

单位	期望活立木蓄积			期望林分平均蓄积			期望年蓄积生长量			商品出材量			现实生产力级数
	县值（万 m^3）	比值（m^3/hm^2）	级数（万 m^3/年）	县值（万 m^3）	比值（m^3/hm^2）	级数（万 m^3/年）	县值（万 m^3）	比值（m^3/hm^2）	级数（万 m^3/年）	县值（万 m^3）	比值（m^3/hm^2）	级数（万 m^3/年）	
从化市	18 609.6	41.0	12	1326.5	15.7	6	2028.4	122.5	12	942.4	283.0	12	42
增城市	5349.5	11.8	4	671.6	7.9	3	1342.7	81.1	12	677.0	203.3	12	31
鹤山市	6256.7	13.8	5	1083.4	12.8	5	1057.4	63.9	12	546.8	164.2	12	34
高明区	6817.9	15.0	5	1396.3	16.5	6	1111.3	67.1	12	523.0	157.1	12	35
高要市	13 065.4	28.8	10	958.1	11.3	4	862.3	52.1	12	444.5	133.5	12	38
四会市	4139.8	9.1	4	653.6	7.7	3	865.2	52.3	12	400.5	120.3	12	31
清城区	4830.3	10.6	4	1263.6	14.9	5	584.5	35.3	12	305.8	91.8	12	33
清新县	17 501.0	38.6	12	902.3	10.7	4	3745.2	226.2	12	1704.1	511.7	12	40
佛冈县	9375.4	20.7	7	1016.0	12.0	4	1209.4	73.0	12	587.4	176.4	12	35

（6）木材供需分析。根据蓄积量预测：2010 年达 2906.4 万 m^3，2020 年达 3510.8 万 m^3，2050 年达 4491.6 万 m^3。木材产量预测：2010 年达 122.1 万 m^3，2020 年达 147.1 万 m^3，2050 年达 188.61 万 m^3。

该区年需木材 229.4 万 m^3，2006 年度该区生产商品材、自用材等木材 129.8 万 m^3，消耗活立木蓄积 206.0 万 m^3，木材缺口 99.6 万 m^3，木材供给不足。预计 2010 年木材缺口 131.2 万 m^3，2020 年木材缺口 136.5 万 m^3，2050 年木材缺口 115.2 万 m^3（表 7-30）。

表 7-30　“十一五”期间年森林采伐限额统计

单位	合计（万 m^3）	商品材			非商品材（万 m^3）	毛竹（万根）
		采伐量（万 m^3）	出材量（万 m^3）	出材率（%）		
合计	127.2	118.4	74.592	63.0	9.33	349.4
从化市	14.3	13.3	8.4	63.0	1.0	93.9
增城市	18.2	16.9	10.6	63.0	1.6	0.5
鹤山市	17.7	16.5	10.4	63.0	1.2	0.0
高明区	9.7	9.0	5.7	63.0	0.7	0.0
高要市	14.2	13.2	8.3	63.0	1.0	0.0
四会市	6.4	6.0	3.8	63.0	0.5	0.1
清城区	10.4	9.7	6.1	63.0	0.7	12.6
清新县	22.6	21.0	13.2	63.0	1.6	218.6
佛冈县	13.7	12.8	8.1	63.0	1.0	23.7

（7）区域产业优势。林业总产值达到42.2亿元，占全省林业总产值的3.9%。其中，第一产业总产值25.4亿元，占全省第一产业总产值的10.2%；第二产业总产值15.8亿元，占全省第二产业总产值的16.5%；第三产业总产值0.98亿元，占全省第三产业总产值的10.2%。优势产业有花卉、经济林产品、野生动物养殖和工艺品制造等，且在当地的农业和工业中占有重要的地位，部分产品制造业还是当地的支柱产业。非木材林业资源加工制造业主要以桂皮、油料、竹藤制品、茶叶为主，年均产值为1.7亿元，占全省同类产品产值的4.6%。建有14处省级以上森林公园及一大批县（市、区）级森林公园，还分布着众多的森林生态旅游区，是珠江三角洲生态旅游产业和特色农业区。

7.2.5.3　发展方向与目标

该区林业发展目标是为珠江三角洲地区提供生态防护功能，在经济发达地区与粤北、粤西、粤东山区建立缓冲地带；林业发展的方向是侧重水源涵养林、水土保持林和风景林建设，同时，兼顾用材林、特色经济林、非木材林业资源的培育和发展（表7-31）。

表 7-31　各时期林业奋斗目标

指　标	2010 年	2020 年	2050 年
有林地（hm^2）	738 849.2	742 308.8	748 990.6
占林地（%）	86.9	87.3	88.0
森林覆盖率（%）	55.8	57.7	59.4
活立木蓄积（万 m^3）	2906.4	3501.8	4491.6
向社会提供木材（万 m^3）	122.1	147.1	188.6
向社会提供竹材（万根）	366.9	384.3	401.8
林业产值（万元）	463 970.7	506 149.8	632 687.3

7.2.5.4　重点建设内容

（1）森林公园建设。利用毗邻珠三角经济发达地区的优势，将珠江三角洲地区建成粤中休闲保健、综合旅游观光区。严格控制漂流类旅游景区的建设，保护好北江支流集水区域，积极引导发展以森林景观为特色的旅游景区建设，带动当地经济的发展。

(2)水源林建设。通过林分改造工程，提高森林质量，使现有林分生态功能等级达到一、二类的面积比例提高到80%左右。

7.2.6 东江流域水源涵养水土保持林区

7.2.6.1 区域位置

该区地处东江流域上游，范围包括韶关市的新丰县，河源市所辖的源城区、和平县、龙川县、连平县、东源县和惠州市的龙门县。地理坐标北纬23°18′58″～24°46′130″，东经113°42′39″～115°35′25″。国土总面积1 635 482.6 hm^2，占全省国土总面积的9.3%。

7.2.6.2 区域特征

(1)自然地理和社会经济。东江流域属于武夷山、九连山余脉绵延地带，是一个以山地、丘陵为主的地区，地势总的趋向为东、西、北三面高，南面低。东江流经龙川、河源、紫金、博罗、惠阳至东莞石龙进入珠江三角洲地区。该区户籍人口311.62万人，地区GDP为183.55亿元，地方财政一般预算收入6.43亿元，人均GDP为5380～16 008元。该区属广东北部山区，由于发展工业受到限制，经济较落后，林业产业不发达，林农收入低，国营林场和基层林业系统经济困难。

(2)林业资源及林种结构。属粤东地区重要的水源涵养林和水土保持林区，也是珠三角地区最重要的绿色生态屏障。北部是典型常绿阔叶林，南部是季风常绿阔叶林。林地面积129.4万 hm^2，占全省林地总面积的7.3%，占该区总面积的79.1%有林地面积111.3万 hm^2。森林覆盖率为70.2%，土地权属、林木权属主要以集体所有为主。生态公益林面积为37.7万 hm^2，以水源涵养林、水土保持林和其它防护林为主；商品林面积为73.5万 hm^2，以一般用材林为主。

(3)湿地、荒漠化土地。湿地总面积87 552.0 hm^2，占全省湿地总面积的4.8%，以河流湿地和人工湿地为主。其中：河流湿地面积57 061.0 hm^2，主要为东江及其支流；人工湿地面积30 491.0 hm^2，包括新丰江水库(库容139亿 m^3)和枫树坝水库等。石漠化土地面积1821.0 hm^2，占全区土地总面积的0.1%。

(4)生态区位重要性和敏感性。该区建有省级以上自然保护区8个，总面积达151 608.2 hm^2，占该区总面积的9.3%，生态区位综合评价为较重要(表7-32)。

影响该区的主要生态因子有河流防护、自然保护区建设、水土流失治理、石漠化治理等，属生态敏感性脆弱区(表7-33)。

表7-32 生态区位等级划分

单位	主要河流		自然保护区		湖库防护		石漠化区		综合生态区位等级
	名称	生态区位等级	名称与级别	生态区位等级	湖库名称	生态区位等级	面积占%	生态区位等级	
新丰县	东江	重要	云髻山省级自然保护区	较重要	无	一般	2.3	一般	重要
源城区	东江	重要	大桂山省级自然保护区	较重要	新丰江水库	重要	无	一般	重要
和平县	东江	重要	黄石坳省级自然保护区	较重要	无	一般	无	一般	重要

（续）

单位	主要河流		自然保护区		湖库防护		石漠化区		综合生态区位等级
	名称	生态区位等级	名称与级别	生态区位等级	湖库名称	生态区位等级	面积占%	生态区位等级	
龙川县	东江	重要	枫树坝省级自然保护区	较重要	枫树坝水库	重要	无	一般	重要
连平县	东江	重要	黄牛石省级自然保护区	较重要	无	一般	18.6	较重要	重要
东源县	东江	重要	新港省级自然保护区和康禾省级自然保护区	较重要	新丰江水库	重要	0.2	一般	重要
龙门县	东江	重要	南昆山省级自然保护区	较重要	无	一般	无	一般	重要

表7-33　生态敏感性等级划分

单位	植被		石漠化		综合生态敏感性等级
	植被状况	生态敏感性等级	石漠化状况	生态敏感性等级	
新丰县	以自然植被为主，处于基本原始状态或次生状态	脆弱区	轻度	稳定	脆弱区
源城区	以自然植被为主，处于基本原始状态或次生状态	脆弱区	轻度	稳定	脆弱区
和平县	以自然植被为主，处于基本原始状态或次生状态	脆弱区	轻度	稳定	脆弱区
龙川县	以自然植被为主，处于基本原始状态或次生状态	脆弱区	轻度	稳定	脆弱区
连平县	以自然植被为主，处于基本原始状态或次生状态	脆弱区	中度	亚稳定	脆弱区
东源县	以自然植被为主，处于基本原始状态或次生状态	脆弱区	轻度	稳定	脆弱区
龙门县	以自然植被为主，处于基本原始状态或次生状态	脆弱区	轻度	稳定	脆弱区

(5)生产力级数。除源城区外，该区森林生产力水平基本一致。现实森林生产力级数10－39(表7-34)。

表7-34　现实生产力级数

单位	活立木蓄积			林分平均蓄积			年蓄积生长量			商品出材量			现实生产力级数
	县值(万 m^3)	比值(m^3/hm^2)	级数(万 m^3/年)	县值(万 m^3)	比值(m^3/hm^2)	级数(万 m^3/年)	县值(万 m^3)	比值(m^3/hm^2)	级数(万 m^3/年)	县值(万 m^3)	比值(m^3/hm^2)	级数(万 m^3/年)	
新丰县	7465.2	16.4	9	439.7	5.2	3	391.7	23.7	12	137.0	41.1	12	36
源城区	999.9	2.2	2	505.6	6.0	3	42.0	2.5	2	15.0	4.5	3	10
和平县	6251.8	13.8	7	327.2	3.9	2	372.7	22.5	12	106.0	31.8	12	33
龙川县	4329.3	9.5	5	181.7	2.1	2	283.5	17.1	9	138.0	41.4	12	28
连平县	6735.9	14.8	8	349.5	4.1	3	378.7	22.9	12	139.0	41.7	12	35
东源县	13 200.1	29.1	12	438.8	5.2	3	766.5	46.3	12	218.0	65.5	12	39
龙门县	5672.5	12.5	7	312.0	3.7	2	393.3	23.8	12	227.0	68.2	12	33

经测算，期望森林生产力级数 22－44(表 7-35)。

表 7-35　期望生产力级数

单位	期望活立木蓄积			期望林分平均蓄积			期望年蓄积生长量			商品出材量			期望生产力级数
	县值(万 m^3)	比值(m^3/hm^2)	级数(万 m^3/年)	县值(万 m^3)	比值(m^3/hm^2)	级数(万 m^3/年)	县值(万 m^3)	比值(m^3/hm^2)	级数(万 m^3/年)	县值(万 m^3)	比值(m^3/hm^2)	级数(万 m^3/年)	
新丰县	25086.2	55.3	12	1477.6	17.4	6	3687.7	222.7	12	1628.3	489.0	12	42
源城区	2485.9	5.5	2	1257.1	14.8	5	188.9	11.4	4	104.3	31.3	11	22
和平县	24246.3	53.4	12	1268.9	15.0	5	2836.8	171.3	12	1252.9	376.3	12	41
龙川县	15555.3	34.3	12	652.7	7.7	3	3779.9	228.3	12	1667.6	500.8	12	39
连平县	34683.1	76.4	12	1799.7	21.3	8	6034.9	364.4	12	2615.3	785.4	12	44
东源县	51669.3	113.8	12	1717.6	20.3	7	5890.3	355.7	12	2600.4	780.9	12	43
龙门县	22966.9	50.6	12	1263.0	14.9	5	2847.9	172.0	12	1327.8	398.7	12	41

(6)木材供需分析。根据该区活立木蓄积提升空间测算，预计到 2010 年可增加林分蓄积生产能力 200.3 万 m^3，2020 年可增加 248.7 万 m^3，2050 年可增加 329.2 万 m^3。按出材率 0.63 计算，2010 年木材产量将达到 126.2 万 m^3，2020 年将达到 156.7 万 m^3，2050 年将达到 207.4 万 m^3。

该区年需木材 87.2 万 m^3，2006 年度生产商品材、自用材等木材 98.0 万 m^3，消耗活立木蓄积 155.6 万 m^3，木材盈余 10.8 万 m^3，木材供应做到自给自足。预计 2010 年木材盈余 30.0 万 m^3，2020 年木材盈余 49.0 万 m^3，2050 年木材盈余 92.0 万 m^3(表 7-36)。

表 7-36　"十一五"期间年森林采伐限额统计表

单位	合计(万 m^3)	商品材			非商品材(万 m^3)	毛竹(万根)
		采伐量(万 m^3)	出材量(万 m^3)	出材率(%)		
合计	95.7	89.0	56.1	63.0	6.7	714.7
新丰县	13.7	12.8	8.0	63.0	1.0	32.4
源城区	1.5	1.4	0.9	63.0	0.1	2.4
和平县	10.6	9.9	6.2	63.0	0.7	325.5
龙川县	13.8	12.8	8.1	63.0	1.0	156.9
连平县	11.6	10.8	6.8	63.0	0.8	40.4
东源县	21.8	20.3	12.8	63.0	1.5	20.2
龙门县	22.7	21.1	13.3	63.0	1.6	136.9

(7)区域产业优势。该区林业总产值约 710 121.68 万元，占全省林业总产值的 6.6%，其中第一产业 108 184.63 万元、第二产业 576 885.35 万元、第三产业产值为 25 051.7 万元，主要以第二产业中的木、竹、藤家具制造业和木、竹浆造纸为主。非木材林业资源年均产值达 99 660.73 万元，主要产品类型为经济林产品、花卉产品、陆生野生动物产品和林产化学产品，其中，龙门县有"中国年桔之乡"之称。该区建有 6 个森林公园，总面积达 10 058.5

hm^2，占该区总面积的 0.6%。

7.2.6.3　发展方向与目标

调整相关生态补偿政策，加大生态补偿力度；通过实施生态公益林、林分改造、退耕还林及珠江防护林等工程，提高森林经营水平；加强生态果园建设，发展特色经济林(表 7-37)。

表 7-37　各时期林业奋斗目标

指　标	2010 年	2020 年	2050 年
有林地(hm^2)	1 128 083.2	1 145 621.6	1 166 069.1
占林地(%)	87.2	88.5	90.1
森林覆盖率(%)	71.9	75.2	78.1
活立木蓄积(万 m^3)	5007.7	6218.3	8231.2
向社会提供木材（万 m^3）	126.2	156.7	207.4
向社会提供竹材(万根)	750.4	786.2	821.9
生态公益林比例(%)	41.0	49.0	58.0
非木材资源产值(万元)	40 149.6	42 734.0	45 315.8
林业产值(万元)	739 236.7	769 061.8	847 175.2

7.2.6.4　重点建设内容

(1)水源林建设。重点加强东江两岸水源涵养林和水土保持林建设，提高生态公益林面积比例；同时，通过实施林分改造工程，使现有林分生态功能等级达到一、二类的面积比例提高到 80% 以上。

(2)自然保护区建设。保护亚热带常绿阔叶林和珍稀野生动植物资源，保存物种基因库，新建和升级一批自然保护区；加大对区域生态环境的保护力度，控制旅游景点规模和数量，转向以发展生态旅游为主。

(3)林业产业建设。限制林产化工业、木浆造纸业、人造板制造业等林业企业的发展；积极引导当地林业发展珍贵用材树种和珍贵稀缺树种；大力发展经济林产品、优化提升花卉产品；加大林产化学产品及陆生野生动物产品的发展力度，形成地区品牌。

7.2.7　韩江流域水土保持珍贵用材林区

7.2.7.1　区域位置

该区地处粤东北部莲花山脉，韩江上游，与江西省、福建省交界，范围是整个梅州市，包括丰顺县、五华县、兴宁市、梅江区、梅县、蕉岭县、大埔县、平远县等 8 个县(区)。地理坐标北纬 23°21′27″ ~ 24°55′10″，东经 115°19′25″ ~ 116°56′23″。区域国土总面积 1 593 005.4 hm^2，占全省国土总面积的 9.0%。

7.2.7.2　区域特征

(1)自然地理和社会经济。该区以丘陵、山地地貌为主，罗浮山脉、九连山脉和青云山脉南北贯穿该区。韩江发育在东北—南西走向深断裂基础上，形成格状水系。上游多山地和丘陵谷地，如五华盆地、兴宁盆地、梅县盆地等，群山中多千米以上高峰，如大悲山、阴那山、八乡山、铜鼓嶂等，其中铜鼓嶂海拔 1560m，为区域的最高峰。韩江流域中上游水土流失严重，含沙量增加，河床日高，给下游酿成水灾。区内户籍人口 498.92 万人，地区 GDP

为311.35亿元，地方财政一般预算收入9.24亿元，人均GDP为3649～18 920元。其中梅县是客家文化的发源地，特色森林文化浓厚。

(2)林业资源及林种结构。该区林地资源丰富，林业产业基础较好，在带动地方经济发展中发挥着重要作用。林地面积121.8万hm^2，占全省林地总面积的6.9%，占该区总面积的76.5%。有林地104.7万hm^2，森林覆盖率为67.0%。生态公益林面积为36.6万hm^2，以水源涵养林、水土保持林和护路林为主；商品林面积为68.1万hm^2，以一般用材林为主。

(3)湿地、荒漠化土地。湿地面积64 366.0 hm^2，占全省湿地总面积的3.6%，以河流湿地和人工湿地为主。主要河流湿地韩江，是广东省的第二大江；主要的人工湿地长潭水库库容为1.69亿m^3，面积653.2 hm^2。

(4)生态区位重要性和敏感性。该区现有省级自然保护区5个，面积42 418.7 hm^2，占该区国土面积的2.6%，生态区位综合评价为较重要(表7-38)。

表7-38　生态区位等级划分

单位	主要河流		自然保护区		水土流失区		综合生态区位等级
	名称	生态区位等级	省级以上自然保护区名称	生态区位等级	土壤侵蚀模数(t/年·km^2)	生态区位等级	
梅江区	韩江	较重要	无	一般	500～5000	较重要	较重要
梅县	韩江	重要	阴那山省级自然保护区	较重要	500～5000	较重要	重要
蕉岭县	韩江	重要	长潭省级自然保护区	较重要	500～5000	较重要	重要
大埔县	韩江	重要	丰溪省级自然保护区	较重要	大于5000	重要	重要
丰顺县	韩江	重要	无	一般	大于5000	重要	重要
五华县	韩江	重要	七目嶂省级自然保护区	较重要	大于5000	重要	重要
兴宁市	韩江	重要	铁山渡田河省级自然保护区	较重要	大于5000	重要	重要
平远县	韩江	重要	龙文－黄田自然保护区	较重要	500～5000	较重要	重要

影响该区的主要生态因子有河流防护、自然保护区建设、水土流失治理、石漠化治理等，属生态敏感性脆弱区(表7-39)。

表7-39　生态敏感性等级划分

单位	敏感性等级	原　　因
梅江区	亚脆弱区	自然植被有明显人为干扰或处于演替中期或后期的次生群落
梅县	脆弱区	以自然植被为主，处于基本原始状态或次生状态
蕉岭县	脆弱区	以自然植被为主，处于基本原始状态或次生状态
大埔县	脆弱区	以自然植被为主，处于基本原始状态或次生状态
丰顺县	脆弱区	以自然植被为主，处于基本原始状态或次生状态
五华县	脆弱区	以自然植被为主，处于基本原始状态或次生状态
兴宁市	脆弱区	以自然植被为主，处于基本原始状态或次生状态
平远县	脆弱区	以自然植被为主，处于基本原始状态或次生状态

(5)生产力级数。现实森林生产力级数：丰顺县(24)、五华县(26)、兴宁市(24)、蕉

岭县(29)、梅县(34)、大埔县(29)、平远县(27)、梅江区(6)。森林生产力级数最高的为梅县，较低的为梅江区(表7-40)。

表7-40 现实生产力级数

单位	活立木蓄积			林分平均蓄积			年蓄积生长量			商品出材量			现实生产力级数
	县值(万 m^3)	比值(m^3/hm^2)	级数(万 m^3/年)	县值(万 m^3)	比值(m^3/hm^2)	级数(万 m^3/年)	县值(万 m^3)	比值(m^3/hm^2)	级数(万 m^3/年)	县值(万 m^3)	比值(m^3/hm^2)	级数(万 m^3/年)	
梅江区	511.0	1.1	1	271.3	3.2	2	29.6	1.8	1	8.0	2.4	2	6
梅县	6538.6	14.4	8	311.7	3.7	2	399.2	24.1	12	162.0	48.7	12	34
蕉岭县	5148.1	11.3	6	670.5	7.9	4	218.6	13.2	7	91.0	27.3	12	29
大埔县	4609.5	10.2	6	228.6	2.7	2	273.9	16.5	9	141.0	42.3	12	29
丰顺县	2993.0	6.6	4	134.4	1.6	1	230.8	13.9	7	140.0	42.0	12	24
五华县	3548.9	7.8	4	146.8	1.7	1	266.8	16.1	9	103.0	30.9	12	26
兴宁市	3280.0	7.2	4	237.5	2.8	2	197.8	11.9	6	154.0	46.3	12	24
平远县	4063.8	9.0	5	373.3	4.4	3	214.3	12.9	7	130.0	39.0	12	27

期望森林生产力级数：丰顺县(35)、五华县(40)、兴宁市(42)、蕉岭县(44)、梅县(43)、大埔县(41)、平远县(39)、梅江区(15)(表7-41)。

表7-41 期望生产力级数

单位	期望活立木蓄积			期望林分平均蓄积			期望年蓄积生长量			商品出材量			期望生产力级数
	县值(万 m^3)	比值(m^3/hm^2)	级数(万 m^3/年)	县值(万 m^3)	比值(m^3/hm^2)	级数(万 m^3/年)	县值(万 m^3)	比值(m^3/hm^2)	级数(万 m^3/年)	县值(万 m^3)	比值(m^3/hm^2)	级数(万 m^3/年)	
梅江区	1521.4	3.4	2	807.8	9.5	4	88.2	5.3	2	61.4	18.4	7	15
梅县	32 665.4	72.0	12	1557.4	18.4	7	3625.9	219.0	12	1616.8	485.5	12	43
蕉岭县	15 188.5	33.5	12	1978.2	23.4	8	653.1	39.4	12	327.1	98.2	12	44
大埔县	21 152.6	46.6	12	1048.8	12.4	5	5309.3	320.6	12	2311.7	694.2	12	41
丰顺县	11 339.4	25.0	9	509.3	6.0	2	918.5	55.5	12	467.0	140.2	12	35
五华县	21 995.0	48.5	12	909.5	10.7	4	2881.3	174.0	12	1269.9	381.4	12	40
兴宁市	19 142.3	42.2	12	1386.3	16.4	6	4555.9	275.1	12	2002.8	601.4	12	42
平远县	13 486.9	29.7	10	1238.8	14.6	5	687.8	41.5	12	364.3	109.4	12	39

(6)木材供需分析。根据该区活立木蓄积提升空间测算，预计到2010年可增加林分蓄积生产能力139.4万 m^3，2020年可增加176.8万 m^3，2050年可增加239.0万 m^3。按出材率0.63计算，2010年木材产量将达到87.8万 m^3，2020年将达到111.4万 m^3，2050年将达到150.6万 m^3。

该区年需木材117.1万 m^3，2006年度生产商品材、自用材等木材92.9万 m^3，消耗活立木蓄积147.5万 m^3，木材缺口24.2万 m^3，因此木材自给不足，靠外运补给。预计2010年木材缺口41.4万 m^3，2020年木材缺口33.4万 m^3，2050年木材缺口4.6万 m^3(表7-42)。

(7)区域产业优势。依托丰富的森林资源，该区林业产业近年来快速增长，以木、竹浆造纸，经济林产品的种植与采集，木、竹、藤家具制造为主。林业总产值644 208.1万元，其中木、竹浆造纸产值达316176.0万元。非木材林业资源总产值为177994.9万元，占全省非木材林业资源的5.5%。其中，梅州市是中国最大的金柚商品生产基地，梅县是“广东两大沙田柚基地”之一，有“全国水果百强县”、“中国金柚之乡”之称。该区建有9个省级森林公园，面积达11 777.95 hm^2，占该区总面积的0.7%。

表7-42 “十一五”期间年森林采伐限额统计

单位	合计（万 m^3）	商品材			非商品材（万 m^3）	毛竹（万根）
		采伐量（万 m^3）	出材量（万 m^3）	出材率（%）		
合计	92.9	86.2	54.3	63.0	6.5	560.9
丰顺县	14.0	13.0	8.2	63.0	1.0	119.7
五华县	10.3	9.6	6.0	63.0	0.7	6.8
兴宁市	15.4	14.3	9.0	63.0	1.1	13.2
梅江区	0.8	0.7	0.5	63.0	0.1	2.1
梅县	16.2	15.0	9.5	63.0	1.1	50.5
蕉岭县	9.1	8.4	5.3	63.0	0.6	139.8
大埔县	14.1	13.1	8.2	63.0	1.0	202.5
平远县	13.0	12.1	7.6	63.0	0.9	26.4

7.2.7.3 发展方向与目标

加强韩江流域上游水源涵养林工程的建设；大力发展珍贵树种的培育，适当扩大用材林规模，积极引导乡土树种培育、林木种质资源基地建设和南药基地建设等(表7-43)。

表7-43 各时期林业奋斗目标

指 标	2010年	2020年	2050年
有林地(hm^2)	1 063 553.3	1 083 594.1	1 105 802.3
占林地(%)	87.3	88.9	90.8
森林覆盖率(%)	68.7	72.1	75.1
活立木蓄积(万 m^3)	3485.9	4420.7	5975.1
向社会提供木材（万 m^3）	87.8	111.4	150.6
向社会提供竹材(万根)	588.9	617.0	645.0
生态公益林比例(%)	37	38	40
非木材资源产值(万元)	210 000.0	260 000.0	350 000.0
林业产值(万元)	682 860.6	717 003.6	788 704.0

7.2.7.4 重点建设内容

(1)水源涵养林建设。稳步推进韩江流域上游水源涵养林工程的建设步伐，认真做好规划设计，合理选择和配置树种，努力提高林分质量，充分发挥森林涵养水源、保持水土的作用。完善以租赁经营、直接经营、联合经营为主的经营形式，加强生态公益林建设，全面提高生态公益林功能等级。调整现有生态公益林面积和比例，将公益林比例提高到40%。加强森林经营管理水平，提高森林质量，确保韩江上游生态环境良好、可持续发展。

(2)水土流失治理。加大森林植被恢复力度，采取多种工程措施，遏制水土流失扩张。调整相关生态补偿政策，加大生态补偿力度，重点解决林农生活贫困问题，提高林农生活质量和水平。加强该区生态县建设，使区域内各县在 2015 年前全部达到生态县标准。

(3)珍贵树种培育。大力发展珍贵树种的培育，为全省提供大径材。在满足当地生态需求的基础上，适当扩大用材林规模，积极引导乡土树种培育、林木种质资源基地建设和南药基地建设等。

(4)特色产业建设。通过政策引导，积极培育一批竞争力强、辐射面广的龙头企业，带动沿海地区产业结构调整，促进农民增收，让农民得实惠、林业得发展。大力培育油茶龙头企业，建立油茶高产示范林基地。

(5)森林公园建设。在巩固现有森林公园的基础上，每个县(市、区)新建 1 至 2 个森林公园，使全市森林公园总数增加到 20 个，总面积增加到 1.60 万 hm^2，占全市国土总面积的 1.1%，使该区建成具有客家文化特色的生态旅游示范区。

7.2.8 西江流域水源涵养珍贵用材林区

7.2.8.1 区域位置

该区地处广东西北部，西江上中游，区域范围包括肇庆市所辖的德庆县、封开县和云浮市所辖的云城区、云安县、新兴县、罗定市、和郁南县。地理坐标为北纬 22°22′58″~23°57′38″，东经 110°3′12″~112°31′12″。该区国土总面积 1 257 872.5 hm^2，占全省国土总面积的 7.1%。

7.2.8.2 区域特征

(1)自然地理和社会经济。该区地质上处于云开山脉隆起带之中部，由褶皱和断裂发育而成，区内峰峦叠嶂，丘陵起伏，分布有岩溶地貌。地处热带与亚热带，光照充足，雨量充沛，气候温和。区内西江是珠江流域的主要支流，发源云南省曲靖市境内，经广西、广东入注南海。户籍人口 346.76 万人，地区 GDP 为 288.01 亿元，地方财政一般预算收入 9.28 亿元，人均 GDP 为 7909~17 330 元。

(2)林业资源及林种结构。该区林地面积 90.5 万 hm^2，占全省林地总面积的 5.1%，占该区总面积的 71.9%。有林地 79.3 万 hm^2，森林覆盖率为 66.1%，土地权属、林木权属主要以集体所有为主。生态公益林面积为 21.0 万 hm^2，以水源涵养林、水土保持林和护路林为主；商品林面积为 58.3 万 hm^2，以一般用材林为主。

(3)湿地、荒漠化土地。该区共有湿地 53 949.0 hm^2，占全省湿地总数的 3.0%。其中河流湿地类型面积 50 424.0 hm^2，包括西江、罗定江和贺江等；人工湿地面积 3525.0 hm^2。该区石漠化面积 50 988.0 hm^2，占全省石漠化土地总面积的 4.8%。

(4)生态区位重要性和敏感性。重要性和敏感性该区是全省自然保护区分布较少的区域之一，建有省级以上自然保护区共有 2 个，保护总面积 3497 hm^2，约占该区国土总面积的 0.28%，主要的保护对象为珍稀濒危动植物和南亚热带季风常绿阔叶林，生态区位综合评价为重要(表 7-44)。

影响该区的主要生态因子有河流防护、湿地、水土流失、石漠化和植被现状等，生态敏感性高(表 7-45)。

(5)生产力级数。区域内森林生产力级数较高，现实生产力级数域值为 19 – 37(表 7-46)；期望森林生产力级数域值为 27 – 43，具有较大的提升空间(表 7-47)。

表 7-44 生态区位等级划分

单位	主要河流		自然保护区		水土流失区		石漠化区		综合生态区位等级
	名称	生态区位等级	省级以上自然保护区名称	生态区位等级	土壤侵蚀模数(t/年·km^2)	生态区位等级	面积占%	生态区位等级	
德庆县	西江	重要	无	一般	小于 500	一般	无	一般	重要
封开县	西江	重要	黑石顶省级自然保护区	较重要	小于 500	一般	2.5	一般	重要
云城区	西江	较重要	无	一般	小于 500	一般	13.1	较重要	较重要
云安县	西江	重要	无	一般	小于 500	一般	9.3	一般	重要
新兴县	西江	较重要	无	一般	500 ~ 5000	较重要	5.5	一般	较重要
罗定市	西江	重要	无	一般	大于 5000	重要	6.4	一般	重要
郁南县	西江	重要	同乐大山省级自然保护区	较重要	500 ~ 5000	较重要	无	一般	重要

表 7-45 生态敏感性等级划分

单位	植被		石漠化		综合生态敏感性等级
	植被状况	生态敏感性等级	石漠化状况	生态敏感性等级	
德庆县	以自然植被为主，处于基本原始状态或次生状态	脆弱区	轻度	稳定	脆弱区
封开县	以自然植被为主，处于基本原始状态或次生状态	脆弱区	中度	亚稳定	脆弱区
云城区	自然植被有明显人为干扰或处于演替中期或后期的次生群落	亚脆弱区	重度	亚脆弱	亚脆弱区
云安县	以自然植被为主，处于基本原始状态或次生状态	脆弱区	中度	亚稳定	脆弱区
新兴县	自然植被有明显人为干扰或处于演替中期或后期的次生群落	亚脆弱区	中度	亚稳定	亚脆弱区
罗定市	以自然植被为主，处于基本原始状态或次生状态	脆弱区	中度	亚稳定	脆弱区
郁南县	自然植被有明显人为干扰或处于演替中期或后期的次生群落	亚脆弱区	中度	亚稳定	亚脆弱区

表 7-46 现实生产力级数

单位	活立木蓄积			林分平均蓄积			年蓄积生长量			商品出材量			现实生产力级数
	县值(万 m^3)	比值(m^3/hm^2)	级数(万 m^3/年)	县值(万 m^3)	比值(m^3/hm^2)	级数(万 m^3/年)	县值(万 m^3)	比值(m^3/hm^2)	级数(万 m^3/年)	县值(万 m^3)	比值(m^3/hm^2)	级数(万 m^3/年)	
德庆县	6732.6	14.8	8	431.4	5.1	3	355.6	21.5	11	209.0	62.8	12	34
封开县	8685.2	19.1	10	408.9	4.8	3	408.5	24.7	12	460.0	138.1	12	37
云城区	1435.4	3.2	2	265.1	3.1	2	85.1	5.1	3	97.0	29.1	12	19
云安县	1715.5	3.8	2	203.1	2.4	2	121.8	7.4	4	102.0	30.6	12	20
新兴县	2962.0	6.5	4	276.8	3.3	2	261.0	15.8	8	147.0	44.1	12	26
罗定市	5424.39	11.95	6	385.15	4.55	3	251.52	15.19	8	160.00	48.05	12	29
郁南县	5604.16	12.34	7	372.54	4.40	3	271.90	16.42	9	125.00	37.54	12	31

(6)木材供需分析。根据活立木蓄积提升空间预测，至 2010 年新增加林分蓄积生产能力 145.0 万 m^3，2020 年为 176.2 万 m^3，2050 年为 228.0 万 m^3。按照出材率 0.63 计算，2010 年木材产量将达 91.4 万 m^3，2020 年达 111.0 万 m^3，2050 年达到 143.6 万 m^3，超出目前的采伐限额 13.6 万 m^3。该区年需木材 46.9 万 m^3，2006 年度生产商品材、自用材等木材 130.0 万 m^3，消耗活立木蓄积 206.3 万 m^3，木材盈余 83.1 万 m^3，木材能自给有余。预计 2010 年木材盈余 39.7 万 m^3，2020 年木材盈余 53.1 万 m^3，2050 年木材盈余 81.5 万 m^3(表 7-48)。

表 7-47　期望生产力级数

单位	期望活立木蓄积			期望林分平均蓄积			期望年蓄积生长量			商品出材量			期望生产力级数
	县值(万 m^3)	比值(m^3/hm^2)	级数(万 m^3/年)	县值(万 m^3)	比值(m^3/hm^2)	级数(万 m^3/年)	县值(万 m^3)	比值(m^3/hm^2)	级数(万 m^3/年)	县值(万 m^3)	比值(m^3/hm^2)	级数(万 m^3/年)	
德庆县	21 617.3	47.6	12	1385.0	16.4	6	1318.7	79.6	12	675.1	202.7	12	42
封开县	37 361.6	82.3	12	1758.9	20.8	7	4857.0	293.3	12	2306.7	692.7	12	43
云城区	3438.3	7.6	3	635.0	7.5	3	398.9	24.1	9	223.8	67.2	12	27
云安县	6521.6	14.4	5	772.0	9.1	4	939.1	56.7	12	453.6	136.2	12	33
新兴县	10 132.3	22.3	8	946.9	11.2	4	2340.6	141.3	12	1068.3	320.8	12	36
罗定市	14 863.7	32.7	11	1055.4	12.5	5	3582.2	216.3	12	1597.3	479.7	12	40
郁南县	18 757.9	41.3	12	1246.9	14.7	5	2269.7	137.1	12	1025.8	308.0	12	41

表 7-48　“十一五”期间年森林采伐限额统计

单位	合计(万 m^3)	商品材			非商品材(万 m^3)	毛竹(万根)
		采伐量(万 m^3)	出材量(万 m^3)	出材率(%)		
合计	130.0	118.3	74.5	63.0	11.7	105.6
德庆县	20.9	19.5	12.3	63.0	1.4	1.3
封开县	46.0	42.8	26.9	63.0	3.2	0.3
云城区	9.7	6.4	4.0	63.0	3.3	1.6
云安县	10.2	9.5	6.0	63.0	0.7	0.5
新兴县	14.7	13.7	8.6	63.0	1.0	0.2
罗定市	16.0	14.8	9.4	63.0	1.2	65.7
郁南县	12.5	11.6	7.3	63.0	0.9	36.0

(7)区域产业优势。该区林业总产值 422 669.2 万元，其中，第一产业总产值 198 582.0 万元，第二产业产值 214 595.1 万元，第三产业总产值 9492.1 万元，以第二产业为优势产业，木、竹浆造纸和非木材林产品加工制造业等规模最大。林业年产值最大的县是封开县，达 150 838.3 万元，其次为罗定市、德庆县和郁南县。非木材林业资源年均产值达206 189.9 万元，主要产品类型为经济林产品、林药产品、花卉产品、陆生野生动物产品和林产化学产品。松香主要分布在封开县、云城区和云安县，桂皮主要分布在罗定市、德庆县和云安县，柑橘主要分布在德庆县和郁南县，黄皮和沙糖桔主要分布在郁南县。其中，罗定市为“全国的肉桂之乡”，郁南县为“无核黄皮之乡”，德庆县为“中国贡柑之乡”、“中国柑橘之乡”、

“国家柑橘产业十强县”，“郁江牌”沙糖橘被中国绿色食品展中心认定为“绿色食品 A 级产品”，郁南县被授予“中国柑橘产业龙头县”称号，封开县被誉为“中国松脂之乡”，“封开油栗”获“中华名果”称号，德庆贡柑先后荣获“中国柑王”、“中华名果”、“广东省名牌产品”美誉。该区建有省级以上森林公园 2 个，面积 1070 hm^2，约占该区国土面积的 0.09%。

7.2.8.3　发展方向与目标

按照区域经济社会可持续发展的需求，构建维护区域生态安全的森林生态网络；以珍贵用材林和特色经济林基地为依托，打造发达的林业产业体系(表 7-49)。

表 7-49　各时期林业奋斗目标

指　标	2010 年	2020 年	2050 年
有林地(hm^2)	797 241.6	796 460.5	799 896.9
占林地(%)	88.1	88.0	88.3
森林覆盖率(%)	67.1	69.1	70.7
活立木蓄积(万 m^3)	3626.1	4404.5	5698.9
向社会提供木材 (万 m^3)	91.4	111.0	143.6
向社会提供竹材(万根)	110.9	116.2	121.4
生态公益林比例(%)	30	35	40
非木材资源产值(万元)	262 505.9	328 132.3	437 509.8
林业产值(万元)	435 349.3	474 530.7	559 946.2

7.2.8.4　重点建设内容

(1)水源林建设。逐步提高西江流域生态公益林面积比例，加强两岸林分改造，提高森林生态功能等级，充分发挥森林涵养水源作用。

(2)珍贵用材林建设。通过人工造林、补植套种、幼林改培和四旁造林等措施，培育珍贵用材林。一是结合林分改造和其他重点生态工程建设，选择珍贵树种苗木上山，提升现有林分质量，增加木材资源储备；二是发展大径材的珍贵用材林和经济林基地，加快印度檀香、降香黄檀、红锥、竹柏、穗花杉、秃杉、紫檀、沉香、柚木等珍贵用材林培育。

(3)林业产业建设。淘汰中小型林业加工企业，扶持林化集团、广东省油墨厂等龙头企业，重点开发深加工新产品，积极鼓励开发松香、油墨树脂、合成樟脑等二次加工产品。加强基础设施建设，延长林产品加工产业链，创建柑橘、肉桂、黄皮、松脂和松香等优质林产品品牌。

(4)森林公园建设。加快森林公园和自然保护区的建设，重点建设黑石顶自然保护区、盘龙峡等生态旅游景区，加快状元湖森林公园等基础设施建设。

7.2.9　珠江三角洲风景林及林业产业区

7.2.9.1　区域位置

该区位于珠江三角洲冲积平原地，区域范围包括广州市、深圳市、珠海市、惠州市、东莞市、中山市、江门市、佛山市和肇庆市所辖的 29 个县(市、区)，地理坐标为北纬 21°51′55″~23°36′7″，东经 112°23′12″~114°47′48″。国土总面积 1 787 663.1 hm^2，占全省国土总面积的 10.1%。

7.2.9.2 区域特征

(1)自然地理和社会经济。珠江三角洲地处广东中南部珠江下游及出海口的广袤区域，是全省经济最活跃、最发达的地区。珠江三角洲三面环山，南面临水，以平原地貌为主。地带性土壤主要为发育于砂岩、页岩和花岗岩母质上的赤红壤和红壤。属亚热带海洋季风气候，雨量充沛，热量充足，气候温和，雨热同季，多年平均降雨量达 1800mm，年日照为 2000h，四季分布比较均匀，年平均气温为 21.4 ~ 22.4℃。区域户籍人口 2333.86 万人，地区 GDP 为 15 349.98 亿元，地区地方财政一般预算收入 589.51 亿元，人均 GDP 最高达 128 254元，属经济发达地区。

(2)林业资源及林种结构。该区地带性顶级植被是亚热带季风常绿阔叶林。由于人类活动频繁，区域内原生植被几乎破坏殆尽，现有林分大部分为马尾松、湿地松、杉树或相思树等单优势树种人工林。林地面积 48.4 万 hm^2，占全省林地总面积的 4.5%。活立木蓄积 1501.2 万 m^3，森林覆盖率为 24.6%。生态公益林面积 22.7 万 hm^2，主要亚林种为自然保护林、沿海防护林、水源涵养林和水土保持林；商品林面积 19.8 万 hm^2，主要为经济林。

(3)湿地、荒漠化土地。珠江三角洲是珠江流域的出海口，湿地类型多样、资源丰富，主要包括河口、水道、滩涂、浅海、基围、三角洲、红树林沼泽、草本沼泽等众多的湿地类型，湿地面积 501 586.0 hm^2，占全省湿地总面积的 27.7%，以近海及海岸湿地类型为主。其中：近海及海岸湿地面积 373 579.0 hm^2，河流湿地 64 022.0 hm^2，人工湿地 62 532.0 hm^2，湖泊湿地 1453.0 hm^2。

(4)生态区位重要性和敏感性。该区地处广东主要河流东江、西江、北江的下游地区，地貌类型以平原为主，三面环山，南面临海，易遭遇台风袭击。湿地资源丰富，珠江三角洲湿地被列入国家重要湿地名录，生态区位综合评价为较重要(表 7-50)。

表 7-50 生态区位等级划分

单位	湿地保护		自然保护区		海岸台风防护		综合生态区位等级
	湿地名称	生态区位等级	省级以上自然保护区名称	生态区位等级	发生频率	生态区位等级	
天河区	无	一般	无	一般	3 次/年 以下	一般	一般
白云区	无	一般	无	一般	3 ~ 4 次/年	较重要	较重要
黄埔区	无	一般	无	一般	3 次/年 以下	一般	一般
荔湾区	无	一般	无	一般	3 次/年 以下	一般	一般
越秀区	无	一般	无	一般	3 次/年 以下	一般	一般
海珠区	无	一般	无	一般	3 次/年 以下	一般	一般
萝岗区	无	一般	无	一般	3 次/年 以下	一般	一般
南沙区	珠江三角洲湿地	较重要	无	一般	3 ~ 4 次/年	较重要	较重要
花都区	无	一般	无	一般	3 次/年 以下	一般	一般
番禺区	珠三角湿地	较重要	无	一般	3 ~ 4 次/年	较重要	较重要
罗湖区	无	一般	无	一般	3 次/年 以下	一般	一般
福田区	珠三角湿地	较重要	内伶仃福田国家级自然保护区	重要	3 ~ 4 次/年	较重要	重要
南山区	无	一般	无	一般	3 次/年 以下	一般	一般

（续）

单位	湿地保护		自然保护区		海岸台风防护		综合生态区位等级
	湿地名称	生态区位等级	省级以上自然保护区名称	生态区位等级	发生频率	生态区位等级	
盐田区	无	一般	无	一般	3 次/年 以下	一般	一般
宝安区	珠三角湿地	较重要	无	一般	3 ~4 次/年	较重要	较重要
龙岗区	珠三角湿地	较重要	无	一般	3 ~4 次/年	较重要	较重要
香洲区	珠三角湿地	较重要	淇澳—担杆岛省级自然保护区	较重要	3 ~4 次/年	较重要	较重要
金湾区	珠三角湿地	较重要	无	一般	3 ~4 次/年	较重要	较重要
斗门区	珠三角湿地	较重要	无	一般	3 ~4 次/年	较重要	较重要
惠城区	珠三角湿地	较重要	无	一般	3 ~4 次/年	较重要	较重要
惠阳区	珠三角湿地	较重要	无	一般	3 ~4 次/年	较重要	较重要
东莞市	珠三角湿地	较重要	无	一般	3 ~4 次/年	较重要	较重要
中山市	珠三角湿地	较重要	无	一般	3 ~4 次/年	较重要	较重要
蓬江区	珠三角湿地	较重要	无	一般	3 ~4 次/年	较重要	较重要
江海区	珠三角湿地	较重要	无	一般	3 ~4 次/年	较重要	较重要
禅城区	无	一般	无	一般	3 次/年 以下	一般	一般
南海区	珠三角湿地	较重要	无	一般	3 ~4 次/年	较重要	较重要
顺德区	无	一般	无	一般	3 ~4 次/年	较重要	较重要
三水区	珠三角湿地	较重要	无	一般	3 ~4 次/年	较重要	较重要
端州区	珠三角湿地	较重要	无	一般	3 ~4 次/年	较重要	较重要
鼎湖区	珠三角湿地	较重要	无	一般	3 ~4 次/年	较重要	较重要

影响该区的主要生态因子有湿地保护、自然保护区和海岸台风防护，属生态敏感性亚稳定区(表 7-51)。

表 7-51　生态敏感性等级划分

单位	生态敏感性等级	原　因
天河区	亚稳定区	人为干扰大，演替逆行，极为残次状态
白云区	亚稳定区	人为干扰大，演替逆行，极为残次状态
黄埔区	亚稳定区	人为干扰大，演替逆行，极为残次状态
荔湾区	亚稳定区	人为干扰大，演替逆行，极为残次状态
越秀区	亚稳定区	人为干扰大，演替逆行，极为残次状态
海珠区	亚稳定区	人为干扰大，演替逆行，极为残次状态
萝岗区	亚稳定区	人为干扰大，演替逆行，极为残次状态
南沙区	亚稳定区	人为干扰大，演替逆行，极为残次状态
花都区	亚稳定区	人为干扰大，演替逆行，极为残次状态
番禺区	亚稳定区	人为干扰大，演替逆行，极为残次状态

（续）

单位	生态敏感性等级	原　因
罗湖区	亚稳定区	人为干扰大，演替逆行，极为残次状态
福田区	亚脆弱区	自然植被有明显人为干扰或处于演替中期或后期的次生群落
南山区	亚稳定区	人为干扰大，演替逆行，极为残次状态
盐田区	亚稳定区	人为干扰大，演替逆行，极为残次状态
宝安区	亚稳定区	人为干扰大，演替逆行，极为残次状态
龙岗区	亚稳定区	人为干扰大，演替逆行，极为残次状态
香洲区	亚稳定区	人为干扰大，演替逆行，极为残次状态
金湾区	亚稳定区	人为干扰大，演替逆行，极为残次状态
斗门区	亚稳定区	人为干扰大，演替逆行，极为残次状态
惠城区	亚稳定区	人为干扰大，演替逆行，极为残次状态
惠阳区	亚稳定区	人为干扰大，演替逆行，极为残次状态
东莞市	亚稳定区	人为干扰大，演替逆行，极为残次状态
中山市	亚稳定区	人为干扰大，演替逆行，极为残次状态
蓬江区	亚稳定区	人为干扰大，演替逆行，极为残次状态
江海区	亚稳定区	人为干扰大，演替逆行，极为残次状态
禅城区	亚稳定区	人为干扰大，演替逆行，极为残次状态
南海区	亚稳定区	人为干扰大，演替逆行，极为残次状态
顺德区	亚稳定区	人为干扰大，演替逆行，极为残次状态
三水区	亚稳定区	人为干扰大，演替逆行，极为残次状态
端州区	亚稳定区	人为干扰大，演替逆行，极为残次状态
鼎湖区	亚稳定区	人为干扰大，演替逆行，极为残次状态

（4）生产力级数。现实森林生产力级数为 0 – 18（表 7-52），期望森林生产力级数为 0 – 31（表 7-53）。

表 7-52　现实生产力级数

单位	活立木蓄积			林分平均蓄积			年蓄积生长量			商品出材量			现实生产力级数
	县值（万 m^3）	比值（m^3/hm^2）	级数（万 m^3/年）	县值（万 m^3）	比值（m^3/hm^2）	级数（万 m^3/年）	县值（万 m^3）	比值（m^3/hm^2）	级数（万 m^3/年）	县值（万 m^3）	比值（m^3/hm^2）	级数（万 m^3/年）	
天河区	280.1	0.6	1	730.5	8.6	5	19.4	1.2	1	5.0	1.5	1	8
白云区	579.2	1.3	1	423.8	5.0	3	34.5	2.1	2	14.0	4.2	3	9
黄埔区	34.1	0.1	1	299.5	3.5	2	1.4	0.1	1	26.0	7.8	4	8
荔湾区	0.0	0.0	0	0.0	0.0	0	0.0	0.0	0	0.0	0.0	0	0
越秀区	0.0	0.0	0	0.0	0.0	0	0.0	0.0	0	0.0	0.0	0	0
海珠区	0.0	0.0	0	0.0	0.0	0	0.0	0.0	0	0.0	0.0	0	0
萝岗区	623.4	1.4	1	310.9	3.7	2	34.1	2.1	2	6.0	1.8	1	6

（续）

单位	活立木蓄积			林分平均蓄积			年蓄积生长量			商品出材量			现实生产力级数
	县值（万 m^3）	比值（m^3/hm^2）	级数（万 m^3/年）	县值（万 m^3）	比值（m^3/hm^2）	级数（万 m^3/年）	县值（万 m^3）	比值（m^3/hm^2）	级数（万 m^3/年）	县值（万 m^3）	比值（m^3/hm^2）	级数（万 m^3/年）	
南沙区	41.2	0.1	1	177.8	2.1	2	2.5	0.2	1	10.0	3.0	2	6
花都区	1324.2	2.9	2	370.7	4.4	3	75.7	4.6	3	26.0	7.8	4	12
番禺区	199.3	0.4	1	676.9	8.0	4	8.8	0.5	1	5.0	1.5	1	7
罗湖区	116.6	0.3	1	321.7	3.8	2	8.1	0.5	1	1.0	0.3	1	5
福田区	67.6	0.2	1	355.5	4.2	3	4.2	0.3	1	1.0	0.3	1	6
南山区	38.6	0.1	1	77.3	0.9	1	3.4	0.2	1	2.0	0.6	1	4
盐田区	97.6	0.2	1	201.8	2.4	2	4.6	0.3	1	2.0	0.6	1	5
宝安区	395.9	0.9	1	181.8	2.2	2	30.4	1.8	1	16.0	4.8	3	7
龙岗区	1312.8	2.9	2	306.2	3.6	2	75.4	4.6	3	18.0	5.4	3	10
香洲区	985.3	2.2	2	430.3	5.1	3	58.3	3.5	2	16.0	4.8	3	10
金湾区	410.3	0.9	1	327.1	3.9	2	19.9	1.2	1	10.0	3.0	2	6
斗门区	598.1	1.3	1	434.7	5.1	3	36.9	2.2	2	11.0	3.3	2	8
惠城区	1189.1	2.6	2	180.6	2.1	2	89.0	5.4	3	52.0	15.6	8	15
惠阳区	908.0	2.0	1	166.6	2.0	1	63.9	3.9	2	36.0	10.8	6	10
东莞市	1872.5	4.1	3	302.0	3.6	2	132.6	8.0	4	55.0	16.5	9	18
中山市	1225.6	2.7	2	385.2	4.6	3	80.6	4.9	3	22.0	6.6	4	12
蓬江区	414.4	0.9	1	480.9	5.7	3	24.9	1.5	1	55.0	16.5	9	14
江海区	50.1	0.1	1	465.4	5.5	3	2.2	0.1	1	0.0	0.0	0	5
禅城区	0.0	0.0	0	0.0	0.0	0	0.0	0.0	0	0.0	0.0	0	0
南海区	349.4	0.8	1	573.4	6.8	4	15.3	0.9	1	16.0	4.8	3	9
顺德区	100.1	0.2	1	635.6	7.5	4	4.1	0.3	1	4.0	1.2	1	7
三水区	659.6	1.5	1	508.9	6.0	3	34.5	2.1	2	24.0	7.2	4	10
端州区	543.7	1.2	1	349.3	4.1	3	28.1	1.7	1	1.0	0.3	1	6
鼎湖区	709.0	1.6	1	473.0	5.6	3	31.6	1.9	1	11.0	3.3	2	

表 7-53　期望生产力级数

单位	期望活立木蓄积			期望林分平均蓄积			期望年蓄积生长量			商品出材量			期望生产力级数
	县值（万 m^3）	比值（m^3/hm^2）	级数（万 m^3/年）	县值（万 m^3）	比值（m^3/hm^2）	级数（万 m^3/年）	县值（万 m^3）	比值（m^3/hm^2）	级数（万 m^3/年）	县值（万 m^3）	比值（m^3/hm^2）	级数（万 m^3/年）	
天河区	507.5	1.1	1	1323.7	15.6	6	35.5	2.2	1	17.8	5.4	2	10
白云区	1146.3	2.5	1	838.7	9.9	4	68.8	4.2	2	37.0	11.1	4	11
黄埔区	46.4	0.1	1	407.1	4.8	2	1.9	0.1	1	15.9	4.8	2	6
荔湾区	0.0	0.0	0	0.0	0.0	0	0.0	0.0	0	0.0	0.0	0	0
越秀区	0.0	0.0	0	0.0	0.0	0	0.0	0.0	0	0.0	0.0	0	0
海珠区	0.0	0.0	0	0.0	0.0	0	0.0	0.0	0	0.0	0.0	0	0

（续）

单位	期望活立木蓄积			期望林分平均蓄积			期望年蓄积生长量			商品出材量			期望生产力级数
	县值（万 m^3）	比值（m^3/hm^2）	级数（万 m^3/年）	县值（万 m^3）	比值（m^3/hm^2）	级数（万 m^3/年）	县值（万 m^3）	比值（m^3/hm^2）	级数（万 m^3/年）	县值（万 m^3）	比值（m^3/hm^2）	级数（万 m^3/年）	
萝岗区	1154.6	2.5	1	575.9	6.8	3	63.5	3.8	2	27.3	8.2	3	9
南沙区	56.0	0.1	1	241.5	2.9	1	3.4	0.2	1	16.5	5.0	2	5
花都区	3585.7	7.9	3	1003.9	11.9	4	204.4	12.3	5	100.9	30.3	11	23
番禺区	363.1	0.8	1	1233.2	14.6	5	16.0	1.0	1	9.6	2.9	1	8
罗湖区	223.2	0.5	1	616.1	7.3	3	15.4	0.9	1	7.1	2.1	1	6
福田区	86.7	0.2	1	456.1	5.4	2	9.5	0.6	1	4.6	1.4	1	5
南山区	74.9	0.2	1	150.1	1.8	1	6.7	0.4	1	4.0	1.2	1	4
盐田区	235.9	0.5	1	487.9	5.8	2	21.2	1.3	1	10.1	3.0	1	5
宝安区	922.2	2.0	1	423.5	5.0	2	71.0	4.3	2	39.1	11.7	4	9
龙岗区	4037.2	8.9	3	941.8	11.1	4	234.2	14.1	5	108.8	32.7	11	23
香洲区	2255.8	5.0	2	985.1	11.6	4	263.9	15.9	6	120.1	36.1	12	24
金湾区	1022.9	2.3	1	815.3	9.6	4	50.1	3.0	1	26.9	8.1	3	9
斗门区	1460.3	3.2	2	1061.4	12.5	5	90.5	5.5	2	44.4	13.3	5	14
惠城区	4206.3	9.3	4	638.9	7.5	3	315.5	19.1	7	162.7	48.9	12	26
惠阳区	2645.2	5.8	2	485.5	5.7	2	410.0	24.8	9	193.1	58.0	12	25
东莞市	4432.0	9.8	4	714.7	8.4	3	629.3	38.0	12	296.2	89.0	12	31
中山市	3514.2	7.7	3	1104.4	13.0	5	231.9	14.0	5	110.2	33.1	12	25
蓬江区	756.2	1.7	1	877.6	10.4	4	45.4	2.7	1	51.0	15.3	6	12
江海区	60.2	0.1	1	559.1	6.6	3	2.6	0.2	1	8.1	2.4	1	6
禅城区	0.0	0.0	0	0.0	0.0	0	0.0	0.0	0	0.0	0.0	0	0
南海区	783.2	1.7	1	1285.1	15.2	6	35.2	2.1	1	24.1	7.2	3	11
顺德区	159.4	0.4	1	1011.9	12.0	4	6.5	0.4	1	5.1	1.5	1	7
三水区	1466.9	3.2	2	1131.7	13.4	5	82.2	5.0	2	48.4	14.5	5	14
端州区	1278.5	2.8	1	821.3	9.7	4	147.0	8.9	4	62.3	18.7	7	16
鼎湖区	875.9	1.9	1	584.3	6.9	3	48.2	2.9	1	26.6	8.0	3	8

（6）木材供需分析。该区现实活立木蓄积量为1501.2万 m^3，最大化活立木蓄积量为3747.2万 m^3，活立木蓄积生长空间达2246万 m^3。蓄积量预测：2010年达90.3万 m^3，2020年达104.4万 m^3，2050年达128万 m^3。木材产量预测：2010年达56.8万 m^3，2020年65.7万 m^3，2050年达80.8万 m^3。“十一五”期间合理采伐量为44.5万 m^3，有一定的发展空间。年需木材1315.5万 m^3，2006年度生产商品材、自用材等木材44.5万 m^3，消耗活立木蓄积70.6万 m^3，木材缺口1271.0万 m^3，木材自给不足，需从外地大量调运。预计2010年木材缺口1395.0万 m^3，2020年木材缺口1560.2万 m^3，2050年木材缺口1661.5万 m^3（表7-54）。

表 7-54 "十一五"期间年森林采伐限额统计

单位	合计（万 m^3）	商品材			非商品材（万 m^3）	毛竹（万根）
		采伐量（万 m^3）	出材量（万 m^3）	出材率（%）		
合计	44.5	34.4	21.7	1701.0	2.6	10.1
天河区	0.5	0.3	0.2	63.0	0.0	0.0
白云区	1.4	1.3	0.8	63.0	0.1	0.0
黄埔区	2.6	0.1	0.1	63.0	0.0	0.0
萝岗区	0.6	0.5	0.3	63.0	0.0	0.0
南沙区	1.0	0.0	0.0	63.0	0.0	0.0
花都区	2.6	2.5	1.6	63.0	0.2	0.5
番禺区	0.5	0.5	0.3	63.0	0.0	0.0
罗湖区	0.1	0.1	0.1	63.0	0.0	0.0
福田区	0.1	0.1	0.1	63.0	0.0	0.0
南山区	0.2	0.2	0.1	63.0	0.0	0.0
盐田区	0.2	0.2	0.1	63.0	0.0	0.0
宝安区	1.6	1.5	0.9	63.0	0.1	0.0
龙岗区	1.8	1.7	1.1	63.0	0.1	0.0
香洲区	1.6	1.5	0.9	63.0	0.1	0.0
金湾区	1.0	0.9	0.6	63.0	0.1	0.0
斗门区	1.1	1.0	0.6	63.0	0.1	0.0
惠城区	5.2	4.8	3.0	63.0	0.4	1.0
惠阳区	3.6	3.3	2.1	63.0	0.3	0.4
东莞市	5.5	2.4	1.5	63.0	0.2	8.2
中山市	2.2	2.1	1.3	63.0	0.2	0.0
蓬江区	5.5	5.1	3.2	63.0	0.4	0.0
江海区	0.0	0.0	0.0	63.0	0.0	0.0
南海区	1.6	1.5	0.9	63.0	0.1	0.0
顺德区	0.4	0.4	0.3	63.0	0.0	0.0
三水区	2.4	2.2	1.4	63.0	0.2	0.0
端州区	0.1	0.1	0.1	63.0	0.0	0.0
鼎湖区	1.1	0.1	0.1	63.0	0.0	0.0

(7)区域产业优势。珠江三角洲是我国主要的对外加工业和制造业基地之一，产业分布密集，林业产业在全省占有重要的地位。据统计，该区林业总产值达到306.65亿元，占全省林业总产值的28.5%。其中，第一产业总产值54.34亿元，占全省第一产业总产值的1/5；第二产业总产值250.77亿元，占全省第二产业总产值的1/3；第三产业总产值1.55亿元，占全省第三产业总产值的1/7。第一产业的花卉业、陆生野生动物繁育与利用，第二产业的家具制造业、造纸工业、木制工艺品和木质文教体育用品制造业，在全省、乃至全国居

领先地位。非木材林业资源年均产值达 113.3 亿元，主要产品类型为文教体育用品、林产动植物雕塑工艺品、花卉产品和野生动物产品。建有 15 个省级以上森林公园，总面积达 18 527.18 hm^2，约占该区国土总面积的 1.04%。

7.2.9.3　发展方向与目标

发展城市林业，建设城市森林，改善和提升城市生态质量和品味。巩固和建设以沿海防护林、平原农田防护林、防浪护堤林、城郊风景林和工业区环保林为主的珠江三角洲防护林体系，为社会经济发展和人民安居提供绿化、美化、净化的生态环境。以花卉业为重要突破口，继续发展人造板、家具等外向型产业，适当发展野生动植物驯养业，建设具有珠江三角洲特色的林业产业，建成林产品区域流通中心和生产基地。大力发展森林生态旅游业，建成粤中休闲保健、综合旅游观光区（表 7-55）。

表 7-55　各时期林业奋斗目标

指　标	2010 年	2020 年	2050 年
有林地（hm^2）	427 428.1	428 273.7	431 172.9
占林地（%）	88.3	88.5	89.1
森林覆盖率（%）	25.0	25.8	26.5
活立木蓄积（万 m^3）	1625.3	1881.7	2308.1
向社会提供木材（万 m^3）	56.9	65.9	80.8
向社会提供竹材（万根）	10.6	11.1	11.6
生态公益林比例（%）	57.0	61.0	63.0
非木材资源产值（万元）	220 000	2 700 000	360 000
林业产值（万元）	3 593 075.3	4 132 036.7	4 751 842.1

7.2.9.4　重点建设内容

（1）风景林建设。重点建设城区背景山体和主要交通干线两侧生态控制线范围内的第一重山，坚持因地制宜、因需布设，相对集中连片和带、片、网、点相结合的原则，建设以生态保护功能为主、兼顾景观要素的生态风景林，充分发挥多林种优化配置的综合效益。

（2）沿海防护林建设。巩固和建设以沿海防护林、平原农田防护林、防浪护堤林、城郊风景林和工业区环保林为主的珠江三角洲防护林体系，增强抵御热带风暴、洪涝灾害的能力，从而优化区域生态环境。

（3）林业产业建设。一是重点发展第二产业，基本形成以花卉业、木材加工、家具制造、造纸、木制工艺品和木质文教体育用品制造为主的发达林业产业体系；二是以花卉业为突破口，继续发展人造板、家具等外向型产业，建设具有珠江三角洲特色的林业产业，建成林产品区域流通中心和生产基地；三是推进珠三角洲地区种苗及花卉生产的良种化、规范化、规模化和集约化，在广州、深圳、中山等市建设一批具有一定规模的名优花卉生产基地、优良乡土绿化大苗基地，扩大花都南方花卉交易市场、广州芳村花卉市场（广州花卉博览园）、顺德陈村花卉世界、南海的花卉交易长廊和中国（中山）南方绿化苗木博览会的影响力，建成闻名国内外的花卉中心交易市场；四是适当发展野生动植物驯养业，扩大现有饲养场数量和规模，适当增加饲养野生动物种类，建设一批示范基地。

（4）自然保护区和森林公园建设。大力发展森林生态旅游业，将珠江三角洲地区建成粤中休闲保健、综合旅游观光区。大力加强自然保护区建设，将生态区位重要、生态敏感、具有保护价值的南亚热带季风常绿阔叶林、国家重点保护野生动植物的主要栖息地和繁衍地抢救性地建立自然保护区。

7.2.10　东江中游自然保护一般用材林区

7.2.10.1　区域位置

该区地处全省东北部，东江中游，区域范围包括惠州市所辖的博罗县、惠东县和河源市所辖的紫金县，地理坐标为北纬 22°22′58″～23°57′38″，东经 110°3′12″～112°31′12″。区域总面积 1 003 470.0 hm^2，占全省国土总面积的 5.7%。

7.2.10.2　区域特征

(1)自然地理和社会经济。该区地貌以丘陵为主，北高南低，北部山地多，南部临海。属亚热带季风气候，雨量充沛、阳光充足、气候温和，年平均降雨量 1805 mm，年日照总数 2076h，年平均气温 22℃，全年无霜期达 350 天左右，最高温度为 37.3℃，最低温度为 3.2℃(2004 年)。地带性土壤为赤红壤，地带性植被为南亚热带常绿季风阔叶林，且保存良好，珍稀濒危植物种类多，是全省自然保护区建设的重点地区之一。户籍人口 232.35 万人，地区 GDP 为 319.10 亿元，地区地方财政一般预算收入 8.11 亿元，人均 GDP 为 4994－17592 元。

(2)林业资源及林种结构。该区是全省重要的集体林区，林地面积 70.7 万 hm^2，占全省林地总面积的 4.0%，占该区总面积的 70.5%。有林地 63.8 万 hm^2，森林覆盖率为 63.9%。土地权属、林木权属主要以集体所有为主。生态公益林面积为 20.9 万 hm^2，以水源涵养林、水土保持林和防风固沙林为主；商品林面积为 42.9 万 hm^2，以一般用材林为主。

(3)湿地、沙化土地。该区共有湿地 55 640.0 hm^2，占全省湿地总面积的 3.1%，包括河流湿地类型、近海及海岸湿地和人工湿地。人工湿地主要有白盆珠水库和显岗水库，河流湿地主要有西枝江，近海及海岸湿地主要有广东惠东港口海龟国家级自然保护区。该区南面临海，沙地面积 2275 hm^2，占全省沙地总面积的 2.2%，主要类型为固定沙地(丘)和沙化耕地。

(4)生态区位重要性和敏感性。该区省级以上自然保护区共有 5 个，保护总面积42 372 hm^2，约占该区国土总面积的 4.22%，主要保护对象为珍稀濒危动植物和南亚热带季风常绿阔叶林，生态区位综合评价为较重要(表 7-56)。

表 7-56　生态区位等级划分

单位	湖库防护		自然保护区		湿地		综合生态区位等级
	名称	生态区位等级	省级以上自然保护区名称	生态区位等级	名称	生态区位等级	
紫金县	无	一般	白溪省级自然保护区	较重要	无	一般	较重要
惠东县	白盆珠水库	重要	古田省级自然保护区和莲花山－白盆珠水源林自然保护区	较重要	惠东港口海龟国家级自然保护区	重要	重要
博罗县	无	一般	象头山国家级自然保护区和罗浮山省级自然保护区	重要	无	一般	重要

影响该区的主要生态因子有河流防护、湿地、自然保护区和植被现状等，属生态敏感性亚脆弱区(表 7-57)。

表 7-57　生态敏感性等级划分

单位	敏感性等级	原　因
紫金县	亚脆弱区	自然植被有明显人为干扰或处于演替中期或后期的次生群落
惠东县	亚脆弱区	自然植被有明显人为干扰或处于演替中期或后期的次生群落
博罗县	脆弱区	以自然植被为主，处于基本原始状态或次生状态

(5)生产力级数。区域内森林生产力级数较高，且各县基本一致。现实生产力级数域值为 33 – 36(表 7-58)，期望森林生产力级数均为 41，具有较大的提升空间(表 7-59)。

表 7-58　现实生产力等级

单位	活立木蓄积			林分平均蓄积			年蓄积生长量			商品出材量			现实生产力级数
	县值（万 m^3）	比值（m^3/hm^2）	级数（万 m^3/年）	县值（万 m^3）	比值（m^3/hm^2）	级数（万 m^3/年）	县值（万 m^3）	比值（m^3/hm^2）	级数（万 m^3/年）	县值（万 m^3）	比值（m^3/hm^2）	级数（万 m^3/年）	
紫金县	8875.2	19.6	10	303.3	3.6	2	681.3	41.1	12	334.0	100.3	12	36
惠东县	7268.0	16.0	8	281.7	3.3	2	535.2	32.3	12	300.0	90.1	12	34
博罗县	5396.6	11.9	6	344.2	4.1	3	407.0	24.6	12	299.0	89.8	12	33

表 7-59　期望生产力等级

单位	期望活立木蓄积			期望林分平均蓄积			期望年蓄积生长量			商品出材量			期望生产力级数
	县值（万 m^3）	比值（m^3/hm^2）	级数（万 m^3/年）	县值（万 m^3）	比值（m^3/hm^2）	级数（万 m^3/年）	县值（万 m^3）	比值（m^3/hm^2）	级数（万 m^3/年）	县值（万 m^3）	比值（m^3/hm^2）	级数（万 m^3/年）	
紫金县	31 874.4	70.2	12	1089.3	12.9	5	7554.2	456.2	12	3366.5	1011.0	12	41
惠东县	26 767.8	59.0	12	1037.6	12.3	5	5219.7	315.2	12	2366.3	710.6	12	41
博罗县	18 661.8	41.1	12	1190.3	14.1	5	7782.0	469.9	12	3441.8	1033.6	12	41

(6)木材供需分析。根据该区活立木蓄积提升空间计算结果，对林分蓄积进行测算，预计至 2010 年新增加林分蓄积生产能力达 96.2 万 m^3，2020 年达 117.4 万 m^3，2050 年达 152.6 万 m^3。按照出材率 0.63 计算，2010 年木材产量将达 60.6 万 m^3，2020 年达 74.0 万 m^3，2050 年达到 96.1 万 m^3，超出目前的采伐限额 2.8 万 m^3。

该区年需木材 0.4 万 m^3，2006 年度生产商品材、自用材等木材 93.3 万 m^3，消耗活立木蓄积 148.1 万 m^3，木材盈余 92.9 万 m^3，木材自给有余。预计 2010 年木材盈余 60.2 万 m^3，2020 年木材盈余 73.4 万 m^3，2050 年木材盈余 95.6 万 m^3(表 7-60)。

表 7-60　“十一五”期间年森林采伐限额统计

单位	合计（万 m^3）	商品材			非商品材（万 m^3）	毛竹（万根）
		采伐量（万 m^3）	出材量（万 m^3）	出材率（%）		
合　计	93.3	85.6	53.8	63.0	7.7	46.8
博罗县	33.4	27.8	17.5	63.0	5.6	10.6
惠东县	30.0	27.9	17.5	63.0	2.1	14.3
紫金县	29.9	29.9	18.8	63.0	0.0	21.9

(7)区域产业优势。该区林业总产值273 439.5万元。其中经济林产品的种植与采集，产值达104 814.4万元，占38.3%；其次为花卉的种植，产值62 860.0万元，占23.0%；再次为木、竹浆造纸业，年产值55 500.0万元，占20.3%。该区的优势产业为第一产业，以木、竹浆造纸和木材加工及木、竹、藤、棕、苇制品制造等为主。荔枝、龙眼和其他水果产值产值较高，是该区经济林产品的优势产品。非木材林业资源年均产值达172 429.8万元，产品类型包括观赏苗木、荔枝、盆花和其他水果。建有省级以上森林公园9个，总面积11 806.68 hm^2，约占该区国土总面积的1.17%。

7.2.10.3　发展方向与目标

加强自然保护区建设和生物多样性保护；加强水源林建设和近海及浅海湿地的保护和生态修复；开展生态旅游科普，弘扬生态文明，倡导人与自然和谐的重要价值观(表7-61)。

表7-61　各时期林业奋斗目标

指　标	2010年	2020年	2050年
有林地(hm^2)	643 865.9	648 014.9	654 785.8
占林地(%)	91.0	91.6	92.6
森林覆盖率(%)	65.2	67.6	69.8
活立木蓄积(万m^3)	2405.5	2934.7	3814.6
向社会提供木材(万m^3)	60.6	74.0	96.1
向社会提供竹材(万根)	49.1	51.5	53.8
生态公益林比例(%)	35.0	37.0	40.0
非木材资源产值(万元)	206 915.8	258 644.7	344 859.6
林业产值(万元)	284 377.1	307 127.2	359 338.9

7.2.10.4　重点建设内容

(1)自然保护区建设。保护珍稀濒危植物资源和南亚热带季风常绿阔叶林，将惠东莲花山白盆珠湿地自然保护区和博罗罗浮山自然保护区升级为国家级，将紫金乌禽嶂鸡公嶂自然保护区和惠东十二崆自然保护区升级为省级，新建市县级自然保护区14个，保护面积约5万hm^2。

(2)一般用材林建设。利用山地、盆地等有利的山地资源和优越的气候条件，重点发展一般用材林，提高林地单位面积的生产能力。

(3)水源林建设。开展水源林建设，改善东江和西枝江的主要水源地、白盆珠水库和显岗水库等地的生态状况。同时，加强近海及浅海湿地的保护和生态修复，完善广东惠东港口海龟国家级自然保护区基础设施建设，履行国际湿地公约。

(4)森林公园建设。加快东江省级森林公园的基础设施建设，继续完善广东象头山国家级自然保护区等的生态旅游建设。

(5)林业产业建设。一是加强基础设施建设，延长林产品加工产业链，创建优质林产品品牌；二是利用良好的森林植被开展生态旅游，增加林业第三产业产值；三是充分发挥林地的生产潜力，大力发展一般用材林。

7.2.11　粤东凤凰山脉－莲花山脉水土保持林及经济林产品区

7.2.11.1　区域位置

该区毗邻潮汕平原，地处粤东凤凰山脉至南海之间，区域范围包括揭阳市、潮州市和汕尾市 3 市所辖的 7 个县(市、区)，地理坐标为北纬 23°8′29″ ~ 24°12′30″，东经 115°24′34″ ~ 117°12′12″。国土总面积 797124.4 hm^2，占全省国土总面积的 4.5%。

7.2.11.2　区域特征

(1)自然地理和社会经济。属亚热带季风气候，年平均气温为 21.4℃，年平均降水量在 1720 ~ 2100 mm 之间，光、热、水资源较丰富。该区是粤东主要河流如榕江、黄冈河、练江、龙江、漯河和黄江的发源地，森林的水源涵养功能重要。区域户籍人口 696.5 万人，地区 GDP 为 502.26 亿元，地方财政一般预算收入 10.3 亿元，人均 GDP 为 6893 ~ 10 194 元。

(2)林业资源及林种结构。林地面积 48.7 万 hm^2，占全省林地总面积的 4.5%，占该区总面积的 61.1%。有林地 42.0 万 hm^2，活立木蓄积 884.8 万 m^3，森林覆盖率为 54.7%，主要树种有乡土阔叶树种和果树等。生态公益林面积 13.6 万 hm^2，主要林种为水源涵养林和水土保持林；商品林面积 28.3 万 hm^2，主要林种为经济林和一般用材林。

(3)湿地资源。该区湿地资源丰富，湿地面积 50 307.0 hm^2，占全省湿地总面积的 2.8%，主要类型为河流湿地和近海及海岸湿地。其中，河流湿地 23 696.0 hm^2，近海及海岸湿地 22 173.0 hm^2，人工湿地 4332.0 hm^2，湖泊湿地 106.0 hm^2。

(4)生态区位重要性和敏感性。该区地处粤东沿海多条主要河流的发源地，同时又处于沿海地区，遭遇热带风暴较频繁，是潮汕平原南部沿海地区的生态屏障，生态区位较重要。建有省级以上自然保护区 2 个，保护区总面积 0.53 万 hm^2，约占该区国土总面积的 0.7%，生态区位综合评价为较重要(表 7-62)。

表 7-62　生态区位等级划分

单位	主要河流		自然保护区		海岸台风防护		综合生态区位等级
	名称	生态区位等级	省级以上自然保护区名称	生态区位等级	发生频率	生态区位等级	
陆河县	无	一般	南万红锥林省级自然保护区	较重要	3 ~ 4 次/年	较重要	较重要
湘桥区	无	一般	无	一般	3 次/年 以下	一般	一般
潮安县	无	一般	凤凰山省级自然保护区	较重要	3 ~ 4 次/年	较重要	较重要
饶平县	榕江	较重要	无	一般	3 ~ 4 次/年	较重要	较重要
普宁市	榕江	较重要	无	一般	3 ~ 4 次/年	较重要	较重要
揭西县	榕江	较重要	无	一般	3 ~ 4 次/年	较重要	较重要
揭东县	榕江	较重要	无	一般	3 ~ 4 次/年	较重要	较重要

影响该区的主要生态因子有河流防护、水土流失和植被现状等，属生态敏感性亚稳定区(表 7-63)。

(5)生产力级数。区域内森林生产力级数较低。现实生产力级数域值为 6 ~ 20(表 7-64)。据测算，期望森林生产力级数域值为 8 – 33，具有一定的提升空间(表 7-65)。

表 7-63 生态敏感性等级划分

单位	生态敏感性等级	原因
陆河县	亚稳定区	植被自然度人为干扰大，演替逆行
湘桥区	亚稳定区	植被自然度人为干扰大，演替逆行
潮安县	亚稳定区	植被自然度人为干扰大，演替逆行
饶平县	亚稳定区	植被自然度人为干扰大，演替逆行
普宁市	亚稳定区	植被自然度人为干扰大，演替逆行
揭西县	亚稳定区	植被自然度人为干扰大，演替逆行
揭东县	亚稳定区	植被自然度人为干扰大，演替逆行

表 7-64 现实生产力级数

单位	活立木蓄积			林分平均蓄积			年蓄积生长量			商品出材量			现实生产力级数
	县值（万 m^3）	比值（m^3/hm^2）	级数（万 m^3/年）	县值（万 m^3）	比值（m^3/hm^2）	级数（万 m^3/年）	县值（万 m^3）	比值（m^3/hm^2）	级数（万 m^3/年）	县值（万 m^3）	比值（m^3/hm^2）	级数（万 m^3/年）	
陆河县	1516.1	3.3	2	192.3	2.3	2	98.5	6.0	3	60.0	18.0	9	16
湘桥区	264.6	0.6	1	368.5	4.4	3	12.5	0.8	1	5.0	1.5	1	6
潮安县	1238.0	2.7	2	167.0	2.0	1	88.5	5.4	3	27.0	8.1	5	11
饶平县	1865.3	4.1	3	174.9	2.1	2	125.5	7.6	4	57.0	17.1	9	18
普宁市	1701.2	3.8	2	168.6	2.0	1	124.4	7.5	4	61.0	18.3	10	17
揭西县	1801.4	4.0	2	207.8	2.5	2	119.0	7.2	4	93.0	27.9	12	20
揭东县	594.2	1.3	1	180.1	2.1	2	44.7	2.7	2	47.0	14.1	8	13

表 7-65 期望生产力级数

单位	期望活立木蓄积			期望林分平均蓄积			期望年蓄积生长量			商品出材量			期望生产力级数
	县值（万 m^3）	比值（m^3/hm^2）	级数（万 m^3/年）	县值（万 m^3）	比值（m^3/hm^2）	级数（万 m^3/年）	县值（万 m^3）	比值（m^3/hm^2）	级数（万 m^3/年）	县值（万 m^3）	比值（m^3/hm^2）	级数（万 m^3/年）	
陆河县	6173.8	13.6	5	783.0	9.2	4	808.8	48.8	12	374.5	112.5	12	33
湘桥区	606.6	1.3	1	844.8	10.0	4	29.1	1.8	1	15.1	4.5	2	8
潮安县	4602.3	10.1	4	620.8	7.3	3	520.1	31.4	11	234.1	70.3	12	30
饶平县	7497.2	16.5	6	702.9	8.3	3	1034.6	62.5	12	467.6	140.4	12	33
普宁市	4527.6	10.0	4	448.8	5.3	2	633.9	38.3	12	301.6	90.6	12	30
揭西县	5585.4	12.3	5	644.4	7.6	3	385.4	23.3	8	215.8	64.8	12	28
揭东县	1176.3	2.6	1	356.5	4.2	2	90.6	5.5	2	65.3	19.6	7	12

（6）木材供需分析。该区现实活立木蓄积 884.7 万 m^3，最大活立木蓄积 3024.3 万 m^3，蓄积生长空间为 2139.8 万 m^3。蓄积量预测：2010 年达 984.7 万 m^3，2020 年达 1191.7 万 m^3，2050 年达 1535.8 万 m^3。木材产量预测：2010 年达 29.5 万 m^3，2020 年达 35.7 万 m^3，2050 年达 46.1 万 m^3。“十一五”期间合理采伐量为 34.90 万 m^3，有一定的发展空间。其中，

饶平县和揭西县等。

该区年需木材 1.0 万 m^3，2006 年度该区生产商品材、自用材等木材 35.0 万 m^3，消耗活立木蓄积 55.6 万 m^3，木材盈余 34.0 万 m^3，因此项目区木材自给有余。预计 2010 年木材盈余 28.4 万 m^3，2020 年木材盈余 34.5 万 m^3，2050 年木材盈余 44.8 万 m^3(表 7-66)。

表 7-66　"十一五"期间年森林采伐限额统计

单位	合计（万 m^3）	商品材			非商品材（万 m^3）	毛竹（万根）
		采伐量（万 m^3）	出材量（万 m^3）	出材率（%）		
合计	34.9	32.5	20.5	63.0	2.4	34.2
陆河县	6.0	5.5	3.5	63.0	0.4	5.0
湘桥区	0.5	0.4	0.3	63.0	0.0	0.0
潮安县	2.7	2.5	1.6	63.0	0.2	5.4
饶平县	5.7	5.3	3.4	63.0	0.4	9.6
普宁市	6.1	5.7	3.6	63.0	0.4	5.2
揭西县	9.3	8.6	5.4	63.0	0.6	4.8
揭东县	4.7	4.3	2.7	63.0	0.3	4.2

(7)区域产业优势。林业总产值 146 267.8 万元，其中经济林产品的种植与采集，产值为 78 548.5 万元。非木材林业资源总产值为 122 685.2 万元，其中茶叶主值最高，其次是柑橘、荔枝、龙眼等。揭西县为"中国青榄基地县"，潮安县为中国乌龙茶之乡，潮安县"凤凰山茶"为全国闻名，湘桥区的"橡埔青皮橄榄"是特有的橄榄品种。建有省级森林公园 4 个，总面积 7166 hm^2，占该区总面积的 0.89%。

7.2.11.3　*发展方向与目标*

提高现有自然保护区的管护水平，建立自然保护区科研监测信息网络系统。加强水源林和水源地保护区建设，重点榕江、黄冈河、练江、龙江、漯河和黄江的发源地水源涵养林改造。建立经济林产品基地、茶叶基地和青榄基地(表 7-67)。

表 7-67　各时期林业奋斗目标指标表

指　标	2010 年	2020 年	2050 年
有林地(hm^2)	424 159.9	427 982.7	433 353.9
占林地(%)	87.0	87.8	88.9
森林覆盖率(%)	55.8	58.0	59.9
活立木蓄积(万 m^3)	984.7	1191.7	1535.8
向社会提供木材（万 m^3）	29.5	35.7	46.1
向社会提供竹材(万根)	35.9	37.6	39.3
生态公益林比例(%)	35.0	38.0	40.0
非木材资源产值(万元)	147 000.0	180 000.0	240 000.0
林业产值(万元)	152 540.5	160 167.5	176 184.3

7.2.11.4　重点建设内容

(1)水土保持林建设。适当提高粤东主要河流榕江、黄冈河、练江、龙江、漯河和黄江的发源地的生态公益林比例，加强水土保持林和水源涵养林建设。

(2)特色经济林建设。一是调整种植结构，选育优良果树资源，提高茶叶和青榄等林产品加工技术，建成闻名全国特色水果种植和加工基地；二是重点扶持区域森林生态旅游发展，打造潮汕文化生态旅游品牌。

(3)自然保护区建设。新建省级自然保护区5处、市级1处、县级11处，将生态区位重要或者资源条件较好的市县级自然保护区升级为省级或国家级，同时继续完善潮安凤凰山省级自然保护区和陆河南万红锥林省级自然保护区的生态旅游建设。

7.2.12　粤西云开大山－云雾山脉自然保护林及经济林产品区

7.2.12.1　区域位置

该区地处粤中西部山地，东西分别被云雾山脉和云开大山所夹，区域范围包括阳江市所辖的阳春市和茂名市所辖的高州市、信宜市，地理坐标为北纬21°41′49″～22°41′26″，东经110°37′40.6″～112°5′55″。该区国土面积1 018 629.9 hm^2，占全省国土总面积的5.8%。

7.2.12.2　区域特征

(1)自然地理和社会经济。该区地貌类型以山地为主，地势由南至北，逐步由丘陵地带到山区，最高峰大田顶(海拔1704m)位于信宜市大成镇，是云开山脉大雾岭的主峰，为粤西第一高峰。属南亚热带季风气候，同时又具备复杂多变的山区气候特点，气候夏热冬凉，四季分明，全年平均气温为16.0～23.0℃，年降雨量为1477～1941mm，无霜期205～347天。地带性土壤为赤红壤，地带性植被为南亚热带季风常绿阔叶林，且保存良好，珍稀濒危植物种类多，是全省自然保护区建设的重点地区之一。区域户籍人口394.64万人，地区GDP为363.59亿元，地方财政一般预算收入5.93亿元，人均GDP为9650～12 523元。

(2)林业资源及林种结构。该区是全省重要的集体林区，林地面积65.9万hm^2，占全省林地总面积的6.1%，占该区总面积的64.7%。有林地58.7万hm^2，活立木蓄积2587.4万m^3，森林覆盖率为58.8%，主要树种有阔叶树种和经济树种等。生态公益林面积15.8万hm^2，主要林种为自然保护林、水源涵养林和水土保持林；商品林面积42.8万hm^2，主要林种为经济林和一般用材林。

(3)湿地、石漠化土地。湿地面积46 639.0 hm^2，占全省湿地总面积的2.6%，主要类型为河流湿地和人工湿地。其中：河流湿地38 983.0 hm^2，包括鉴江、漠阳江、曹江河和潭水河等；人工湿地7643.0 hm^2，包括高州水库(良德水库和古骨水库组成)、北河水库、十丈水库、尚文水库和南山水库等。该区是全省石漠化较严重的地区之一，石漠化面积77 665.0 hm^2，占全省石漠化土地总面积的7.3%。

(4)生态区位重要性和敏感性。该区具有特大型水库高州水库和粤西主要河流鉴江、漠阳江、罗定江和新兴江；生物多样性丰富，珍稀濒危动植物种类多，南亚热带季风常绿阔叶林保存良好，建有3个省级以上森林类型保护区，保护总面积22 380.6 hm^2，约占该区国土总面积的2.2%，生态区位综合评价为重要(表7-68)。

影响该区的主要生态因子有河流防护、湿地、自然保护区、石漠化和植被现状等，生态敏感性脆弱(表7-69)。

表 7-68　生态区位等级划分

单位	湖库防护		自然保护区		石漠化区		综合生态区位等级
	名称	生态区位等级	省级以上自然保护区名称	生态区位等级	面积占%	生态区位等级	
阳春市	无	一般	百涌省级自然保护区和鹅凰嶂省级自然保护区	较重要	20.1	重要	重要
高州市	高州水库	重要	无	一般	无	一般	重要
信宜市	无	一般	大雾岭省级自然保护区	较重要	无	一般	重要

表 7-69　生态敏感性等级划分

单位	植被		石漠化		综合生态敏感性等级
	植被状况	生态敏感性等级	石漠化状况	生态敏感性等级	
阳春市	以自然植被为主，处于基本原始状态或次生状态	脆弱	极重度	脆弱	脆弱
高州市	以自然植被为主，处于基本原始状态或次生状态	脆弱	轻度	稳定	脆弱
信宜市	以自然植被为主，处于基本原始状态或次生状态	脆弱	轻度	稳定	脆弱

(5)生产力级数。区域内现实森林生产力级数较高，现实生产力级数域值为 27 – 40(表 7-70)。

表 7-70　现实生产力等级数

单位	活立木蓄积			林分平均蓄积			年蓄积生长量			商品出材量			现实生产力级数
	县值(万 m^3)	比值(m^3/hm^2)	级数(万 m^3/年)	县值(万 m^3)	比值(m^3/hm^2)	级数(万 m^3/年)	县值(万 m^3)	比值(m^3/hm^2)	级数(万 m^3/年)	县值(万 m^3)	比值(m^3/hm^2)	级数(万 m^3/年)	
阳春市	10 367.4	22.8	12	400.2	4.7	3	622.6	37.6	12	241.0	72.4	12	39
高州市	3851.7	8.5	5	208.6	2.5	2	234.5	14.2	8	120.0	36.0	12	27
信宜市	11 831.6	26.1	12	548.9	6.5	4	549.6	33.2	12	270.0	81.1	12	40

区内期望森林生产力级数域值为 36 – 43，具有较大的提升空间(表 7-71)。

表 7-71　期望生产力级数

单位	期望活立木蓄积			期望林分平均蓄积			期望年蓄积生长量			商品出材量			期望生产力级数
	县值(万 m^3)	比值(m^3/hm^2)	级数(万 m^3/年)	县值(万 m^3)	比值(m^3/hm^2)	级数(万 m^3/年)	县值(万 m^3)	比值(m^3/hm^2)	级数(万 m^3/年)	县值(万 m^3)	比值(m^3/hm^2)	级数(万 m^3/年)	
阳春市	34 943.7	77.0	12	1348.9	15.9	6	4822.2	291.2	12	2165.1	650.2	12	42
高州市	11 076.4	24.4	9	599.9	7.1	3	2348.2	141.8	12	1055.8	317.1	12	36
信宜市	35 364.0	77.9	12	1640.8	19.4	7	9159.3	553.1	12	4003.5	1202.3	12	43

(6)木材供需分析。对该区林分蓄积进行预测，2010 年新增加林分蓄积生产能力 114.3 万 m^3，2020 年为 136.5 万 m^3，2050 年为 173.7 万 m^3。按照出材率 0.63 计算，该区 2010 年木材产量将达 72.0 万 m^3，2020 年达 86.0 万 m^3，2050 年达到 109.5 万 m^3，超出目前的采伐限额 46.4 万 m^3。

该区年需木材 1.1 万 m^3，2006 年度该区生产商品材、自用材等木材 63.1 万 m^3，消耗活立木蓄积 100.2 万 m^3，木材盈余 62.0 万 m^3。预计 2010 年木材盈余 70.7 万 m^3，2020 年木材盈余 84.6 万 m^3，2050 年木材盈余 107.9 万 m^3（表 7-72）。

（7）区域产业优势。该区林业产业构成以第一产业和第二产业为主，林业总产值 412 435.9万元，其中经济林产品的种植与采集产值达 227 828.8 万元。荔枝、龙眼等热带水果闻名全省，甚至全国。非木材林业资源年均产值达 324 023.8 万元，主要产品类型为经济林产品、花卉产品、陆生野生动物产品和林产化学产品。其中：阳春市被称为“春砂仁之乡”、“中国马水桔之乡”，阳春市合水镇还被称为“广东省蚕桑第一镇”，高州是中国荔枝之乡和储良龙眼生产基地和育苗基地，高州龙眼与荔枝等热带水果均驰名中外。该区省级森林公园 1 个，面积 4000.0 hm^2。

表 7-72 “十一五”期间年森林采伐限额统计

单位	合计（万 m^3）	商品材			非商品材（万 m^3）	毛竹（万根）
		采伐量（万 m^3）	出材量（万 m^3）	出材率（%）		
合计	63.1	58.8	36.9	63.0	4.4	308.6
阳春市	24.1	22.4	14.1	63.0	1.7	47.9
高州市	12.0	11.2	7.0	63.0	0.8	44.1
信宜市	27.0	25.2	15.8	63.0	1.9	216.6

7.2.12.3 发展方向与目标

加强自然保护区建设和生物多样性保护，保护珍稀濒危植物资源和南亚热带季风常绿阔叶林，建成全省的重点示范区、示范群。以热带水果和特色经济林基地为依托，打造闻名全省的特色经济林产品区（表 7-73）。

表 7-73 各时期林业奋斗目标

指 标	2010 年	2020 年	2050 年
有林地（hm^2）	591 320.2	592 558.0	596 625.9
占林地（%）	89.7	89.9	90.5
森林覆盖率（%）	59.8	61.8	63.5
活立木蓄积（万 m^3）	2856.8	3414.5	4341.8
向社会提供木材（万 m^3）	72.0	86.0	109.4
向社会提供竹材（万根）	324.0	339.5	354.9
生态公益林比例（%）	30.0	35.0	40.0
非木材资源产值（万元）	453 197.7	566 497.1	755 329.5
林业产值（万元）	428 933.3	463 248.0	542 000.2

7.2.12.4 重点建设内容

（1）自然保护区建设。一是将阳春鹅凰嶂省级自然保护区和信宜大雾岭省级自然保护区升格为国家级；二是新建县级自然保护区 17 个，保护面积约 4 万 hm^2，以保护野生动植物资源和生物多样性。

(2)水源林建设。在高州水库、鉴江和漠阳江等生态敏感性区域加强水源林建设，使粤西河流的主要水源地和高州水库等地的生态状况得到明显改善。

(3)特色经济林建设。一是加强基础设施建设，延长林产品加工产业链，创建荔枝、龙眼、砂姜等优质林产品品牌；二是调整种植结构，选育优良果树资源，提高林果加工技术，建成闻名全国的热带水果种植、加工和集散基地。

(4)森林公园建设。一是加快花滩森林公园基础设施建设；二是继续完善大雾岭省级自然保护区、阳春百涌省级自然保护区和阳春鹅凰嶂省级自然保护区的生态旅游建设。

7.2.13　潭江流域工业原料沿海防护林区

7.2.13.1　区域范围

该区地处古兜山和天露山南麓，区域范围包括江门市所辖的新会区、台山市、开平市和恩平市 4 个县(市、区)，地理坐标为北纬 21°32′40″～22°36′12″，东经 112°0′44″～113°15′1.8″。区域总面积 777 358.1 hm^2，占全省国土总面积的 4.4%。

7.2.13.2 区域特征

(1)自然地理和社会经济。该区地貌类型以平原为主，海(岛)岸线长，有大小岛屿多个，地带性土壤为赤红壤。属亚热带海洋性季风气候，年平均气温 22℃左右，年平均日照 2000 h，年均降雨量 2000 mm 左右。水资源丰富，主要的河流有潭江和大隆洞河等。人区域户籍人口 278.63 万人，地区 GDP 为 465.78 亿元，该区地方财政一般预算收入 22.59 亿元，人均 GDP 为 11 044～23 931 元。

(2)林业资源及林种结构。林地面积 38.2 万 hm^2，占全省林地总面积的 3.5%，占该区总面积的 49.2%。有林地 29.7 万 hm^2，活立木蓄积 983.2 万 m^3，森林覆盖率为 40.4%。生态公益林面积 9.9 万 hm^2，主要林种为自然保护林、水源涵养林和水土保持林；商品林面积 19.8 万 hm^2，主要林种为工业原料林和一般用材林，速生丰产林在该区发展较快。

(3)湿地、沙化土地。湿地总面积 169 017.0 hm^2，占全省湿地总面积的 9.3%，主要类型为近海及海岸湿地和河流湿地。其中：近海及海岸湿地 129 030.0 hm^2，河流湿地 27 264.0 hm^2，人工湿地 12 723.0 hm^2。沙化土地面积 167.0 hm^2，经过监测沙化土地面积逐年递减，其中台山市降幅达 15.2%。

(4)生态区位重要性和敏感性。该区省级以上自然保护区共有 3 个，保护总面积 28850.3 hm^2，约占该区国土总面积的 3.71%，主要的保护对象为珍稀濒危动物和南亚热带季风常绿阔叶林，生态区位综合评价为较重要(表 7-74)。

表 7-74　生态区位等级划分

单位	主要河流		自然保护区		海岸台风		综合生态区位等级
	名称	生态区位等级	省级以上自然保护区名称	生态区位等级	发生频率	生态区位等级	
新会区	潭江	一般	古兜山省级自然保护区	较重要	3 次/年 以下	一般	一般
台山市	潭江	较重要	上川岛猕猴及岛屿生态系统自然保护区	较重要	3～4 次/年	较重要	较重要
开平市	潭江	一般	无	一般	3 次/年 以下	一般	一般
恩平市	潭江	较重要	七星坑省级自然保护区	较重要	3～4 次/年	较重要	较重要

影响该区的主要生态因子有河流防护、湿地、自然保护区和植被现状等，生态敏感性等

级为亚脆弱(表7-75)。

表7-75　生态敏感性等级划分

单位	敏感性等级	原　因
新会区	亚脆弱区	自然植被有明显人为干扰或处于演替中期或后期的次生群落
台山市	亚脆弱区	自然植被有明显人为干扰或处于演替中期或后期的次生群落
开平市	亚脆弱区	自然植被有明显人为干扰或处于演替中期或后期的次生群落
恩平市	亚脆弱区	自然植被有明显人为干扰或处于演替中期或后期的次生群落

(5)生产力级数。区域内森林生产力级数基本一致，现实生产力级数分别为：新会区(20)、台山市(30)、开平市(23)、恩平市(22)(表7-76)。

表7-76　现实生产力级数

单位	活立木蓄积			林分平均蓄积			年蓄积生长量			商品出材量			现实生产力级数
	县值(万 m^3)	比值(m^3/hm^2)	级数(万 m^3/年)	县值(万 m^3)	比值(m^3/hm^2)	级数(万 m^3/年)	县值(万 m^3)	比值(m^3/hm^2)	级数(万 m^3/年)	县值(万 m^3)	比值(m^3/hm^2)	级数(万 m^3/年)	
新会区	1518.7	3.4	2	315.7	3.7	2	106.9	6.5	4	183.0	55.0	12	20
台山市	4363.1	9.6	5	258.2	3.1	2	352.1	21.3	11	303.0	91.0	12	30
开平市	2034.3	4.5	3	266.9	3.2	2	179.6	10.9	6	183.0	55.0	12	23
恩平市	1969.9	4.3	3	221.7	2.6	2	143.4	8.7	5	128.0	38.4	12	22

据测算，期望生产力级数分别为：新会区(28)、台山市(41)、开平市(34)、恩平市(35)。区域现实活立木蓄积量为983.2万 m^3，最大化活立木蓄积量为4067.9万 m^3，活立木蓄积生长空间达3084.7万 m^3，有较大的提升空间(表7-77)。

表7-77　期望生产力等级数

单位	期望活立木蓄积			期望林分平均蓄积			期望年蓄积生长量			商品出材量			期望生产力级数
	县值(万 m^3)	比值(m^3/hm^2)	级数(万 m^3/年)	县值(万 m^3)	比值(m^3/hm^2)	级数(万 m^3/年)	县值(万 m^3)	比值(m^3/hm^2)	级数(万 m^3/年)	县值(万 m^3)	比值(m^3/hm^2)	级数(万 m^3/年)	
新会区	3959.7	8.7	3	823.1	9.7	4	439.5	26.5	9	290.7	87.3	12	28
台山市	20 785.6	45.8	12	1230.2	14.5	5	5175.6	312.5	12	2349.5	705.6	12	41
开平市	7277.9	16.0	6	954.9	11.3	4	2590.9	156.5	12	1194.3	358.7	12	34
恩平市	8652.7	19.1	7	973.8	11.5	4	1246.0	75.2	12	597.6	179.5	12	35

(6)木材供需分析。对该区林分蓄积进行预测，预计至2010年新增加林分蓄积生产能力达79.8万 m^3，2020年达99.7万 m^3，2050年达132.8万 m^3。按照出材率0.63计算，2010年木材产量将达50.3万 m^3，2020年达62.8万 m^3，2050年达到83.7万 m^3。

该区年需木材29.0万 m^3，2006年度生产商品材、自用材等木材79.7万 m^3，消耗活立木蓄积126.5万 m^3，木材盈余50.7万 m^3。预计2010年木材盈余18.3万 m^3，2020年木材盈余27.0万 m^3，2050年木材盈余45.2万 m^3(表7-78)。

表 7-78　“十一五”期间年森林采伐限额统计

单位	合计（万 m^3）	商品材			非商品材（万 m^3）	毛竹（万根）
		采伐量（万 m^3）	出材量（万 m^3）	出材率（%）		
合计	79.7	74.1	46.7	63.0	5.6	1.0
新会区	18.3	17.0	10.7	63.0	1.3	0.1
台山市	30.3	28.2	17.8	63.0	2.1	0.0
开平市	18.3	17.0	10.7	63.0	1.3	0.9
恩平市	12.8	11.9	7.5	63.0	0.9	0.0

(7)区域产业优势。该区林业总产值 280 063.6 万元，其中第一产业总产值 60 606.1 万元、第二产业产值 209 828.0 万元、第三产业总产值 9629.5 万元，以第二产业为主，最大的产业为木、竹浆造纸。非木材林业资源年均产值达 21 067.0 万元，主要产品类型为经济林产品、陆生野生动物产品和林产化学产品。建有省级以上森林公园 4 个，合计面积 9767.4 hm^2，占该区国土面积的 1.26%。

7.2.13.3　发展方向与目标

加强沿海防护林体系建设，建成沿海地区的生态屏障；加强水源林建设，实施林分改造工程，提高森林生态功能等级，改善水源地生态状况；以工业原料林基地为依托，打造发达的林业产业体系(表 7-79)。

表 7-79　时期林业奋斗目标

指　标	2010 年	2020 年	2050 年
有林地(hm^2)	302 587.9	309 315.0	316 490.4
占林地(%)	79.2	80.9	82.8
森林覆盖率(%)	41.5	43.6	45.4
活立木蓄积(万 m^3)	1117.7	1396.1	1859.0
向社会提供木材（万 m^3）	50.3	62.8	83.7
向社会提供竹材(万根)	1.1	1.1	1.2
生态公益林比例(%)	35.0	37.0	40.0
非木材资源产值(万元)	42 517.9	53 147.3	70 863.1
林业产值(万元)	291 266.1	317 480.1	374 626.5

7.2.13.4　重点建设内容

(1)沿海防护林建设。保护和恢复沿海滩涂红树林，使得红树林面积稳步增长，林分质量逐步提高，充分发挥红树林保护生物多样性、抵御洪水、调节径流、蓄洪防旱等生态效益，建成沿海地区的生态屏障，提高森林减灾防灾能力。

(2)工业原料林建设。建设速生丰产林，提高集约经营水平，增加原材料供应。

(3)森林公园建设。一是将继续完善恩平七星坑省级自然保护区、台山上川岛猕猴及岛屿生态系统自然保护区和江门古兜山省级自然保护区的生态旅游建设；二是加快广东主峰山国家森林公园等森林公园基础设施建设。

(4)特色经济林建设。延长林产品加工产业链，创建荔枝、龙眼等优质林产品品牌。

7.2.14 粤东潮汕平原近海及海岸湿地区

7.2.14.1 区域范围

该区位于莲花山脉东南面，南海西北面，区域范围包括揭阳市、汕尾市和汕头市3市所辖的12个县(市、区)，地理坐标为北纬22°38′24″～23°35′55″，东经114°54′51″～117°8′23″。该区总面积734 018.3 hm^2，占全省国土总面积的4.2%。

7.2.14.2 区域特征

(1)自然地理和社会经济。潮汕平原是广东省第二大平原，它位于省境东部、韩江下游，由韩江三角洲、黄岗河三角洲和榕江、练江中下游平原组成。地貌类型以台地和平原为主，东部临海，土壤以红壤和赤红壤为主。属南亚热带季风气候区，海洋性气候明显，光、热、水资源丰富，年平均气温为21～22℃，年平均最高气温26℃，年平均最低气温19℃，年平均降雨量为1800～2400mm，年平均日照时数为1900～2100h。区内户籍人口962.26万人，人口密度较大，地区GDP为1008.82亿元，地方财政一般预算收入39.36亿元，人均GDP为4869～13 186元。

(2)林业资源及林种结构。该区是全省用材林主要分布区，林地面积33.7万 hm^2，占全省林地总面积的3.1%，占该区总面积的45.9%。有林地24.6万 hm^2，森林覆盖率高低不均，林分质量不高，单位面积蓄积量仅为20.2m^3。生态公益林面积15.04万 hm^2，主要林种为自然保护林、水源涵养林和水土保持林；商品林面积18.67万 hm^2，主要林种为工业原料林和一般用材林。

(3)湿地、沙化土地。该区湿地资源丰富，湿地面积131 053.0 hm^2，占全省湿地总面积的7.2%，以近海及海岸湿地为主。其中，近海及海岸湿地104 714.0 hm^2，河流湿地18 458.0 hm^2，人工湿地7881.0 hm^2。沙地面积4.29万 hm^2，占全省沙地总面积的33.9%。其中，沙化耕地面积1.45万 hm^2，占33.8%；固定沙地面积2.09万 hm^2，占48.7%；流动沙地和半固定沙地，比例较小。根据广东省第三次沙化土地监测报告，该区沙化土地正在逐年减少。

(4)生态区位重要性和敏感性。该区近海有较大面积的红树林分布，沙地面积较大，建有2处湿地自然保护区和1处野生动物类型省级自然保护区，还是澳大利亚－东亚候鸟迁徙路线区域之一，生态区位重要(表7-80)。

表7-80 生态区位等级划分

单位	自然保护区		海岸台风防护		综合生态区位等级
	名称与级别	生态区位等级	发生频率	生态区位等级	
龙湖区	无	一般	4次/年 以上	重要	重要
濠江区	无	一般	4次/年 以上	重要	重要
金平区	无	一般	4次/年 以上	重要	重要
澄海区	无	一般	4次/年 以上	重要	重要
南澳县	南澳候鸟省级自然保护区	较重要	4次/年 以上	重要	重要
潮阳区	无	一般	4次/年 以上	重要	重要
潮南区	无	一般	4次/年 以上	重要	重要

（续）

单位	自然保护区		海岸台风防护		综合生态区位等级
	名称与级别	生态区位等级	发生频率	生态区位等级	
城区	无	一般	3～4 次/年	较重要	较重要
海丰县	公平大湖自然保护区	较重要	4 次/年 以上	重要	重要
陆丰市	无	一般	4 次/年 以上	重要	重要
惠来县	无	一般	4 次/年 以上	重要	重要
榕城区	无	一般	3～4 次/年	较重要	较重要

该区森林植被质量较差，有明显人为干扰，多为处于演替中期或后期的次生群落，属生态敏感性亚脆弱区（表 7-81）。

表 7-81 生态敏感性等级划分

单位	生态敏感性等级	原因
龙湖区	亚脆弱区	自然植被有明显人为干扰或处于演替中期或后期的次生群落
濠江区	亚脆弱区	自然植被有明显人为干扰或处于演替中期或后期的次生群落
金平区	亚脆弱区	自然植被有明显人为干扰或处于演替中期或后期的次生群落
澄海区	亚脆弱区	自然植被有明显人为干扰或处于演替中期或后期的次生群落
南澳县	亚脆弱区	自然植被有明显人为干扰或处于演替中期或后期的次生群落
潮阳区	亚脆弱区	自然植被有明显人为干扰或处于演替中期或后期的次生群落
潮南区	亚脆弱区	自然植被有明显人为干扰或处于演替中期或后期的次生群落
城区	亚稳定区	植被自然度人为干扰大，演替逆行
海丰县	亚脆弱区	自然植被有明显人为干扰或处于演替中期或后期的次生群落
陆丰市	亚脆弱区	自然植被有明显人为干扰或处于演替中期或后期的次生群落
惠来县	亚脆弱区	自然植被有明显人为干扰或处于演替中期或后期的次生群落
榕城区	亚稳定区	植被自然度人为干扰大，演替逆行

（5）生产力级数。经统计，现实森林生产力级数为 3－19（表 7-82）。经测算，期望森林生产力级数为 4－32（表 7-83）。

表 7-82 现实生产力级数

单位	活立木蓄积			林分平均蓄积			年蓄积生长量			商品出材量			期望生产力级数
	县值（万 m^3）	比值（m^3/hm^2）	级数（万 m^3/年）	县值（万 m^3）	比值（m^3/hm^2）	级数（万 m^3/年）	县值（万 m^3）	比值（m^3/hm^2）	级数（万 m^3/年）	县值（万 m^3）	比值（m^3/hm^2）	级数（万 m^3/年）	
龙湖区	2.7	0.0	1	143.6	1.7	1	0.2	0.0	1	1.0	0.3	1	4
濠江区	86.9	0.2	1	185.9	2.2	2	4.2	0.3	1	1.0	0.3	1	5
金平区	26.8	0.1	1	161.8	1.9	1	1.5	0.1	1	0.0	0.0	0	3
澄海区	63.3	0.1	1	145.2	1.7	1	4.5	0.3	1	4.0	1.2	1	4

（续）

单位	活立木蓄积			林分平均蓄积			年蓄积生长量			商品出材量			期望生产力级数
	县值（万 m^3）	比值（m^3/hm^2）	级数（万 m^3/年）	县值（万 m^3）	比值（m^3/hm^2）	级数（万 m^3/年）	县值（万 m^3）	比值（m^3/hm^2）	级数（万 m^3/年）	县值（万 m^3）	比值（m^3/hm^2）	级数（万 m^3/年）	
南澳县	222.1	0.5	1	265.1	3.1	2	11.2	0.7	1	1.0	0.3	1	5
潮阳区	392.3	0.9	1	179.5	2.1	2	21.1	1.3	1	18.0	5.4	3	7
潮南区	390.7	0.9	1	152.2	1.8	1	22.7	1.4	1	0.0	0.0	0	3
城区	169.5	0.4	1	87.5	1.0	1	10.9	0.7	1	0.0	0.0	0	3
海丰县	1482.4	3.3	2	144.7	1.7	1	117.2	7.1	4	121.0	36.3	12	19
陆丰市	686.1	1.5	1	86.8	1.0	1	53.7	3.2	2	72.0	21.6	11	15
惠来县	612.2	1.4	1	91.6	1.1	1	45.0	2.7	2	50.0	15.0	8	12
榕城区	87.2	0.2	1	341.5	4.0	2	4.0	0.2	1	1.0	0.3	1	5

表 7-83　期望生产力级数

单位	期望活立木蓄积			期望林分平均蓄积			期望年蓄积生长量			商品出材量			期望生产力级数
	县值（万 m^3）	比值（m^3/hm^2）	级数（万 m^3/年）	县值（万 m^3）	比值（m^3/hm^2）	级数（万 m^3/年）	县值（万 m^3）	比值（m^3/hm^2）	级数（万 m^3/年）	县值（万 m^3）	比值（m^3/hm^2）	级数（万 m^3/年）	
龙湖区	3.6	0.0	1	195.7	2.3	1	0.3	0.0	1	0.7	0.2	1	4
濠江区	162.9	0.4	1	348.7	4.1	2	8.0	0.5	1	3.9	1.2	1	5
金平区	53.8	0.1	1	324.8	3.8	1	3.0	0.2	1	1.8	0.6	1	4
澄海区	67.2	0.2	1	154.2	1.8	1	4.8	0.3	1	4.3	1.3	1	4
南澳县	324.2	0.7	1	387.0	4.6	2	16.2	1.0	1	7.4	2.2	1	5
潮阳区	823.8	1.8	1	376.9	4.5	2	44.5	2.7	1	29.1	8.8	3	7
潮南区	1068.0	2.4	1	416.1	4.9	2	62.0	3.7	2	26.0	7.8	3	8
城区	546.0	1.2	1	281.9	3.3	1	72.6	4.4	2	47.9	14.4	5	9
海丰县	5989.4	13.2	5	584.5	6.9	3	994.2	60.0	12	487.8	146.5	12	32
陆丰市	2346.1	5.2	2	296.8	3.5	1	1274.0	76.9	12	576.8	173.2	12	27
惠来县	2158.2	4.8	2	322.8	3.8	1	358.3	21.6	8	179.5	53.9	12	23
榕城区	106.5	0.2	1	417.3	4.9	2	9.5	0.6	1	4.6	1.4	1	5

（6）木材供需分析。该区蓄积量预测，2010 年达 467.0 万 m^3，2020 年达 560.6 万 m^3，2050 年达 716.2 万 m^3。木材产量预测：2010 年达 19.6 万 m^3，2020 年达 23.5 万 m^3，2050 年达 30.1 万 m^3。

该区年需木材 35.1 万 m^3，2006 年度生产商品材、自用材等木材 26.9 万 m^3，消耗活立木蓄积 42.7 万 m^3，木材缺口 8.2 万 m^3，木材自给不足。预计 2010 年木材缺口 19.1 万 m^3，2020 年木材缺口 19.9 万 m^3，2050 年木材缺口 16.4 万 m^3（表 7-84）。

表 7-84　"十一五"期间年森林采伐限额统计

单位	合计（万 m^3）	商品材			非商品材（万 m^3）	毛竹（万根）
		采伐量(万 m^3)	出材量(万 m^3)	出材率(%)		
合计	26.9	25.0	15.7	63.0	1.9	13.5
龙湖区	0.1	0.1	0.1	63.0	0.0	0.0
濠江区	0.1	0.1	0.0	63.0	0.0	0.0
金平区	0.0	0.0	0.0	63.0	0.0	0.0
澄海区	0.4	0.4	0.2	63.0	0.0	0.1
南澳县	0.1	0.1	0.1	63.0	0.0	0.0
潮阳区	1.8	1.7	1.1	63.0	0.1	0.0
潮南区	0.0	0.0	0.0	63.0	0.0	0.0
城区	0.0	0.0	0.0	63.0	0.0	0.0
海丰县	12.1	11.2	7.1	63.0	0.8	9.6
陆丰市	7.2	6.7	4.2	63.0	0.5	0.0
惠来县	5.0	4.7	2.9	63.0	0.4	3.6
榕城区	0.1	0.1	0.0	63.0	0.0	0.2

(7)区域产业优势。林业总产值 633 723.2 万元，其中最大的产业为木、竹、藤家具制造。非木材林业资源总产值为 57 303.1 万元，其中经济林产品年总产值 51 636.8 万元、花卉产品年总产值 3393.5 万元、陆生野生动物产品年总产值 270.0 万元、林产工艺品和文教体育用品年总产值 1974.0 万元。建有 3 个省级以上森林公园，面积 8250.0 hm^2，约占国土总面积的 1.12% 。

7.2.14.3　发展方向与目标

有效保护和培育红树林湿地资源，建成"山、海、路、田、城"相连的防护林体系；建设热带水果青榄和花卉基地(表 7-85)。

表 7-85　各时期林业奋斗目标

指　标	2010 年	2020 年	2050 年
有林地(hm^2)	256 345.2	273 360.3	288 898.9
占林地%	76.0	81.1	85.7
森林覆盖率(%)	35.8	39.3	42.0
活立木蓄积(万 m^3)	467.0	560.6	716.2
向社会提供木材(万 m^3)	19.6	23.5	30.1
向社会提供竹材(万根)	14.2	14.9	15.5
生态公益林比例(%)	49	53	60
非木材资源产值(万元)	68 000.0	85 000.0	110 000.0
林业产值(万元)	665 409.4	698 679.8	838 415.8

7.2.14.4 重点建设内容

(1)湿地资源保护。保护和恢复沿海滩涂红树林，使得红树林面积稳步增长，充分发挥红树林保护生物多样性、抵御洪水、调节径流、蓄洪防旱等生态效益。

(2)沿海防护林建设。加强沿海防护林建设，增强沿海防护林的防护功能。

(3)特色经济林建设。一是扩大热带水果青榄种植面积，进一步提高水果加工业水平，提高市场占有率；二是扩大茶叶基地种植面积；三是建立花卉基地。

(4)自然保护区建设。加快自然保护区建设，修复典型生态系统，维护和丰富生物多样性。

7.2.15 粤西雷州半岛工业原料红树林区

7.2.15.1 区域范围

该区位于广东省西南部的雷州半岛，包括云雾山脉西南面，琼州海峡北面地区。区域范围包括湛江市所辖的霞山区、坡头区、麻章区、赤坎区、徐闻县、雷州市、遂溪县和廉江市，地理坐标为东经 109°40′38″~110°37′59″，北纬 20°14′48″~20°55′29″。国土总面积 989 143.4 hm^2，占全省国土总面积的 5.6%。

7.2.15.2 区域特征

(1)自然地理和社会经济。该区地形单一，以台地为主，地面坡度一般仅 3~5°，海拔为 25~245m。属热带季风气候，年均气温在 23℃以上，最冷月均气温超过 15℃，极端最低温一般大于 4℃，全年无霜，夏秋间多台风暴雨，影响半岛的台风年均约 5.1 次。土壤以砖红壤为主，水土流失严重，谷地为冲积土，海滨为盐土。三面环海，岸线长约 1180 km，东部有东海、南三和硇洲等岛屿，南部海岸港湾众多，有红树林和珊瑚滩等，主要河流为遂溪河、城月河、南渡河、流沙河和海康河等。该区经济区域上属我省东西两翼地区，人均收入较低，人口密度较大。

(2)林业资源及林种结构。林地面积 24.5 万 hm^2，占全省林地总面积的 2.3%，占该区总面积的 24.8%。有林地 21.8 万 hm^2，活立木蓄积 960.2 万 m^3，森林覆盖率为 22.2%，主要树种有杉木、马尾松、阔叶树等。生态公益林面积 4.1 万 hm^2，主要林种为自然保护林、沿海防护林；商品林面积 17.9 万 hm^2，主要林种为短轮伐期工业原料林、速生丰产林和经济林。

(3)湿地、沙化土地。该区湿地资源丰富，具有类型多、面积大、分布广、生物多样性丰富等特点，湿地面积 327 241.0hm^2，占全省湿地总面积的 18.1%。其中近海及海岸湿地类型最丰富、面积最大，面积为 272 801.0 hm^2，占 83.4%。其次为河流湿地，面积达 32 014.0hm^2，占 9.8%。人工湿地面积 22 233.0 hm^2，占 6.8%。此外湖泊湿地面积为 193 hm^2，比例未到达 0.1%。该区沙化土地面积较大，共 48 176.0 hm^2。

(4)生态区位重要性和敏感性。该区红树林湿地资源丰富，建有湛江红树林国家级自然保护区，被列入湿地公约国际重要湿地名录，其中廉江市的鹤地水库库容超过 10 亿 m^3，生态区位重要(表 7-86)。

影响该区的主要生态因子有河流、水库、自然保护区、水土流失和石漠化等，干旱性缺水严重，生态环境较脆弱(表 7-87)。

表 7-86　生态区位等级划分

单位	台风防护		自然保护区		综合生态区位等级
	发生频率	生态区位等级	名称与级别	生态区位等级	
霞山区	4 次/年 以上	重要	广东湛江红树林国家级自然保护区	重要	重要
坡头区	4 次/年 以上	重要	广东湛江红树林国家级自然保护区	重要	重要
麻章区	4 次/年 以上	重要	广东湛江红树林国家级自然保护区	重要	重要
赤坎区	4 次/年 以上	重要	广东湛江红树林国家级自然保护区	重要	重要
徐闻县	4 次/年 以上	重要	广东湛江红树林国家级自然保护区	重要	重要
雷州市	4 次/年 以上	重要	广东湛江红树林国家级自然保护区	重要	重要
遂溪县	4 次/年 以上	重要	广东湛江红树林国家级自然保护区	重要	重要
廉江市	4 次/年 以上	重要	广东湛江红树林国家级自然保护区	重要	重要

表 7-87　生态敏感性等级划分

单位	生态敏感性等级	原　因
霞山区	亚稳定	人为干扰大，演替逆行，极为残次状态
坡头区	亚稳定	人为干扰大，演替逆行，极为残次状态
麻章区	亚稳定	人为干扰大，演替逆行，极为残次状态
赤坎区	亚稳定	人为干扰大，演替逆行，极为残次状态
徐闻县	亚稳定	人为干扰大，演替逆行，极为残次状态
雷州市	亚稳定	人为干扰大，演替逆行，极为残次状态
遂溪县	亚稳定	人为干扰大，演替逆行，极为残次状态
廉江市	亚稳定	人为干扰大，演替逆行，极为残次状态

(5)生产力级数。以现实森林生产力级数分析，区域内森林生产力级数较高，其中：霞山区(4)、坡头区(11)、麻章区(7)、赤坎区(6)、徐闻县(17)、雷州市(27)、遂溪县(19)、廉江市(32)(表 7-88)。

表 7-88　现实生产力级数

单位	活立木蓄积			林分平均蓄积			年蓄积生长量			商品出材量			期望生产力级数
	县值（万 m^3）	比值（m^3/hm^2）	级数（万 m^3/年）	县值（万 m^3）	比值（m^3/hm^2）	级数（万 m^3/年）	县值（万 m^3）	比值（m^3/hm^2）	级数（万 m^3/年）	县值（万 m^3）	比值（m^3/hm^2）	级数（万 m^3/年）	
霞山区	14.5	0.0	1	334.3	4.0	2	1.2	0.1	1	0.0	0.0	0	4
坡头区	365.8	0.8	1	310.1	3.7	2	35.8	2.2	2	35.0	10.5	6	11
麻章区	304.8	0.7	1	203.5	2.4	2	28.5	1.7	1	15.0	4.5	3	7
赤坎区	13.6	0.0	1	248.1	2.9	2	1.2	0.1	1	7.0	2.1	2	6
徐闻县	477.9	1.1	1	316.8	3.7	2	45.8	2.8	2	78.0	23.4	12	17
雷州市	2412.0	5.3	3	387.9	4.6	3	278.3	16.8	9	137.0	41.1	12	27
遂溪县	1009.6	2.2	2	276.5	3.3	2	83.1	5.0	3	105.0	31.5	12	19
廉江市	5044.9	11.1	6	486.9	5.8	3	333.4	20.1	11	241.0	72.4	12	32

据测算，期望森林生产力级数分别为：霞山区(9)、坡头区(20)、麻章区(24)、赤坎区

(5)、徐闻县(23)、雷州市(35)、遂溪县(29)、廉江市(41)(表7-89)。

表7-89 期望生产力级数表

单位	期望活立木蓄积			期望林分平均蓄积			期望年蓄积生长量			商品出材量			期望生产力级数
	县值(万 m³)	比值(m³/hm²)	级数(万 m³/年)	县值(万 m³)	比值(m³/hm²)	级数(万 m³/年)	县值(万 m³)	比值(m³/hm²)	级数(万 m³/年)	县值(万 m³)	比值(m³/hm²)	级数(万 m³/年)	
霞山区	36.1	0.1	1	829.1	9.8	4	3.1	0.2	1	25.7	7.7	3	9
坡头区	1467.7	3.2	2	1244.1	14.7	5	143.8	8.7	4	80.7	24.2	9	20
麻章区	1219.0	2.7	1	813.7	9.6	4	336.4	20.3	7	150.0	45.1	12	24
赤坎区	20.2	0.0	1	367.7	4.3	2	4.0	0.2	1	5.8	1.7	1	5
徐闻县	1740.7	3.8	2	1153.8	13.6	5	170.9	10.3	4	117.0	35.1	12	23
雷州市	7359.6	16.2	6	1183.5	14.0	5	1523.4	92.0	12	719.3	216.0	12	35
遂溪县	4215.0	9.3	4	1154.6	13.6	5	358.3	21.6	8	211.4	63.5	12	29
廉江市	14820.8	32.6	11	1430.3	16.9	6	978.2	59.1	12	550.6	165.4	12	41

(6)木材供需分析。该区蓄积量预测：2010年达1062.5万 m³，2020年达1274.1万 m³，2050年达1626.0万 m³。木材产量预测：2010年达83.7万 m³，2020年达100.3万 m³，2050年达128.0万 m³。"十一五"期间合理采伐量为61.8万 m³，有一定的发展空间，发展空间较大的为雷州市、廉江市等。

该区年需木材25.0万 m³，2006年度该区生产商品材、自用材等木材61.8万 m³，消耗活立木蓄积98.1万 m³，木材盈余36.8万 m³，木材自给有余。预计2010年木材盈余56.1万 m³，2020年木材盈余69.4万 m³，2050年木材盈余94.9万 m³(表7-90)。

表7-90 "十一五"期间年森林采伐限额统计

单位	合计(万 m³)	商品材			非商品材(万 m³)	毛竹(万根)
		采伐量(万 m³)	出材量(万 m³)	出材率(%)		
合计	61.8	57.4	36.2	63.0	25.0	5.7
霞山区	0.0	0.0	0.0	63.0	0.0	0.0
坡头区	3.5	3.4	2.1	63.0	1.3	0.0
麻章区	1.5	1.4	0.9	63.0	0.6	0.0
赤坎区	0.7	0.5	0.3	63.0	0.4	0.0
徐闻县	7.8	6.8	4.3	63.0	3.4	5.7
雷州市	13.7	13.0	8.2	63.0	5.5	0.0
遂溪县	10.5	9.8	6.2	63.0	4.2	0.0
廉江市	24.1	22.5	14.2	63.0	9.5	0.0

(7)区域产业优势。林业产业总产值382 294.3万元，占全省3.5%。其中最大的产业为木、竹浆造纸业，产值为144 301.0万元。非木材林业资源总产值为148 553.1万元，其中：经济林产品年总产值76 908.3万元、花卉产品年总产值64 720.0万元、陆生野生动物产品年总产值2820.5万元、林产化学产品年总产值1904.4万元、林产工艺品和文教体育用品林

年总产值 2200.0 万元。该区有国家级森林公园 2 个，总面积为 1405.79 hm^2。

7.2.15.3　发展方向与目标

加强科技自主创新，选育优良种质资源，加快雷州半岛的桉树短周期工业原料林建设；同时，扩大花卉基地建设(表 7-91)。

表 7-91　各时期林业奋斗目标

指　标	2010 年	2020 年	2050 年
有林地(hm^2)	220 476.7	222 772.5	225 822.5
占林地(%)	89.9	90.9	92.1
森林覆盖率(%)	22.2	22.7	23.6
活立木蓄积(万 m^3)	1062.5	1274.1	1626.0
向社会提供木材(万 m^3)	83.7	100.3	128.0
向社会提供竹材(万根)	6.0	6.3	6.6
生态公益林比例(%)	23.0	27.0	30.0
非木材资源产值(万元)	180 000	200 000	260 000
林业产值(万元)	260 072.5	280 878.4	308 966.2

7.2.15.4　重点建设内容

(1)工业原料林建设。加强科技自主创新，选育优良种质资源，建成全国闻名的工业原料林基地。

(2)沿海防护林建设。一是提高生态公益林面积比例；二是扩建、改造低效红树林，增强沿海防护功能，建成完善的沿海防护林体系。

(3)特色林业建设。一是扶持发展资源消耗低、科技含量高、市场前景好的特色林业产业，通过政策引导，积极培育一批竞争力强、辐射面广的龙头企业，带动沿海地区产业结构调整；二是加快湛江 70 万吨浆纸项目建设；三是扩大花卉基地建设。

7.2.16　粤西沿海防护工业原料林区

7.2.16.1　区域范围

该区位于粤西沿海地区，区域范围包括茂名市所辖的化州市、茂南区、茂港区、电白县，阳江市所辖的江城区、阳西县、阳东县及湛江市所辖的吴川市等 8 个县(市、区)，地理坐标北纬 21°14′23″~22°11′9″，东经 110°31′23″~112°21′41″。国土总面积 929 402.9 hm^2，占全省国土总面积的 5.3%。

7.2.16.2　区域特征

(1)自然地理和社会经济。地形以台地为主，地势由北向南倾斜，依山傍海，东北有天露山屏障，西北有云雾山环绕。海岸线长，水域面积广，岛屿和港口众多。年平均气温为 22.3℃，7 月最热，月平均气温为 28.1℃；1 月最冷，月平均气温 14.7℃。主要河流有鉴江、小东江和漠阳江等。地带性土壤类型为砖红壤，适宜种植热带作物和果树。区域户籍人口 605.75 万人，地区 GDP 为 545.98 亿元，地方财政一般预算收入 10.41 亿元。

(2)林业资源及林种结构。该区林地面积 38.6 万 hm^2，占全省林地总面积的 3.6%，占该区总面积的 41.5%。有林地 34.5 万 hm^2，活立木蓄积 847.2 万 m^3，森林覆盖率为

37.1%，主要树种有桉树、木麻黄等。生态公益林面积10.2万 hm^2，主要林种为自然保护林、沿海防护林；商品林面积24.2万 hm^2，主要林种为短轮伐期工业原料林、速生丰产林和经济林。

(3)湿地、沙化土地。该区湿地资源丰富，面积为116 204.0 hm^2，占全省湿地总面积的6.4%，以近海及海岸湿地和河流湿地为主。其中：近海及海岸湿地类型面积72 133.0万 hm^2，占64.3%；河流湿地面积达34 018.0 hm^2，占27.2%；人工湿地面积9903.0 hm^2，占8.3%；沼泽湿地为150.0 hm^2，占0.2%。该区沙化土地面积为29 474.0 hm^2，占全省沙地总面积的24.5%，以沙化耕地和固定沙地为主。

(4)生态区位重要性和敏感性。该区台风、干旱等自然灾害频繁，是沿海防护林建设的重点地区，生态区位综合评价为较重要。

表7-92 生态区位等级划分

单位	主要河流		海岸台风		综合生态区位等级
	名称	生态区位等级	发生频率	生态区位等级	
江城区	漠阳江	较重要	3~4次/年	较重要	较重要
阳西县	漠阳江	较重要	3~4次/年	较重要	较重要
阳东县	漠阳江	较重要	3~4次/年	较重要	较重要
吴川市	漠阳江	较重要	3~4次/年	较重要	较重要
茂南区	漠阳江	较重要	3~4次/年	较重要	较重要
茂港区	漠阳江	较重要	3~4次/年	较重要	较重要
电白县	漠阳江	较重要	3~4次/年	较重要	较重要
化州市	漠阳江	一般	3次/年 以下	一般	一般

影响该区的主要生态因子有河流、水库、自然保护区、水土流失和石漠化，生态敏感性等级为亚稳定(表7-93)。

表7-93 生态敏感性等级划分

单位	生态敏感性等级	原　因
江城区	亚稳定	人为干扰大，演替逆行，极为残次状态
阳西县	亚稳定	人为干扰大，演替逆行，极为残次状态
阳东县	亚稳定	人为干扰大，演替逆行，极为残次状态
吴川市	亚稳定	人为干扰大，演替逆行，极为残次状态
茂南区	亚稳定	人为干扰大，演替逆行，极为残次状态
茂港区	亚稳定	人为干扰大，演替逆行，极为残次状态
电白县	亚稳定	人为干扰大，演替逆行，极为残次状态
化州市	亚稳定	人为干扰大，演替逆行，极为残次状态

(5)生产力级数。区域森林生产力级数最高为化州市，较低为茂南区(表7-94)。

表 7-94　现实生产力级数

单位	活立木蓄积			林分平均蓄积			年蓄积生长量			商品出材量			期望生产力级数
	县值（万 m^3）	比值（m^3/hm^2）	级数（万 m^3/年）	县值（万 m^3）	比值（m^3/hm^2）	级数（万 m^3/年）	县值（万 m^3）	比值（m^3/hm^2）	级数（万 m^3/年）	县值（万 m^3）	比值（m^3/hm^2）	级数（万 m^3/年）	
江城区	1386.1	3.1	2	332.2	3.9	2	107.7	6.5	4	21.0	6.3	4	12
阳西县	2053.0	4.5	3	353.4	4.2	3	122.0	7.4	4	87.0	26.1	12	22
阳东县	1254.0	2.8	2	169.2	2.0	1	104.9	6.3	4	101.0	30.3	12	19
吴川市	416.2	0.9	1	189.9	2.2	2	31.9	1.9	1	69.0	20.7	11	15
茂南区	92.4	0.2	1	95.2	1.1	1	6.3	0.4	1	16.0	4.8	3	6
茂港区	168.8	0.4	1	184.4	2.2	2	11.6	0.7	1	16.0	4.8	3	7
电白县	1008.4	2.2	2	125.5	1.5	1	68.9	4.2	3	49.0	14.7	8	14
化州市	2116.1	4.7	3	233.5	2.8	2	176.2	10.6	6	287.0	86.2	12	23

据测算，该区期望森林生产力级数最高为化州市，最低为茂港区(表 7-95)。

表 7-95　期望生产力级数

单位	期望活立木蓄积			期望林分平均蓄积			期望年蓄积生长量			商品出材量			期望生产力级数
	县值（万 m^3）	比值（m^3/hm^2）	级数（万 m^3/年）	县值（万 m^3）	比值（m^3/hm^2）	级数（万 m^3/年）	县值（万 m^3）	比值（m^3/hm^2）	级数（万 m^3/年）	县值（万 m^3）	比值（m^3/hm^2）	级数（万 m^3/年）	
江城区	3951.2	8.7	3	947.1	11.2	4	1161.6	70.2	12	500.1	150.2	12	31
阳西县	5028.6	11.1	4	865.5	10.2	4	301.7	18.2	7	177.2	53.2	12	27
阳东县	4597.5	10.1	4	620.3	7.3	3	386.2	23.3	8	220.8	66.3	12	27
吴川市	2538.2	5.6	2	1158.2	13.7	5	489.9	29.6	10	245.8	73.8	12	29
茂南区	539.5	1.2	1	556.1	6.6	3	99.3	6.0	2	51.0	15.3	6	12
茂港区	397.3	0.9	1	433.9	5.1	2	27.4	1.7	1	20.8	6.2	3	7
电白县	3446.0	7.6	3	428.9	5.1	2	713.3	43.1	12	328.0	98.5	12	29
化州市	8400.2	18.5	7	926.8	10.9	4	4670.5	282.0	12	2128.1	639.1	12	35

(6)木材供需分析。对该区林分蓄积进行预测，到 2010 年新增加林分蓄积生产能力为 942.9 万 m^3，2020 年为 1140.8 万 m^3，2050 年为 1469.8 万 m^3。按照出材率 0.63 计算，该区 2010 年木材产量将达 594.0 万 m^3，2020 年达 718.7 万 m^3，2050 年达到 926.0 万 m^3。

该区年需木材 1.8 万 m^3，2006 年度生产商品材、自用材等木材 64.6 万 m^3，消耗活立木蓄积 102.5 万 m^3，木材盈余 62.8 万 m^3，木材自给有余。预计 2010 年木材盈余 72.3 万 m^3，2020 年木材盈余 87.6 万 m^3，2050 年木材盈余 113.4 万 m^3(表 7-96)。

表 7-96 “十一五”期间年森林采伐限额统计

单位	合计（万 m^3）	商品材			非商品材（万 m^3）	毛竹（万根）
		采伐量（万 m^3）	出材量（万 m^3）	出材率（%）		
合计	64.6	59.9	37.8	63.0	13.7	13.1
江城区	2.1	1.9	1.2	63.0	2.0	0.4
阳西县	8.7	8.1	5.1	63.0	8.0	68.9
阳东县	10.1	9.4	5.9	63.0	0.7	5.2
吴川市	6.9	6.4	4.0	63.0	0.5	0.0
茂南区	1.6	1.5	1.0	63.0	0.1	0.0
茂港区	1.6	1.4	0.9	63.0	0.1	0.0
电白县	4.9	4.5	2.9	63.0	0.3	0.0
化州市	28.7	26.7	16.8	63.0	2.0	1.5

(7)区域产业优势。林业总产值236 422.1万元，占全省的2.2%。非木材林业资源总产值为118 730.7万元，占全省非木材林业资源的3.6%。化州市非木材林业资源年均产值最高，其次为电白县。其中，化州市荔枝、龙眼已具有一定规模，化州橘红是著名药材；电白县是全国有名的沉香基地，荔枝、龙眼、橄榄等闻名于全省。

7.2.16.3 发展方向与目标

保护与恢复红树林，使之能更有效地抵御风暴、海潮和海啸等自然灾害。完善沿海防护林体系建设，实现基干林带的真正合拢，增强沿海防护林的防护功能。加强桉树短周期工业原料林建设(表7-97)。

表 7-97 各时期林业奋斗目标

指 标	2010年	2020年	2050年
有林地(hm^2)	348 845.3	352 971.8	358 210.6
占林地(%)	90.4	91.5	92.9
森林覆盖率(%)	37.1	38.0	39.6
活立木蓄积(万 m^3)	942.9	1140.8	1469.8
向社会提供木材（万 m^3）	74.3	89.8	115.7
向社会提供竹材(万根)	13.8	14.4	15.1
生态公益林比例(%)	32.0	33.0	35.0
非木材资源产值(万元)	142 000.0	178 000.0	237 000.0
林业产值(万元)	248 243.2	260 655.4	286 720.9

7.2.16.4 重点建设内容

(1)沿海防护林建设。加强沿海防护林建设，发展红树林，增强沿海防护林的防护功能。

（2）工业原料林建设。加强科技自主创新，选育优良种质资源，在提高现有基地建设的前提下，加强桉树短周期工业原料林建设，建成全国重要的工业原料林基地。

（3）特色林业建设。通过政策引导，积极培育一批竞争力强、辐射面广的龙头企业，带动沿海地区产业结构调整；扩大化州市橘红基地及电白县沉香基地建设规模。

第8章 广东现代林业发展区划的政策保障及实施建议

广东现代林业发展区划是林业建设的基础性工作，区划明确了各分区的主导功能定位、林种布局、林业发展方向及建设重点等。区划的实施需要有完善的科技支撑体系、强有力的政策保障措施和长期稳定的投入机制，同时做好与林业相关规划、森林经营方案等衔接工作，在实施过程中根据实际情况不断充实、完善，才能保证林业区划真正意义上的实施。

8.1 政策保障

8.1.1 建立完善的科技支撑体系

区划的实施是一项复杂、系统的工程，必须建立完善的科技支撑体系以作保证。为此，要加快林业科技创新体系建设，需进一步完善科技推广体系建设，推进林业标准化体系建设，提升全省林业科技发展水平。具体措施包括：

(1)加强重点林业科技攻关。重点推进优良乡土阔叶树种和珍贵用材树种良种选育及栽培技术、商品林树种良种选育及资源培育技术、林分改造技术、森林可持续经营技术、森林生态效益监测与评价技术、林业生物技术产业化及资源高效开发利用、林业信息技术开发应用、林业防灾减灾技术等攻关研究，突破一批制约广东现代林业发展的关键技术。

(2)加强林业科技示范推广工作。重点开展桉树、相思、南洋楹、杂交松、速生高脂马尾松、油茶等优良品种、种源、品系和栽培新技术，红锥、黎蒴、木荷等优良乡土阔叶树种栽培技术，林木快繁育苗技术，森林生态效益监测技术，地带性森林群落恢复与重建技术，低效生态公益林改造技术，绿僵菌等生物农药防治森林病虫害技术，松材线虫病综合治理技术，薇甘菊综合防治技术，木材防腐技术等成果的示范和组装配套推广，促进林业科技成果转化。

(3)加强林业科技创新能力建设。重点加快省级林业科研试验示范基地、区域性林业科技示范基地建设，强化林业传统优势学科，培育新兴学科；加强省及区域性林业科研机构科研条件建设，提高科研开发能力；整合全省林业科技资源，充分发挥驻粤有关科研院所、大专院校的人才与技术优势，构建科技资源共享平台。

(4)加强林业标准化和质量监督工作。加快林业生态建设、林产品质量安全等标准的修订步伐，建立健全林业标准体系；扩大林业标准化示范区建设规模，促进林业标准化示范推广，全面促进林业生产按标准设计、按标准实施、按标准验收；加强林产品质量检验检测机构建设，逐步完善林业质量监督检验体系。

8.1.2 深化集体林权制度改革

广东现有集体林地 1006.7 万 hm^2，占全省林地面积的 91.5% 。集体林权制度虽经数次变革，但产权不明晰、经营主体不落实、经营机制不灵活、利益分配不合理等问题仍然存在，严重制约了现代林业生产力的发展。实行集体林权制度改革，就是在坚持集体林地所有权不变的前提下，采取多种模式，依法将集体山林的产权落实到本集体经济组织的农户手中，确立农民作为林地经营权人的主体地位，把山林变成农民的重要生产资料，把森林资产变成农民的重要财产，把林业经营变成农民的创业平台，走明晰产权、量化到人、家庭承包、联户合作、规模经营的现代林业改革之路，开辟农村发展的新天地，这对于稳定和完善农村基本经营制度、破解“三农”难题、促进全省农民就业增收，建设社会主义新农村、构建社会主义和谐社会都具有重大意义。具体措施包括：

(1)对于林业“三定”时期划定的自留山要保持稳定不变，明晰四至界线，核发、换发林权证，长期无偿使用，允许继承。

(2)对于责任山保持承包关系稳定不变，明晰四至界线，核发、换发林权证，承包期 70 年，在承包期内可依法流转和继承。

(3)对于目前仍实行集体统一经营的集体山林要进一步明晰产权，量化到人，积极推行联户合作、规模经营的方式，可继续实行集体统一经营或采取公开招标、租赁、转让、拍卖等方式依法流转，流转所得收益 70% 以上按股份落实到农户，使每个集体经济组织内部成员平等享有集体山林的权益，确保农民在改革中受益。

(4)对于生态公益林、自然保护区、森林公园、风景名胜区的集体林地、集体林场、联办林场要维持经营主体不变，采取均股、均利的经营方式落实权、责、利，并鼓励有条件的地区通过法定方式将自然保护区、生态公益林的集体林地赎买收归国有。

(5)对于已规范流转的林地要保持稳定，要本着尊重历史和现实的原则，对不够规范的，要依法妥善处理，进一步规范和完善。

8.1.3　完善林业投融资体系

林业既是一项事业又是一项基础产业。随着集体林权制度改革的进一步深入，以林权证抵押取得小额贷款、森林资源资产抵押贷款、农村信用社抵押贷款及担保公司担保贷款形式的新型林业投资模式也逐步发展起来，作为林业投资的重要补充，这部分资本的注入将进一步推动全省林业的发展，对今后尝试多种形式的林业投资模式提供依据，也为实现现代林业发展区划的目标奠定基础。结合广东林业建设实际，需要进一步完善林业投融资体系。

(1)增加对农民造林给予直接补贴的制度。改革开放以来，林农通过营造经济林、速生丰产用材林等来增加收入，但是，目前广东林农造林与种粮或其他经济作物相比，收益悬殊较大，严重挫伤了林农营造生态公益林的积极性。建议国家和地方政府实行对林农造林给予财政补贴。

(2)建立林木良种、优质苗木生产补贴制度。提高森林质量基础在于良种，良种壮苗是造林由数量保障型向质量效益型转变的关键。目前，中央财政只按《中华人民共和国种子法》的要求，对种粮给予了良种补贴，但还未对林木良种、优质苗木进行补贴。由于林木良种壮苗选育和生产的公益性质，在没有持续稳定的资金投入的情况下，林木良种基地正常的选育和生产过程以及管理都受到很大影响，从而导致良种的供应不足。为此，必须建立林木良种、优质苗木生产补贴制度。

(3)提高林业投融资服务及管理水平。督促和指导林权人做好森林资产抵押的监管工作，避免被抵押的森林资产遭受损失；按国家相关规定提供森林资产评估服务工作，让林权人心中有数；确保抵押期间不办理任何会导致森林资产流失的手续。

(4)推进林业投融资改革。要按照市场经济原则，鼓励和引导金融机构大力支持林业建设。鼓励银行机构调整贷款结构，开发适合林业特点的信贷产品，如林权抵押贷款，并适当提高中长期贷款的比例；引导保险机构积极提供与林业建设相关的保险品种，以及针对林业建设贷款的保险产品。同时，各级财政对林业专项贷款要给予适当的贴息补贴，以分担金融机构信贷风险。

(5)积极研究推进森林保险制度建设。广大林农投入大量资金营造的经济林木、一般用材林和速生丰产林一旦损毁，将严重挫伤经营者投资林业的积极性。为重拾林农投资林业的信心，有必要加强国家应对灾害政策的制定，积极推行森林保险等相关的保障政策，中央和地方各级财政都要承担一定比例的森林保险金。

8.1.4 其他政策措施

(1)加快现代林业体制改革。进一步转变政府职能，逐步建立以管理、执法、服务三大职能为主的管理新体制。实行政企、政事分开，合理设置乡镇林业工作站、木材检查站，各级林业行政机关、公益性事业单位人员工资和工作经费纳入同级财政预算；积极推行林业综合行政执法，不断提高执法效能。

(2)实行商品林、生态公益林分类经营管理。对商品林，经营者可依法自主决定经营方向和经营模式，生产的木材实行产销结合。在坚持森林采伐限额管理的前提下，不断改进采伐管理办法，简化林木采伐审批程序，实行木材采伐指标分配公示制度，接受群众监督。严格控制生态公益林采伐，依法进行抚育和更新性质的采伐，合理控制采伐方式和强度。同时，在不破坏生态功能的前提下，可依法合理利用林地资源，开发林下种养业，利用森林景观开发森林旅游业。

(3)建立完善的林木、林地使用权流转制度。随着市场经济的不断发展，土地、劳动力等生产要素逐步进入市场，林木、林地作为生产要素进入市场是大势所趋。目前，广东林木、林地使用权出租、转让等流转相当普遍。但在流转实际操作过程中，出现了不进行评估或粗放评估的现象，林木、林地使用权流转缺乏相关的规范。

(4)探索建立对非国有的公益林赎买政策。根据国家生态安全的需要，对生态区位重要的区域非国有权属和由非国有投资主体投资营造的重点公益林，特别是自然保护区内和农民投资营造的重点公益林，由国家进行征收或赎买，转变其所有制形式。

(5)建立森林资源资产评估体系。按照现代林业发展的需求，加快评估队伍建设，制定森林资源资产评估办法，开展评估资质认证，加强管理，规范运作。集体统一林地经营权和林木所有权，采取拍卖、招标、协议或者其他方式流转的，必须进行森林资源资产评估，防止集体资产流失。

(6)完善林业社会化服务体系。重视林业社会化服务体系建设，加强林业社会化服务工作，建立林权管理机制，做好林权确认、转让交易、办证登记、行政审批和信息发布等一站式的管理服务。加快发展林业专业合作组织、林业龙头企业和林业专业协会，充分发挥政策咨询、信息服务、科技推广、行业自律、依法维权等作用。

8.2　实施建议

8.2.1　做好森林经营方案与林业发展区划的衔接

林业区划是森林经营方案的基础，而森林经营方案是林业区划的具体体现，两者在内容上相互渗透、相辅相成。为此，做好森林经营方案与林业发展区划的衔接工作是实现林业可持续发展的重要前提。主要衔接方面有：

(1)根据各分区的林业主导功能定位，确定经营单位未来森林资源经营管理的方向和管理类型。建设生态文明、构建和谐社会赋予了森林资源经营管理新的使命，推进现代林业建设和集体林产权制度改革对森林资源经营管理提出了新的要求，经济不断增长的产品需求和生态需求对森林资源经营管理提出了新的任务，日益复杂的国际林业发展环境对森林资源经营管理提出了新的挑战。各县根据其生态区位、森林生产力水平、林业产业现状和资源状况，确定与该区林业发展区划研究相一致的森林资源经营管理方向。根据该区的经营管理方向，确定该区森林经营管理的主要类型，如重点开发、优化开发、禁止开发和限制开发等。

(2)根据各分区的林业重点建设方向，确定经营单位未来森林资源经营管理的主要措施。林业发展区划明确了区域森林经营、治理和优化的模式等，可作为该区森林经营管理的主要措施，如封山育林、封禁保护、提高质量和重点治理等。

8.2.2　调整林业相关专题规划与林业发展区划的关系

近年来，广东根据珠江三角洲、东西两翼、粤北山区自然地理、区位特点、资源现状、经济水平、发展目标等因素，坚持统一规划、分类指导、分区施策、分步实施、科学经营的原则，以构建现代林业生态、产业和文化三大体系的发展思路，多次组织专题调研，先后编制了多个专项规划，这些规划的制定和实施为广东林业发展提供了依据。但在规划过程中也发现了一些问题，如有些规划因编制时间较早，已经不能适应目前的林业发展形势，急需根据林业发展区划成果进行修订完善或重新编制。

(1)完善和修订现有规划：《广东林业产业发展规划》、《广东省湿地保护规划》、《广东省天然林保护发展规划》、《广东沿海防护林体系建设规划》、《广东石漠化治理规划》、《广东省林地保护利用规划》和《广东省森林公园发展规划》等。

(2)加快编制的规划有：《广东省非木材林业资源发展规划》、《广东省林种发展规划》、《广东省生物质能源林建设工程》、《广东省封山育林规划》和《广东省数字化林业建设规划》等。

8.2.3　不断修改完善林业发展区划成果

影响林业生产发展的条件很多，由于某种或某些自然因素或社会因素的变化，都有可能使林业发展方向或重点领域发生改变，需要根据林业生产条件的不断变化和社会经济的发展以及科学技术的进步，不断修订充实林业发展区划的成果，才能适应林业生态产品和生产力布局的要求。区划成果的应用过程是一个由实践到理论再实践反复循环、不断提高的过程。为此，林业发展区划是一项长期性工作，要做到区划的科学性和准确性，必须制定开放型的区划。

参考文献

Bailey R G. 1976. Ecoregins of the United States. Ogden. UT：USDA Forest Service. Intermountain Region. 1：7 500 000. Colored.

BirkinM，ClarkeG，ClarkeM，etal. 1996. IntelligentGIS，LocationDe－cisions and Strategic Planning［M］. Cambridge：Geoinformation In－ternationa. l

Dice L R. 1943. The BioticProvince of North America. Univ. of Michigan Press，Ann Arbor，MI.

Dice L R. 1943. The BioticProvince of North America. Univ. of Michigan Press，Ann Arbor，MI.

Dokuchaev V. V. 1951. On the theory of natural zones. 1899. In：Sochineniya(Collected Works). 6：Moscow－Leningrad.

Herbertson A. J. 1905，The major natural regions：an essay in sysrtematic geography. Geogr J. 25：300－312.

Hodgkins EJ. 1965. Southeastern Forest Habitat Regions Based on Physiography. Auburn Univ. Forestry Department Series 2，Auburn，AL.

Holdridge LR. 1947. Determination of world plant formations from simple climate data. Science，105：367－368.

Kira T. 1945. A new classification of climate in easternAsia as the basis for agricultural geography. Floricultural Institute. Kyoto Univ，Kyoto. Japan. 23

Kira T. 1976. Terrestrial Ecosystem－an Introduction. Kyoritsu Shuppan. Tokyo. Japan.

koppen W. 1931. Grundiss der Klim akunde. Walter de Gruyter. Berlin. Germany.

Krajina V J. 1965. Biogeoclimatic zones and classification of British Columbia，In：Ecology of Western North America. Univ. of British Columbia Press，Vancouver. 1－17.

Kuchler A W. 1964. Potential Natural Vegetation of the Conterminous United States(map and manual). American Geographical Society Special Publication 36，New York.

Loucks O L. 1962. A forest classification for theMaritime Province. Canadian Department Forest reprint from Proc. No－va. Section Inst. Sci. 25 Part 2.

Loucks O L. 1962. A forest classification for theMaritime Province. Canadian Department Forest reprint from Proc. No－va. Section Inst. Sci. 25 Part 2.

Merriam C H. 1898. Life zones and crop zones of the United States. Bull. Div. Biol. Surv. 10. Washington，DC. U. S. Department of Agriculture. 1－79.

Penman HL. 1956. Estimating evaporation. Transaction of American Genphysical Union，37(1)：43－50

Physiographic division of theUnited States. Annals of the Association of American Geographers. 18：261－353.

Rowe J S. 1972. Forest Regions of Canada. Canadian Forestry Service Publication 1300. Ottawa. Ontario.

Schmidt－Renner G. 1970. 经济地理学基础理论[M]. 经济地理研究会译. 东京：古今书院.

Tansley A. 1935. The use and abuse of vegetational concept and terms[J]. Ecology，(16).

Thornthwaite C. W. 1948. An approach toward a rational classfication of climate. Geographical Review，38：57－94

Thornthwaite C. W. and Hare F. K. 1955. Climatic classification in forest. Unasylva. 9(2)：51－59

THUNEN J V. 1997. 孤立国同农业和国民经济的关系[M]. 吴衡康译. 北京：商务印书馆.

Walter H and Box E. 1976. Global classification of natural terrestrial ecosystem. Vegetatio. 32：75～81.

Wiken，E. B(compiler). 1986. Terrestrial Ecozones of Canada. Ecological Land Classification Series No. 19 Environment Canada，Hull，Que. 26pp. and map

安希级. 1987. 资本主义农业经济学的历史与现状[J]. 农业经济，(1).

曹兵，张志奋，宋丽华，哈梅娟，司马源. 1997. 模糊聚类分析在盐池县林业区划中的应用研究[J]. 宁夏农学院学报，(3).

曹国江，赵良平，赵廷宁，郭宏忠，陈平平. 2003. 全国林业生态建设与治理区划研究[J]. 中国水土保持科学，(1).

陈火春. 2001. 再谈森林分类经营[J]. 林业调查规划，7(2)：21－25.

陈新林. 1987. 灰色局势决策及其在林业中的应用[J]. 林业调查规划，(4).

程力，王应刚，石虹. 1995. 黄土丘陵沟壑区植树造林多目标灰色局势决策[J]. 水土保持学报，(1).

但新球，舒勇. 2008. 广州国家森林城市建设中的生态文化内涵分析[J]. 中南林业调查规划，27(4)：46－49

邓聚龙. 1990. 灰色系统理论教程[M]. 武汉：华中理工大学出版社，83－86.

董建林，雅洁，邓芳. 1998. 聚类分析在林业区划中的应用[J]. 内蒙古林业科技，(3)：26－32.

杜尧东，罗襄生，李增禄，魏立栋. 1996. 灰色聚类方法在森林火险区划中的应用[J]. 河南农业大学学报，(1).

范文杰. 多目标灰色局势决策与林种规划[J]. 中南林业调查规划，1987，(4).

付云和. 1986. 试用聚类分析区划林业分区[J]. 林业调查规划，(1).

傅伯杰等. 1999. 中国生态区划的目的、任务及特点[J]. 生态学报，19(5)：591－595

高尚武，潘志刚. 1956. 山西省西部林业区划[J]. 林业科学，(2).

高兆蔚. 1986. 模糊数学在县级林业区划中的应用[J]. 农业系统科学与综合研究，(1).

巩丕孝. 2000. 黑龙江省“林业区划”发展趋势的探讨[J]. 森林工程，16(3)：32－33.

广东省志·林业志，1998. 广州：广东人民出版社.

何方. 2002. 中国生态区划分与评价和保护建设的研究(Ⅰ)[J]. 经济林研究，(1).

何晓群. 2004. 多元统计分析[M]. 北京：中国人民大学出版社

何玉冰. 模糊聚类法及相似优先比在河流水质评价中的应用[J]. 河南大学学报(自然科学版)，1997，(2).

黄秉维. 1940. 中国之植被区域(上)[J]. 史地杂志，(3).

黄秉维. 1941. 中国之植被区域(下)[J]. 史地杂志，(4).

黄健儿. 多目标灰色局势决策在林业区划中的应用[J]. 华东森林经理，1987，(4).

贾伟宽，王慧，丁世飞，苏春阳，陈斌. 2008. 基于熵权的灰色关联度分析天敌对棉铃虫的控制作用[J]. 长江大学学报(自然科学版)农学卷，(4).

姜微，尹少华. 2007. 湖南省林业产业结构灰色关联度分析[J]. 中南林业科技大学学报(社会科学版)，(4).

蒋文伟，俞益武，姜培坤，姜志林. 湖州主要森林类型土壤肥力的灰色关联度分析与评价[J]. 生态学杂志，2002，(4).

孔庆云，冯润申，靳文迪，哈达，段雄涛. 1999. 乌兰察布盟人工造林适地适树探讨及林业区划的修订[J]. 内蒙古林业科技，(Z1).

李爱英，邓鉴锋. 2004. 浅议广东省古树名木的保护与管理. 中南林业调查规划，23(2)

李承彪. 1986. 论林业区划的原则、依据和系统单位[J]. 四川林业科技，(3).

李建友. 1987. 多目标灰色局势决策在晋宁县林业区划中的应用[J]. 林业调查规划，(4).

李清顺，王京民，张忠义，杨杰. 2007. 多分辨率遥感数据融合及其在林业调查区划中的应用研究[J]. 陕西林业科技，(4).

李日胜，李亚慧，周庆芳，马玉霞. 2005. 浅析丰镇市林业区划成果[J]. 内蒙古科技与经济，(9).

李霞，汪业勖. 1995. 模糊聚类和航空遥感在阜康市林业区划中的应用[J]. 新疆农业科学，(4).

李先琨. 1992. 广西石山地区林种规划的多目标灰色局势决策[J]. 中南林业调查规划，(4).

梁林峰，贾慧丽，张治平，裴淑兰. 1997. 灰色关联度分析法在引种区划中应用的探讨[J]. 辽宁林业科技，(1).

梁守伦. 2002. 关于山西生态林业区划的探讨[J]. 山西林业科技，(4)：29 – 33.

廖宇红，陈传国，陈红跃等. 2008. 广州市莲塘村风水林群落特征及植物多样性[J]. 生态环境，17(2)：812 – 817

廖正花，潘辉，李宝福. 1998. 正交函数排序法在县级气候区划中的应用[J]. 福建林业科技，(1).

刘国华，傅伯杰. 1998. 生态区划的原则及其特征[J]. 环境科学进展，6(6)：67 – 72.

刘建国，袁嘉祖. 1994. 林业区划原理与方法[M]. 北京：中国林业出版社，3 – 5，19 – 55.

刘茂松，张明娟. 2004. 景观生态学原理与方法[M]. 北京：北京化学工业出版社，5 – 6.

刘庆，王珍. 2008. 发展具有地方特色的生态文化探析. 现代农业科技，(24)：313，316.

刘友多. 2008. 福建省森林生态区位重要性功能定位研究[J]. 华东森林经理，22(3)：55 – 60.

刘玉斌，刘广武，刘志明. 1986. 模糊聚类分析在林业区划中的应用[J]. 农业系统科学与综合研究，(2).

陆洪灿. 1992. 灰色局势决策的树种优化方法[J]. 西部林业科学，(2).

马汉生. 1990. 林业生态经济区划问题[J]. 龙江社会科学，(2)

倪焱. 1987. Fuzzy 聚类分析在林业自然资源区划中的应用[J]. 浙江林学院学报，4(1)：80 – 85.

庞恒才，安和芳，宋杨. 2001. 浅论林业区划与森林经理[J]. 林业勘查设计，(1).

朴英姬，齐俊梅，韩玉花，张勇哲，李久宁. 2002. 简论森林分类经营[J]. 延边大学农学学报，6(2)：151 – 154.

普荣华. 1984. 县级林业区划、规划、设计的关系[J]. 云南林业，(1).

谭旭红，吴青. 2008. 基于灰色关联度分析的林木资产评估现行市价法研究[J]. 生态经济(学术版)，(2).

陶星名. 2005. 生态功能区划方法学研究——以杭州市为例[D]. 浙江大学.

王学萌. 1991. 灰色系统模型在农村经济中的应用[M]. 武汉：华中理工大学出版社，156 ~ 164.

王业蘧. 1981. 试论华北区的林业区划[J]. 东北林业大学学报，(3).

王应刚，程力，王学萌. 1996. 灰色多目标局势决策在晋西北植树造林中的应用[J]. 应用生态学报，(S1).

王振亮，温秀军，韩义生，李运朝，斛风儒，李富安. 1992. 灰色局势决策在赤松毛虫防治决策中的应用[J]. 河北林业科技，(1).

肖信彦. 1981. 卫星象片镶嵌图应用于林业区划的试验[J]. 林业资源管理，(3).

徐德炎. 1987. 应用模糊聚类法进行新疆林业气候区划[J]. 新疆农业科学，(3).

燕乃玲，虞孝感. 2003. 我国生态功能区划的目标、原则与体系. 长江流域资源与环境，12(6)：6 – 12.

杨大伟. 2005. 模糊聚类分析系统及其应用[J]. 天中学刊，(2).

杨清云，薛春泉，江建发，罗勇. 2004. 广东省古树名木资源现状及保护利用探讨. 广东林业科技，20(3).

姚庆端. 1991. 糊相似优先比法在森林主伐量确定中的应用[J]. 福建林业科技，(3).

于清，崔宇，徐守斌. 2000. 黑龙江省林业生态建设区划[J]. 林业科技，(6).

袁嘉祖，邓朝经. 1987. 模糊相似优先比法的探讨[J]. 四川林业科技，(2).

曾永云，司志超，杨永红. 1987. 模糊聚类最大树法在林业区划分区中的应用[J]. 林业调查规划，(1)

曾昭璇. 2001. 广东自然地理[M]. 广州：广东人民出版社.

战国强. 2008. 广东省现代林业区划布局的基本思路[J]. 广东林业科技，24(5)：86－72.

张超，黄清麟. 2005. 林业区划研究综述[J]. 林业资源管理，(5)：16－20.

张超. 2006. 基于 GIS 的县级林业区划方法研究——以福建省永安市为例[D]. 北京：中国林业科学研究院，69－70

张春锋，殷鸣放，刘海荣，滕德奖，王金英. 2007. 灰色关联度分析在树种综合评价中的应用[J]. 西北林学院学报，(1).

张德魁，王继和，刘有军，马全林. 2007. 模糊相似优先比法在柽柳属植物耐盐性研究中的应用[J]. 安徽农业科学，(12).

张建国，余建辉，舒信国. 1991. 林业区划：生态林业建设的地域分工基础[J]. 林业经济问题，(2).

张育文，2008. 林业在建设生态文明中的地位和作用. 2008 中国生态文明建设高层论坛.

张智光. 2004. 林业产业发展战略研究[M]. 北京：中国林业出版社.

赵盛军，杨立新. 2005. 应用模糊相似优先比法对大理州墨西哥柏引种适应性分析[J]. 林业调查规划，(3).

赵盛军. 1993. 应用模糊相似优先比法对大理州引种墨西哥柏适应度的分析[J]. 林业调查规划，(3).

赵宪文，张淑娟，陆显祥. 1992. 遥感资料和聚类方法在县级林业区划中的应用[J]. 林业科学研究，5(2)：239－242.

赵占群，康谨瑜，朱慧君. 1997. 模糊性相似优先比法在大气环境质量区域划分中的应用[J]. 环境科学动态，(1).

赵占群. 1989. 模糊性相似优先比法在大气环境质量区域划分中的应用[J]. 黑龙江环境通报，(2).

郑耀文，李亚林. 1989. 确定单季稻纹枯病防治适期的灰色局势决策[J]. 灾害学，(3).

中国可持续发展林业战略研究项目组. 2003. 中国可持续发展林业战略研究战略卷[M]. 北京：中国林业出版社，18－44.

中国林业年鉴编委会. 1986，1988，1991－1994. 中国林业年鉴[M]. 北京：中国林业出版社.

中国野生动物保护协会. 2007. 广东正式启动自然保护区示范省建设. http：//www.cwca.org.cn/Article/ShowArticle.asp? ArticleID＝3259

钟晓青，彭长辉. 1990. 灰色关联度分析在森林资源消耗系统研究中的运用[J]. 中南林业调查规划，(2).

竺可桢. 1931. 中国气候区域论[J]. 气象研究所集刊，(1).

附表

表 1　广东省 2006 年度林业用地各地类面积统计表

序号	统计单位	国土总面积(hm^2)	林地合计(hm^2)	有林地(hm^2)				疏林地(hm^2)	灌木林地(hm^2)			未成林地(hm^2)			无林地(hm^2)	苗圃地(hm^2)	辅助林地(hm^2)	其他有林地(hm^2)	森林覆盖率(%)
				小计	乔木林	竹林	红树林		小计	国灌	其灌	小计	未成造林	封育未成					
1	广东省	17 676 142.4	10 868 373.9	9 150 127.3	8 799 951.9	336 945.2	13 230.2	46 167.3	692 009.2	471 492.8	220 516.4	456 587.5	287 880.5	168 707.0	517 961.1	3430.6	2090.9	308 366.8	56.2
2	广州市	743 440.0	297 935.2	281 237.7	274 742.3	6470.1	25.3	525.3	3819.9	3110.4	709.5	5110.0	4385.0	725.0	7060.9	155.9	25.5	12 342.0	39.9
3	深圳市	194 963.5	79 491.0	72 053.0	71 914.0	31.7	107.3	198.3	2221.2	1394.5	826.7	3267.8	2895.3	372.5	1611.8	138.9	0	2462.3	38.9
4	珠海市	169 275.5	49 673.1	33 373.2	32 857.5	46.6	469.1	0	14 573.2	13 812.8	760.4	173.7	173.7	0	1415.2	137.8	0	2310.0	29.2
5	汕头市	210 404.4	66 779.6	60 520.6	60 023.2	177.9	319.5	595.6	145.1	85.2	59.9	2015.0	1290.4	724.6	3503.3	0	0	1966.2	29.7
6	韶关市	1 807 200.3	1 421 600.5	1 169 908.3	1 084 027.6	85 880.7	0	4340.4	98 757.0	64 820.4	33 936.6	75 653.2	35 641.1	40 012.1	72 602.7	187.3	151.6	8986.3	68.8
7	河源市	1 559 677.6	1 221 599.3	1 061 648.0	1 034 113.1	27 534.9	0	7933.8	31 004.6	22 940.4	8064.2	44 208.9	14 833.0	29 375.9	76 759.8	22.3	21.9	2094.1	69.7
8	梅州市	1 593 005.4	1 218 550.9	1 048 239.4	1 014 758.0	33 481.4	0	2838.3	35 074.8	20 223.8	14 851.0	54 207.7	17 207.2	37 000.5	77 959.7	24.5	206.5	6672.4	67.5
9	惠州市	1 137 146.4	717 285.4	630 736.9	622 755.7	7307.1	674.1	2397.6	18 991.3	14 141.8	4849.5	29 059.0	23 546.7	5512.3	35 896.7	142.4	61.5	17 010.2	58.2
10	汕尾市	479 030.9	280 158.0	199 217.0	196 836.6	1951.0	429.4	2075.3	18 408.0	3712.3	14 695.7	8531.9	4779.9	3752.0	51 758.7	61.1	106.0	6118.5	43.6
11	东莞市	240 845.2	55 564.2	53 645.1	53 517.9	127.2	0	66.4	743.5	0	743.5	49.3	49.3	0	827.7	232.2	0	23 845.5	32.2
12	中山市	174 301.6	31 821.1	25 442.7	25 213.9	228.8	0	1010.4	2087.5	28.8	2058.7	2296.4	853.8	1442.6	935.8	48.3	0	3001.0	16.3
13	江门市	929 986.2	449 857.2	353 647.2	348 433.3	4941.4	272.5	1754.8	48 651.2	17 041.3	31 609.9	20 607.1	20 517.4	89.7	24 080.4	1086.2	30.3	4749.7	40.4
14	佛山市	366 838.5	69 460.4	61 202.1	58 823.0	2379.1	0	114.7	832.9	131.9	701.0	4722.2	4403.3	318.9	2323.8	208.1	56.6	4370.8	17.9
15	阳江市	761 350.2	433 835.8	380 328.4	377 133.9	2345.7	848.8	2355.0	12 749.7	7807.2	4942.5	27 398.3	24 600.8	2797.5	10 760.4	55.8	188.2	5856.0	51.7
16	湛江市	1 075 957.4	269 876.8	241 193.0	229 871.0	2150.3	9171.7	316.9	3274.0	1807.1	1466.9	9528.3	7837.1	1691.2	15 018.3	301.1	245.2	48 254.6	27.1
17	茂名市	1 099 562.0	589 719.0	531 910.6	522 776.2	8221.9	912.5	3612.6	11 487.0	4411.6	7075.4	21 094.5	15 485.8	5608.7	21 440.3	11.9	162.1	78 397.8	55.9
18	肇庆市	1 476 833.2	1 058 137.8	944 889.3	837 196.6	107 692.7	0	3862.2	23 162.6	10 374.5	12 788.1	41 062.7	34 768.0	6294.7	44 913.6	158.3	89.1	11 374.6	65.5
19	清远市	1 917 368.5	1 428 049.2	1 030 192.4	999 245.2	30 947.2	0	8154.6	289 009.5	238 513.6	50 495.9	65 237.5	43 848.5	21 389.0	35 184.4	270.8	0	13 123.0	66.9
20	潮州市	312 580.2	187 973.4	163 065.7	158 332.7	4733.0	0	417.5	11 869.9	9372.9	2497.0	7360.8	4972.7	2388.1	5245.6	13.9	0	14 000.6	59.6
21	揭阳市	529 127.2	289 991.2	243 393.2	237 873.3	5519.9	0	1071.9	20 046.0	6858.5	13 187.5	13 606.4	6077.1	7529.3	11 829.8	43.9	0	15 462.6	50.2
22	云浮市	758 538.5	512 896.7	441 060.9	436 681.8	4379.1	0	2425.8	38 168.7	30 338.9	7829.8	17 103.2	15 420.8	1682.4	14 013.6	95.7	28.8	25 968.6	65.6
23	省属林场	138 709.7	138 118.1	123 222.6	122 825.1	397.5	0	99.9	6931.6	564.9	6366.7	4293.6	4293.5	0	2818.6	34.2	717.6	0	89.2

表 2 广东省 2006 年度林业用地各林种面积统计表

序号	统计单位	林地合计(hm^2)	生态公益林(hm^2)				
			小计	省级			市县级
				小计	特用林	防护林	
1	广东省	10 868 373.9	3 592 194.0	3 449 833.4	709 932.4	2 739 901.0	142 360.6
2	广州市	297 935.2	158 904.6	80 808.4	14 954.9	65 853.5	78 096.2
3	深圳市	79 491.0	47 886.7	45 315.6	8539.9	36 775.7	2571.1
4	珠海市	49 673.1	37 876.6	36 988.6	4404.0	32 584.6	888.0
5	汕头市	66 779.6	33 775.4	33 407.1	1360.6	32 046.5	368.3
6	韶关市	1 421 600.5	393 475.3	365 720.3	94 009.5	271 710.8	27 755.0
7	河源市	1 221 599.3	412 541.3	411 370.4	40 624.4	370 746.0	1170.9
8	梅州市	1 218 550.9	423 151.6	412 605.0	87 313.6	325 291.4	10 546.6
9	惠州市	717 285.4	242 060.4	242 027.9	92 832.5	149 195.4	32.5
10	汕尾市	280 158.0	111 646.3	107 495.8	15 115.0	92 380.8	4150.5
11	东莞市	55 564.2	22 275.7	21 938.7	12 441.6	9497.1	337.0
12	中山市	31 821.1	23 704.0	17 221.8	870.8	16 351.0	6482.2
13	江门市	449 857.2	162 137.6	161 966.9	37 206.0	124 760.9	170.7
14	佛山市	69 460.4	27 428.4	27 423.2	6947.1	20 476.1	5.2
15	阳江市	433 835.8	135 894.0	134 571.4	22 855.7	111 715.7	1322.6
16	湛江市	269 876.8	53 866.2	48 710.4	10 915.9	37 794.5	5155.8
17	茂名市	589 719.0	152 473.4	152 473.4	18 828.7	133 644.7	0
18	肇庆市	1 058 137.8	266 043.6	265 235.6	58 447.6	206 788.0	808.0
19	清远市	1 428 049.2	514 627.5	514 626.6	98 213.0	416 413.6	0.9
20	潮州市	187 973.4	59 615.9	57 760.5	6 149.9	51 610.6	1 855.4
21	揭阳市	289 991.2	103 459.9	102 816.2	12 997.9	89 818.3	643.7
22	云浮市	512 896.7	134 613.5	134 613.5	27 793.3	106 820.2	0
23	省属林场	138 118.1	74 736.1	74 736.1	37 110.5	37 625.6	0

（续）

序号	统计单位	商品林(hm^2)											
		小计	用材林				薪炭林	经济林					
			小计	工业原料林	速生丰产林	一般用材林		小计	果树林	食用林	林化林	药用林	其它经济林
1	广东省	7 276 179.9	6 288 598.5	478 009.4	415 407.6	5 395 182.0	214 424.9	773 156.5	542 878.5	51 802.1	8048.1	97 079.2	73 348.6
2	广州市	139 030.6	106 140.2	16 982.9	14 117.7	75 039.6	928.5	31 961.9	31 686.6	32.5	3	0	239.8
3	深圳市	31 604.3	14 161.1	40.2	0	14 120.9	103.2	17 340.0	17 301.1	38.9	0	0	0
4	珠海市	11 796.5	7993.3	363.2	0	7630.1	760.4	3042.8	3042.8	0	0	0	0
5	汕头市	3 3004.2	2880.0	0	9.8	2870.2	17 809.7	12 314.5	11 619.3	76.8	0	0	618.4
6	韶关市	1 028 125.2	979 550.4	20 164.9	19 895.5	939 490.0	26 213.1	22 361.7	14 931.0	4399.8	17.4	126.3	2887.2
7	河源市	809 058.0	779 155.0	61 173.6	30 832.5	687 148.9	4 580.9	25 322.1	10 504.3	12 533.3	13.8	222.1	2048.6
8	梅州市	795 399.3	746 611.0	34 406.1	22 068.7	690 136.2	26 470.6	22 317.7	12 549.0	7669.7	159.4	277.9	1661.7
9	惠州市	475 225.0	432 007.9	95 067.3	17 115.6	319 825.0	2804.3	40 412.8	39 980.4	65.8	4.3	3.2	359.1
10	汕尾市	168 511.7	135 794.1	6716.6	8371.8	120 70 5.7	13 419.9	19 297.7	19 131.2	39.4	1.7	5.0	120.4
11	东莞市	33 288.5	8 834.1	0	0	8 834.1	0	24 454.4	24 454.4	0	0	0	0
12	中山市	8117.1	6229.9	68.2	120.8	6040.9	15.1	1872.1	1754.5	0	0	0	117.6
13	江门市	287 719.6	257 881.8	20 359.7	67 454.8	170 067.3	8 967.4	20 870.4	19 930.9	427.5	117.2	54.3	340.5
14	佛山市	42 032.0	39 143.0	0	9158.1	29 984.9	87.5	2801.5	2647.9	104.8	0	0	48.8
15	阳江市	297 941.8	256 918.1	4824.5	18 611.4	233 482.2	2854.0	38 169.7	33 330.3	282.6	1041.6	142.4	3372.8
16	湛江市	216 010.6	189 077.0	103 859.8	16 852.3	68 364.9	686.8	26 246.8	23 203.3	433.7	873.7	32.2	1703.9
17	茂名市	437 245.6	298 251.8	15 208.1	30 593.4	252 450.3	2368.2	136 625.6	131 686.1	892.8	1813.3	645.0	1588.4
18	肇庆市	792 094.2	700 700.4	45 987.0	80 040.2	574 673.2	8566.1	82 827.7	20 403.2	1491.2	12.4	56 353.5	4567.4
19	清远市	913 421.7	765 159.8	17 123.5	46 221.9	701 814.4	60 814.3	87 447.6	25 476.8	13 824.7	3504.1	561.0	44 081.0
20	潮州市	128 357.5	86 364.8	212.4	2744.7	83 407.7	11 778.9	30 213.8	23 211.5	6933.6	0	0	68.7
21	揭阳市	186 531.3	127 790.1	1819.8	3871.2	122 099.1	8391.7	50 349.5	46 757.7	2063.2	486.2	25.8	1016.6
22	云浮市	378 283.2	289 865.3	13 983.0	19 221.2	256 661.1	13 234.5	75 183.4	28 483.1	417.6	0	37 999.7	8283.0
23	省属林场	63 382.0	58 089.4	19 648.6	8106.0	30 334.8	3569.8	1722.8	793.1	74.2	0	630.8	224.7

表 3 全省森林资源 2006 年度乔木林面积、蓄积统计表

序号	统计单位	面 积(hm^2)							
		乔木林							疏林
		小计	幼龄	中龄	近熟	成熟	过熟	经济	
1	广东省	8 799 951.9	2 342 908.0	2 823 218.5	1 571 525.0	1 002 986.8	332 126.6	727 187.0	46 167.0
2	广州市	274 742.3	73 948.3	59 487.3	41 068.0	30 916.6	16 865.6	52 456.5	525.3
3	深圳市	71 914.0	21 695.3	12 572.4	7465.9	4446.8	1505.8	24 227.8	198.3
4	珠海市	32 857.5	6724.1	7235.8	6061.7	3344.5	5258.4	4233.0	0
5	汕头市	60 023.2	23 750.6	13 993.2	4806.0	1852.9	1974.8	13 645.7	595.6
6	韶关市	1 084 027.6	270 577.4	445 275.8	200 760.6	123 952.0	37 301.5	6160.3	4340.4
7	河源市	1 034 113.1	248 655.9	364 896.4	209 655.7	168 892.0	31 043.0	10 970.1	7933.8
8	梅州市	1 014 758.0	344 886.4	395 219.5	148 689.3	89 187.3	21 330.3	15 445.2	2838.3
9	惠州市	622 755.7	201 861.6	228 077.6	106 893.1	37 456.3	11 934.6	36 532.5	2397.6
10	汕尾市	196 836.6	61 035.0	57 210.2	26 072.8	17 855.0	11 479.4	23 134.2	2075.3
11	东莞市	53 517.9	6620.4	10 254.9	5970.4	2252.2	819.9	27 600.1	66.4
12	中山市	25 213.9	5853.3	6030.2	5810.2	3190.5	1715.9	2608.8	1010.4
13	江门市	348 433.3	123 070.0	97 057.8	52 048.8	38 193.1	16 539.3	21 524.3	1754.8
14	佛山市	58 823.0	17 785.1	18 169.6	12 121.0	6878.8	1135.0	2733.5	114.7
15	阳江市	377 133.9	99 222.2	96 231.0	69 719.1	66 458.3	9247.9	36 255.4	2355.0
16	湛江市	229 871.0	83 446.5	77 188.8	26 860.4	10 071.7	5230.6	27 073.0	316.9
17	茂名市	522 776.2	110 507.8	125 384.6	100 937.1	36 028.2	6326.1	143 592.4	3612.6
18	肇庆市	837 196.6	153 450.1	217 696.3	197 808.1	129 947.7	51 636.9	86 657.5	3862.2
19	清远市	999 245.2	208 022.0	313 556.4	195 676.0	153 727.3	67 928.0	60 335.5	8154.6
20	潮州市	158 332.7	66 373.6	41 407.6	15 684.2	6430.6	2365.3	26 065.4	417.5
21	揭阳市	237 873.3	79 542.9	59 081.3	27 296.5	14 495.5	7740.6	49 716.5	1071.9
22	云浮市	436 681.8	97 569.7	132 264.2	92 945.0	47 358.2	12 346.9	54 197.8	2425.8
23	省属林场	122 825.1	38 248.8	44 927.6	17 175.1	10 051.3	10 400.8	2021.5	99.9

（续）

序号	统计单位	蓄积（m^3）										
		合计	乔木林							疏林	散生	四旁
			小计	幼龄	中龄	近熟	成熟	过熟	经济			
1	广东省	378 902 770	363 070 388	56 488 600	134 673 607	86 325 449	60 320 778	22 948 875	2 313 079	706 043	4 353 153	10 773 186
2	广州市	9 675 773	9 145 400	1 698 067	2 508 684	1 952 180	1 740 693	1 019 281	226 495	4791	15 992	509 590
3	深圳市	2 198 176	2 012 271	588 125	638 748	379 886	286 498	92 774	26 240	2093	1536	182 276
4	珠海市	2 054 897	1 990 362	198 180	493 559	464 040	265 732	567 363	1488	0	2770	61 765
5	汕头市	1 325 872	1 183 202	370 678	343 538	131 667	54 883	50 710	231 726	4745	21	137 904
6	韶关市	69 778 754	68 178 774	10 504 648	30 222 851	14 634 334	9 426 006	3 383 876	7059	62 675	628 751	908 554
7	河源市	39 779 177	39 208 185	6 000 820	14 003 399	8 995 364	8 372 053	1 821 875	14 674	109 277	175 189	286 526
8	梅州市	31 278 723	30 764 467	5 704 397	13 353 996	6 177 288	4 280 682	1 215 539	32 565	27 320	99 971	386 965
9	惠州市	20 740 511	20 148 611	5 582 936	7 926 066	4 245 282	1 690 894	686 234	17 199	22 068	24 672	545 160
10	汕尾市	4 087 692	3 826 163	862 409	1 160 708	715 251	557 877	505 100	24 818	20 911	22 134	218 484
11	东莞市	1 653 443	1 511 556	209 193	611 759	416 308	183 363	60 720	30 213	827	814	140 246
12	中山市	1 471 223	1 223 169	195 643	275 198	313 681	253 566	152 699	32 382	13 211	762	234 081
13	江门市	1 3158 994	12 156 237	2 718 057	3 423 335	2 783 178	2 215 043	941 115	75 509	32 738	9574	960 445
14	佛山市	3 249 174	2 778 133	540 175	910 705	692 359	521 161	109 826	3907	856	2691	467 494
15	阳江市	15 327 939	15 042 450	2 539 960	4 306 636	3 595 211	3 923 613	529 866	147 164	39 391	3334	242 764
16	湛江市	11 601 218	9 975 315	1 857 864	4 613 491	2 154 480	844 377	428 166	76 937	8152	43 208	1 574 543
17	茂名市	20 683 426	18 756 263	2 298 457	6 266 719	6 892 651	2 442 615	413 258	442 563	59 468	116 367	1 751 328
18	肇庆市	38 562 901	35 584 620	3 007 971	10 310 694	10 969 715	7 727 528	3 514 351	54 361	78 008	2 328 891	571 382
19	清远市	59 523 838	58 306 889	5 996 775	21 769 942	13 692 108	11 466 919	5 301 679	79 466	168 418	251 905	796 626
20	潮州市	3 593 270	3 271 119	922 969	1 209 557	498 437	266 765	105 393	267 998	3357	53 662	265 132
21	揭阳市	5 005 748	4 691 420	1 112 009	1 540 158	823 050	480 587	263 254	472 362	13 902	24 461	275 965
22	云浮市	15 881 654	15 073 056	1 970 497	5 685 849	4 385 776	2 324 891	686 953	19 090	31 950	520 692	255 956
23	省属林场	8 270 367	8 242 726	1 608 770	3 098 015	1 413 203	995 032	1 098 843	28 863	1885	25 756	0

表 4 全省森林资源 2006 年度乔木林各优势树种面积、蓄积分类统计表

序号	优势树种	面积(hm^2)							蓄积(m^3)						
		合计	幼龄	中龄	近熟	成熟	过熟	经济	合计	幼龄	中龄	近熟	成熟	过熟	经济
1	合计	8 799 951.9	2 342 908.0	2 823 218.5	1 571 525.0	1 002 986.8	332 126.6	727 187.0	363 070 388	56 488 600	134 673 607	86 325 449	60 320 778	22 948 875	2 313 079
2	杉木	822 133.6	217 553.0	419 118.1	113 978.1	62 336.6	9 147.8	0	51 105 006	5 268 829	29 731 026	9 538 300	5487 908	1 078 943	0
3	马尾松	2178 536.6	626 102.7	922 111.6	503 715.4	112 037.4	14 569.5	0	87 312 558	14 025 545	37 572 765	27 465 358	7 295 659	953 231	0
4	湿地松	463 694.5	56 323.0	756 84.5	151 333.5	147 626.7	32 726.8	0	21 706 726	262 882	2 689 196	8 072 756	8 510 829	2 171 063	0
5	国外松	34 453.3	14 022.8	11 478.5	6238.4	2 035.2	678.4	0	954 338	84 968	354 653	322 755	130 890	61 072	0
6	桉树	833 563.6	391 006.3	303 178.8	87 228.1	33 583.1	18 561.4	5.9	27 547 569	6 882 679	11 142 073	5 511 558	2 597 162	1 413 961	136
7	藜蒴	102 083.3	5789.9	18 067.9	25 880.7	27 305.0	25 039.8	0	3 911 770	17 487	204 881	961 603	1 400 277	1 327 522	0
8	速相思	64 959.0	12 559.1	15 977.8	12 544.5	11 121.1	12 756.5	0	3 654 179	153 647	634 048	859 378	956 167	1 050 939	0
9	南洋楹	34 050.2	7110.8	22 515.1	3219.4	595.5	609.4	0	1 119 722	106 073	765 607	177 879	28 722	41 441	0
10	木麻黄	23 885.6	12 266.9	4732.6	3258.6	3059.4	568.1	0	1 044 442	274 769	268 582	208 138	253 987	38 966	0
11	荷木	32 878.4	10 191.0	6485.0	8002.5	6863.6	1336.3	0	955 123	46 362	130 198	336 847	343 504	98 212	0
12	其它软阔	1 037 487.8	102 108.2	212 396.3	296 139.3	312 902.0	113 942.0	0	45 022 865	1 308 098	6 468 475	12 505 074	16 721 388	8 019 830	0
13	台湾相思	57 750.9	49 299.7	7 744.4	555.8	88.0	63.0	0	2 553 383	1 952 116	524 633	64 474	6919	5241	0
14	其它硬阔	544 917.5	300 644.6	209 031.6	23 549.8	10 783.0	908.5	0	29 454 130	11 139 133	14 529 331	2 550 131	1 138 738	96 797	0
15	针叶混	381 519.2	63 845.1	194 837.9	83 962.9	31 860.3	7013.0	0	18 554 997	1 971 309	9 312 500	4 798 872	2 059 525	412 791	0
16	针阔混	833 247.1	240 267.9	280 128.8	160 307.0	119 565.1	32 978.3	0	37 481 138	6 500 052	13 851 866	8 320 539	6 616 561	2 192 120	0
17	阔叶混	627 361.7	233 568.5	119 729.6	91 611.0	121 224.8	61 227.8	0	28 379 499	6 494 651	6 493 773	4 631 787	6 772 542	3 986 746	0
18	木本果	554 889.1	24.7	0	0	0	0	554 864.4	1 833 609	0	0	0	0	0	1 833 609
19	食用种	3999.1	0	0	0	0	0	3 999.1	81 658	0	0	0	0	0	81 658
20	林化种	4868.5	223.8	0	0	0	0	4 644.7	299 332	0	0	0	0	0	299 332
21	药用种	103 861.8	0	0	0	0	0	103 861.8	40 018	0	0	0	0	0	40 018
22	其它经济	59 811.1	0	0	0	0	0	59 811.1	58 326	0	0	0	0	0	58 326

表 5　广东省 2006 年森林生态功能等级面积统计表

序号	统计单位	林地总面积（万 hm^2）	一类		二类		三类		四类	
			面积（万 hm^2）	比例（%）	面积（万 hm^2）	比例（%）	面积（万 hm^2）	比例（%）	面积（万 hm^2）	比例（%）
1	广东省	1086.84	57.69	5.3	633.08	58.2	291.91	26.9	104.16	9.6
2	广州市	29.79	3.06	10.3	17.45	58.5	7.93	26.6	1.36	4.6
3	深圳市	7.95	0.39	5.0	4.10	51.6	2.93	36.8	0.52	6.6
4	珠海市	4.97	0.03	0.5	3.15	63.4	1.62	32.6	0.17	3.5
5	汕头市	6.68	0.16	2.4	3.00	44.9	2.83	42.3	0.69	10.4
6	韶关市	142.16	8.39	5.9	90.00	63.4	28.49	20.0	15.28	10.7
7	河源市	122.16	8.87	7.3	68.01	55.6	32.35	26.5	12.93	10.6
8	梅州市	121.86	6.56	5.4	63.09	51.8	38.62	31.7	13.58	11.1
9	惠州市	71.73	3.99	5.6	39.06	54.4	21.87	30.5	6.81	9.5
10	汕尾市	28.02	0.89	3.2	12.04	43.0	8.84	31.5	6.26	22.3
11	东莞市	5.56	0.57	10.3	3.05	54.9	1.82	32.7	0.12	2.1
12	中山市	3.18	0.06	2.0	1.43	45.0	1.26	39.5	0.43	13.5
13	江门市	44.99	3.46	7.7	25.40	56.5	11.31	25.1	4.81	10.7
14	佛山市	6.95	0.18	2.6	4.21	60.7	1.79	25.8	0.76	10.9
15	阳江市	43.38	3.80	8.8	22.66	52.2	12.70	29.3	4.22	9.7
16	湛江市	26.99	0.55	2.0	17.87	66.2	6.01	22.3	2.56	9.5
17	茂名市	58.97	0.72	1.2	37.01	62.8	16.56	28.1	4.69	7.9
18	肇庆市	105.81	2.51	2.4	68.27	64.5	25.77	24.4	9.26	8.7
19	清远市	142.80	8.67	6.1	88.89	62.2	34.13	23.9	11.11	7.8
20	潮州市	18.80	0.51	2.7	10.47	55.8	6.49	34.5	1.32	7.0
21	揭阳市	29.00	0.75	2.6	14.01	48.3	11.40	39.3	2.84	9.8
22	云浮市	51.29	1.45	2.8	30.64	59.7	15.57	30.4	3.63	7.1
23	省属林场	13.81	2.10	15.2	9.28	67.3	1.62	11.7	0.81	5.8

表6 广东省2006年森林自然度面积统计表

序号	统计单位	合计面积（万 hm^2）	I类		II类		III类		IV类		V类	
			面积（万 hm^2）	比例（%）	面积（万 hm^2）	比例（%）	面积（万 hm^2）	比例（%）	面积（万 hm^2）	比例（%）	面积（万 hm^2）	比例（%）
1	广东省	1 086.84	6.10	0.6	257.87	23.7	104.09	9.6	529.59	48.7	189.18	17.4
2	广州市	29.79	0.12	0.4	9.51	31.9	2.73	9.2	10.60	35.6	6.83	22.9
3	深圳市	7.95	0.06	0.8	2.82	35.5	0.36	4.6	1.76	22.2	2.94	36.9
4	珠海市	4.97	0	0	1.93	38.8	0.17	3.3	2.28	45.9	0.60	12.0
5	汕头市	6.68	0	0	0.20	3.1	0.71	10.7	3.82	57.2	1.94	29.0
6	韶关市	142.16	0.21	0.1	45.60	32.1	20.42	14.4	58.25	41.0	17.68	12.4
7	河源市	122.16	0.06	0	28.01	22.9	22.22	18.2	56.23	46.1	15.64	12.8
8	梅州市	121.86	0.35	0.3	24.00	19.7	18.27	15.0	62.70	51.4	16.54	13.6
9	惠州市	71.73	0.21	0.3	24.24	33.8	6.42	8.9	29.33	40.9	11.53	16.1
10	汕尾市	28.02	0	0	5.32	19.0	1.08	3.9	13.17	47.0	8.44	30.1
11	东莞市	5.56	0	0	0.65	11.7	0.25	4.5	1.78	32.1	2.87	51.7
12	中山市	3.18	0	0	0.35	11.0	0.32	10.1	1.89	59.6	0.61	19.3
13	江门市	44.99	0.01	0	8.80	19.6	0.37	0.8	28.84	64.1	6.97	15.5
14	佛山市	6.95	0.05	0.8	0.34	5.0	0.34	4.9	5.17	74.4	1.04	14.9
15	阳江市	43.38	0.11	0.3	12.44	28.7	1.04	2.4	21.89	50.4	7.90	18.2
16	湛江市	26.99	0.24	0.9	7.74	28.7	0.31	1.1	13.30	49.3	5.41	20.0
17	茂名市	58.97	0.08	0.1	4.86	8.2	2.34	4.0	32.89	55.8	18.81	31.9
18	肇庆市	105.81	0.21	0.2	17.56	16.6	9.75	9.2	59.92	56.6	18.37	17.4
19	清远市	142.80	1.86	1.3	50.46	35.3	8.71	6.1	61.82	43.3	19.95	14.0
20	潮州市	18.80	0.08	0.4	2.76	14.7	2.79	14.8	8.50	45.3	4.67	24.8
21	揭阳市	29.00	0.02	0.1	3.66	12.6	3.17	10.9	14.11	48.7	8.04	27.7
22	云浮市	51.29	0.06	0.1	5.14	10.0	1.87	3.6	32.81	64.1	11.40	22.2
23	省属林场	13.81	2.36	17.1	1.47	10.7	0.46	3.3	8.51	61.6	1.01	7.3

表 7　广东省湿地统计表

序号	分区名称	湿地类型(hm²)						
		小计	比例	近海及海岸湿地	河流湿地	湖泊湿地	沼泽湿地	人工湿地
1	粤北山地自然保护林及石漠化重点治理区	40 036.0	2.2	0	34 107.0	0	0	5929.0
2	韶关市风景环境保护林区	17 558.0	1.0	0	15 327.0	0	524.0	1707.0
3	北江中上游水源涵养一般用材林区	57 399.0	3.2	0	52 176.0	0	0	5223.0
4	绥江上游水源涵养林竹用材林区	17 561.0	1.0	0	16 457.0	0	0	1104.0
5	珠江三角洲外围水源涵养风景林区	73 879.0	4.1	6 143.0	49 267.0	0	0	18 469.0
6	东江流域水源涵养水土保持林区	87 552.0	4.8	0	57 061.0	0	0	30 491.0
7	韩江流域水土保持珍贵用材林区	64 366.0	3.6	0	60 193.0	0	0	4173.0
8	西江流域水源涵养珍贵用材林区	53 949.0	3.0	0	50 424.0	0	0	3525.0
9	珠江三角洲风景林及林业产业区	501 586.0	27.7	373 579.0	64 022.0	1453.0	0	62 532.0
10	东江中游自然保护一般用材林区	55640.0	3.1	17 490.0	31 668.0	0	0	6482.0
11	粤东凤凰山脉－莲花山脉水土保持林及经济林产品区	50 307.0	2.8	22 173.0	23 696.0	106.0	0	4332.0
12	粤西云开大山－云雾山脉自然保护林及经济林产品区	46 639.0	2.6	0	38 983.0	0	13.0	7643.0
13	潭江流域工业原料沿海防护林区	169 017.4	9.3	129 030.4	27 264.0	0	0	12 723.0
14	粤东潮汕平原近海及海岸湿地区	131 053.0	7.2	104714.0	18 458.0	0	0	7881.0
15	粤西雷州半岛工业原料红树林区	327 241.0	18.1	272 801.0	32 014.0	193.0	0	22 233.0
16	粤西沿海防护林、工业原料林区	116 204.2	6.4	72 133.2	34 018.0	0	150.0	9903.0
	合　计	1 809 987.6	100.0	998 063.6	605 135.0	1752.0	687.0	204 350.0

表 8　广东省已建省级以上森林公园名录

序号	森林公园名称	级别	所在地	面积(hm^2)	批建时间
1	广东南岭国家森林公园	国家级	乳源县	27 333.00	1993
2	广东天湖森林公园	省级	连州市潭岭	12 240.00	2000
3	广东天井森林公园	省级	省天井山林场(乳源县)	5593.00	2003
4	广东贤令山森林公园	省级	阳山县	1563.20	2005
5	广东小坑国家森林公园	国家级	曲江县小坑镇	16 700.00	1992
6	广东韶关国家森林公园	国家级	韶关市南郊二公里	2010.00	1993
7	广东英德国家森林公园	国家级	英德市	107 000.00	2000
8	广东仁化森林公园	省级	韶关市仁化县	6762.00	1993
9	广东刘家山森林公园	省级	韶关市始兴县	4332.00	1993
10	广宁竹海国家森林公园	国家级	广宁县	8500.00	2004
11	广东大坑山森林公园	省级	肇庆市怀集县大坑山镇	712.20	2006
12	广东新岗森林公园	省级	肇庆市怀集县洽水镇	904.30	2006
13	广东螺壳山森林公园	省级	肇庆市广宁县北市镇	736.60	2006
14	广东万有国家森林公园	国家级	高要市	431.80	1992
15	广东云勇森林公园	省级	高明市	1800.00	1993
16	广东金钟山森林公园	省级	高要市	333.00	2001
17	广东笔架山森林公园	省级	清远市清新县	1821.00	2002
18	广东羊角山森林公园	省级	清远市佛冈县	1835.20	2002
19	广东羚羊峡森林公园	省级	高要市	3110.00	2003
20	广东太和洞森林公园	省级	清新县	3388.00	2004
21	广东大雁山森林公园	省级	江门鹤山市	320.55	2006
22	广东贞山森林公园	省级	肇庆四会市贞山街道办	424.80	2006
23	广东南昆山国家森林公园	国家级	龙门县	2000.00	1993
24	广东新丰江国家森林公园	国家级	河源市东源县	4479.00	1993
25	广东霍山森林公园	省级	龙川县	1050.00	1994
26	广东分塔山森林公园	省级	龙门县	218.00	2004
27	广东油田森林公园	省级	龙门县永汉镇	730.20	2006
28	广东桂峰山森林公园	省级	龙门县地派镇	1581.33	2006

（续）

序号	森林公园名称	级别	所在地	面积(hm²)	批建时间
29	广东神光山国家森林公园	国家级	兴宁市	674.60	2005
30	广东雁鸣湖森林公园	国家级	梅县雁洋镇	769.80	2006
31	广东双髻山森林公园	省级	大埔县	1066.00	1994
32	广东丰溪森林公园	省级	大埔县	2933.00	1996
33	广东长潭森林公园	省级	蕉岭县	842.00	1999
34	广东天鹅山森林公园	省级	梅州市梅江区	1667.00	2002
35	广东镇山森林公园	省级	蕉岭县	235.90	2004
36	广东南山森林公园	省级	梅州市平远县大柘镇	2544.10	2007
37	广东韩山森林公园	省级	梅州市丰顺县丰良镇	1045.55	2007
38	广东大王山国家森林公园	国家级	郁南县	806.00	2004
39	广东南山森林公园	省级	云浮市	264.00	1994
40	广东流溪河国家森林公园	国家级	从化市流溪河林场	8831.00	1983
41	广东梧山国家森林公园	国家级	深圳市沙头角	678.00	1989
42	广东西樵山国家森林公园	国家级	南海市	1400.00	1994
43	广东石门国家森林公园	国家级	从化市	2636.00	1995
44	广东观音山国家森林公园	国家级	东莞市	657.18	2005
45	广东亿万森林公园	省级	广州市龙眼洞	67.00	1992
46	广东海景森林公园	省级	佛山市南海区	67.00	1993
47	广东宝山森林公园	省级	东莞市樟木头	1397.00	1993
48	广东清溪森林公园	省级	东莞市	1200.00	1993
49	广东大屏嶂森林公园	省级	东莞市	1200.00	1993
50	广东大岭山森林公园	省级	东莞市	2302.20	1993
51	广东龟顶山森林公园	省级	肇庆市	131.00	1993
52	广东尖峰山森林公园	省级	斗门县	171.00	1995
53	广东王子山森林公园	省级	广州市花都区	3867.00	1998
54	广东黄龙湖森林公园	省级	从化市	4637.20	1998
55	广东帽峰山森林公园	省级	广州市白云区	4095.50	2001
56	广东宝安森林公园	省级	深圳市宝安区	564.90	2004

（续）

序号	森林公园名称	级别	所在地	面积（hm^2）	批建时间
57	广东九龙湖森林公园	省级	肇庆市鼎湖区凤凰镇	729.40	2006
58	广东羚羊山森林公园	省级	肇庆市鼎湖区、端州区	1518.50	2006
59	广东状元湖森林公园	省级	肇庆市封开县金装镇	646.80	2006
60	广东御景峰国家森林公园	国家级	惠东县梁化林场	1333.33	2005
61	广东九龙峰森林公园	省级	惠东县	2900.00	1994
62	广东东山森林公园	省级	博罗县	182.30	2002
63	广东汤泉森林公园	省级	博罗县汤泉林场	1000.50	2004
64	广东东江森林公园	省级	省东江林场	1962.50	2004
65	广东象头山森林公园	省级	博罗县泰美镇	578.20	2006
66	广东天堂山森林公园	省级	博罗县柏塘镇	396.80	2006
67	广东龙山森林公园	省级	博罗县麻陂镇	1782.47	2006
68	广东水东陂森林公园	省级	博罗县公庄镇	1670.58	2006
69	广东红山森林公园	省级	潮安县	852.00	1993
70	广东火山峰森林公园	省级	陆河县	1667.00	1994
71	广东大北山森林公园	省级	揭西县	3467.00	2001
72	广东花滩森林公园	省级	阳春市	4000.00	1993
73	广东圭峰山国家森林公园	国家级	江门市新会区	3550.00	1997
74	广东北峰山国家森林公园	国家级	台山市	1161.60	2004
75	广东河排森林公园	省级	恩平市	3000.00	1993
76	广东潜龙湾森林公园	省级	开平市镇海林场	2055.80	2004
77	广东南澳海岛国家森林公园	国家级	南澳县	1373.00	1992
78	广东莲花山森林公园	省级	海丰县	3200.00	1995
79	广东黄岐山森林公园	省级	揭阳市	1180.00	2001
80	广东大南山森林公园	省级	汕头市潮南区	3677.00	2004
81	广东东海岛国家森林公园	国家级	堪江市东海开发区	667.00	1993
82	广东三岭山森林公园	国家级	湛江市	738.79	2006
83	广东茂名森林公园	省级	茂名市	300.00	1999
	合　计			310 249.68	

表9 广东省已建省级以上自然保护区名录

序号	保护区名称	级别	类型	面积(hm^2)	建立时间
1	乐昌大瑶山省级自然保护区	省级	森林生态	7913.90	2002
2	乐昌杨东山十二度水省级自然保护区	省级	森林生态	11 651.00	1998
3	粤北华南虎自然保护区	省级	野生动物	86 000.00	1990
4	广东南岭国家级自然保护区	国家级	森林生态	58 400.00	1990
5	乳源大峡谷省级自然保护区	省级	森林生态	3468.00	2000
6	连山笔架山天鹅湖省级自然保护区	省级	森林生态	10 727.80	2000
7	连南板洞自然保护区	省级	湿地生态	11 420.00	2002
8	乐昌大瑶山省级自然保护区	省级	森林生态	7913.90	2002
9	乐昌杨东山十二度水省级自然保护区	省级	森林生态	11 651.00	1998
10	曲江罗坑自然保护区	省级	野生动物	20 424.00	1998
11	曲江沙溪省级自然保护区	省级	森林生态	9333.30	2007
12	仁化高坪省级自然保护区	省级	森林生态	3585.50	1999
13	始兴南山省级自然保护区	省级	森林生态	7113.00	2005
14	广东车八岭国家级自然保护区	国家级	森林生态	7545.00	1981
15	英德石门台省级自然保护区	省级	森林生态	82 260.00	1998
16	怀集大稠顶省级自然保护区	省级	森林生态	3761.00	2002
17	怀集三岳省级自然保护区	省级	森林生态	6762.00	2002
18	佛冈观音山省级自然保护区	省级	森林生态	2816.80	1985
19	西江烂柯山省级自然保护区	省级	森林生态	7961.00	2004
20	从化陈禾洞省级自然保护区	省级	森林生态	7054.40	2007
21	连平黄牛石省级自然保护区	省级	森林生态	4334.00	1999
22	和平黄石坳省级自然保护区	省级	森林生态	8097.00	2002
23	龙川枫树坝省级自然保护区	省级	湿地生态	15 670.00	1998
24	新丰云髻山省级自然保护区	省级	森林生态	2700.00	1990
25	河源新港省级自然保护区	省级	森林生态	101 401.00	1976
26	东源康禾省级自然保护区	省级	森林生态	6670.00	1999
27	龙门南昆山省级自然保护区	省级	森林生态	6666.20	1984
28	河源大桂山自然保护区	省级	森林生态	6070.00	2000

（续）

序号	保护区名称	级别	类型	面积(hm²)	建立时间
29	兴宁铁山渡田河省级自然保护区	省级	森林生态	17 826.70	2005
30	蕉岭长潭省级自然保护区	省级	湿地生态	5586.00	2002
31	梅县阴那山省级自然保护区	省级	森林生态	2566.00	1985
32	大埔丰溪省级自然保护区	省级	森林生态	10 590.00	1984
33	五华七目嶂省级自然保护区	省级	森林生态	5850.00	1998
34	封开黑石顶省级自然保护区	省级	森林生态	3230.00	1979
35	郁南同乐大山省级自然保护区	省级	森林生态	267.00	1985
36	珠海淇澳－担杆岛省级自然保护区	省级	野生动物	7363.00	2000
37	广东内伶仃福田国家级自然保护区	国家级	湿地生态	921.60	1984
38	广东象头山国家级自然保护区	国家级	森林生态	10 697.00	1998
39	罗浮山省级自然保护区	省级	森林生态	9800.00	1985
40	紫金白溪省级自然保护区	省级	森林生态	5652.00	2001
41	惠东古田省级自然保护区	省级	森林生态	2189.00	1984
42	惠东莲花山—白盆珠水源林自然保护区	省级	湿地生态	14 034.00	2002
43	陆河南万红椎林省级自然保护区	省级	野生植物	2486.00	2001
44	潮安凤凰山省级自然保护区	省级	湿地生态	2812.00	2001
45	大雾岭省级自然保护区	省级	森林生态	3435.00	1994
46	阳春百涌省级自然保护区	省级	森林生态	4194.50	1990
47	阳春鹅凰嶂省级自然保护区	省级	森林生态	14 751.10	2000
48	恩平七星坑省级自然保护区	省级	森林生态	8060.30	2007
49	台山上川岛猕猴及岛屿生态系统自然保护区	省级	野生动物	7800.00	1990
50	江门古兜山省级自然保护区	省级	森林生态	12 990.00	1999
51	海丰公平大湖自然保护区	省级	湿地生态	11 591.00	1998
52	南澳候鸟省级自然保护区	省级	野生动物	256.00	1990
53	广东湛江红树林国家级自然保护区	国家级	湿地生态	20 000.00	1990
	合计			704 318.00	

表10　广东省各县市现实森林生产力一览表

序号	统计单位	活立木蓄积		林分平均蓄积		年蓄积生长量		商品出材量		现实生产力
		比值	级数	比值	级数	比值	级数	比值	级数	
1	天河区	0.6	1	8.6	5	1.2	1	1.5	1	8
2	白云区	1.3	1	5.0	3	2.1	2	4.2	3	9
3	黄埔区	0.1	1	3.5	2	0.1	1	7.8	4	8
4	荔湾区	0.0	0	0.0	0	0.0	0	0.0	0	0
5	越秀区	0.0	0	0.0	0	0.0	0	0.0	0	0
6	海珠区	0.0	0	0.0	0	0.0	0	0.0	0	0
7	萝岗区	1.4	1	3.7	2	2.1	2	1.8	1	6
8	南沙区	0.1	1	2.1	2	0.2	1	3.0	2	6
9	花都区	2.9	2	4.4	3	4.6	3	7.8	4	12
10	从化市	10.1	6	3.9	2	13.7	7	46.8	12	27
11	增城区	3.7	2	2.5	2	8.1	5	58.6	12	21
12	番禺区	0.4	1	8.0	4	0.5	1	1.5	1	7
13	罗湖区	0.3	1	3.8	2	0.5	1	0.3	1	5
14	福田区	0.1	1	4.2	3	0.3	1	0.3	1	6
15	南山区	0.1	1	0.9	1	0.2	1	0.6	1	4
16	盐田区	0.2	1	2.4	2	0.3	1	0.6	1	5
17	宝安区	0.9	1	2.1	2	1.8	1	4.8	3	7
18	龙岗区	2.9	2	3.6	2	4.6	3	5.4	3	10
19	香洲区	2.2	2	5.1	3	3.5	2	4.8	3	10
20	金湾区	0.9	1	3.9	2	1.2	1	3.0	2	6
21	斗门区	1.3	1	5.1	3	2.2	2	3.3	2	8
22	龙湖区	0.01	1	1.7	1	0.01	1	0.3	1	4
23	濠江区	0.2	1	2.2	2	0.3	1	0.3	1	5
24	金平区	0.1	1	1.9	1	0.1	1	0.0	0	3
25	澄海区	0.1	1	1.7	1	0.3	1	1.2	1	4
26	南澳县	0.5	1	3.1	2	0.7	1	0.3	1	5
27	潮阳区	0.9	1	2.1	2	1.3	1	5.4	3	7
28	潮南区	0.9	1	1.8	1	1.4	1	0.0	0	3
29	浈江区	3.3	2	5.1	3	5.0	3	29.1	12	20
30	武江区	5.7	3	5.7	3	7.4	4	28.2	12	22
31	仁化县	20.3	11	5.9	3	27.2	12	75.7	12	38
32	南雄市	16.8	9	5.6	3	21.5	11	64.0	12	35

（续）

序号	统计单位	活立木蓄积		林分平均蓄积		年蓄积生长量		商品出材量		现实生产力
		比值	级数	比值	级数	比值	级数	比值	级数	
33	始兴县	29.5	12	8.9	5	29.6	12	103.0	12	41
34	翁源县	15.7	8	5.0	3	30.5	12	92.5	12	35
35	新丰县	16.4	9	5.2	3	23.7	12	41.1	12	36
36	曲江区	12.0	6	4.9	3	20.8	11	60.4	12	32
37	乳源县	22.3	12	5.5	3	29.2	12	70.3	12	39
38	乐昌市	20.5	11	5.8	3	27.8	12	72.4	12	38
39	源城区	2.2	2	6.0	3	2.5	2	4.5	3	10
40	和平县	13.8	7	3.9	2	22.5	12	31.8	12	33
41	龙川县	9.5	5	2.1	2	17.1	9	41.4	12	28
42	紫金县	19.5	10	3.6	2	41.1	12	100.3	12	36
43	连平县	14.8	8	4.1	3	22.9	12	41.7	12	35
44	东源县	29.1	12	5.2	3	46.3	12	65.5	12	39
45	梅江区	1.1	1	3.2	2	1.8	1	2.4	2	6
46	梅县	14.4	8	3.7	2	24.1	12	48.6	12	34
47	蕉岭县	11.3	6	7.9	4	13.2	7	27.3	12	29
48	大埔县	10.2	6	2.7	2	16.5	9	42.3	12	29
49	丰顺县	6.6	4	1.6	1	13.9	7	42.0	12	24
50	五华县	7.8	4	1.7	1	16.1	9	30.9	12	26
51	兴宁市	7.2	4	2.8	2	11.9	6	46.2	12	24
52	平远县	9.0	5	4.4	3	12.9	7	39.0	12	27
53	惠城区	2.6	2	2.1	2	5.4	3	15.6	8	15
54	惠东县	16.0	8	3.3	2	32.3	12	90.1	12	34
55	惠阳区	2.0	1	2.0	1	3.9	2	10.8	6	10
56	博罗县	11.9	6	4.1	3	24.6	12	89.8	12	33
57	龙门县	12.5	7	3.7	2	23.7	12	68.2	12	33
58	城区	0.4	1	1.0	1	0.7	1	0.0	0	3
59	海丰县	3.3	2	1.7	1	7.1	4	36.3	12	19
60	陆河县	3.3	2	2.3	2	6.0	3	18.0	9	16
61	陆丰市	1.5	1	1.0	1	3.2	2	21.6	11	15
62	东莞市	4.1	3	3.6	2	8.0	4	16.5	9	18
63	中山市	2.7	2	4.5	3	4.9	3	6.6	4	12
64	蓬江区	0.9	1	5.7	3	1.5	1	16.5	9	14

（续）

序号	统计单位	活立木蓄积		林分平均蓄积		年蓄积生长量		商品出材量		现实生产力
		比值	级数	比值	级数	比值	级数	比值	级数	
65	江海区	0.1	1	5.5	3	0.1	1	0.0	0	5
66	新会区	3.3	2	3.7	2	6.5	4	55.0	12	20
67	台山市	9.6	5	3.0	2	21.3	11	91.0	12	30
68	开平市	4.5	3	3.2	2	10.8	6	55.0	12	23
69	恩平市	4.3	3	2.6	2	8.7	5	38.4	12	22
70	鹤山市	4.1	3	3.8	2	10.5	6	53.2	12	23
71	禅城区	0.0	0	0.0	0	0.0	0	0.0	0	0
72	南海区	0.8	1	6.8	4	0.9	1	4.8	3	9
73	顺德区	0.2	1	7.5	4	0.2	1	1.2	1	7
74	高明区	3.8	2	4.2	3	8.0	4	29.1	12	21
75	三水区	1.5	1	6.0	3	2.1	2	7.2	4	10
76	江城区	3.1	2	3.9	2	6.5	4	6.3	4	12
77	阳西县	4.5	3	4.2	3	7.4	4	26.1	12	22
78	阳春市	22.8	12	4.7	3	37.6	12	72.4	12	39
79	阳东县	2.8	2	2.0	1	6.3	4	30.3	12	19
80	霞山区	0.03	1	3.9	2	0.1	1	0.0	0	4
81	坡头区	0.8	1	3.7	2	2.2	2	10.5	6	11
82	麻章区	0.7	1	2.4	2	1.7	1	4.5	3	7
83	赤坎区	0.03	1	2.9	2	0.1	1	2.1	2	6
84	吴川市	0.9	1	2.2	2	1.9	1	20.7	11	15
85	徐闻县	1.1	1	3.7	2	2.8	2	23.4	12	17
86	雷州市	5.3	3	4.6	3	16.8	9	41.1	12	27
87	遂溪县	2.2	2	3.3	2	5.0	3	31.5	12	19
88	廉江市	11.1	6	5.7	3	20.1	11	72.4	12	32
89	茂南区	0.2	1	1.1	1	0.4	1	4.8	3	6
90	茂港区	0.4	1	2.2	2	0.7	1	4.8	3	7
91	高州市	8.5	5	2.5	2	14.2	8	36.0	12	27
92	信宜市	26.1	12	6.5	4	33.2	12	81.1	12	40
93	电白县	2.2	2	1.5	1	4.2	3	14.7	8	14
94	化州市	4.7	3	2.8	2	10.6	6	86.2	12	23
95	端州区	1.2	1	4.1	3	1.7	1	0.3	1	6
96	鼎湖区	1.6	1	5.6	3	1.9	1	3.3	2	7

（续）

序号	统计单位	活立木蓄积		林分平均蓄积		年蓄积生长量		商品出材量		现实生产力
		比值	级数	比值	级数	比值	级数	比值	级数	
97	高要市	10.7	6	4.2	3	14.0	7	42.6	12	28
98	广宁县	19.2	10	5.1	3	21.2	11	67.9	12	36
99	四会市	4.4	3	3.7	2	7.7	4	19.2	10	19
100	德庆县	14.8	8	5.1	3	21.5	11	62.8	12	34
101	封开县	19.1	10	4.8	3	24.7	12	138.1	12	37
102	怀集县	22.8	12	4.5	3	30.4	12	84.7	12	39
103	清城区	3.5	2	4.9	3	6.1	4	31.2	12	21
104	清新县	12.8	7	3.5	2	22.0	11	67.9	12	32
105	英德市	30.8	12	4.0	2	44.7	12	116.5	12	38
106	佛岗县	5.5	3	3.2	2	10.3	6	41.1	12	23
107	连山县	19.5	10	9.2	5	28.4	12	42.6	12	39
108	连南县	15.8	8	7.7	4	20.2	11	44.1	12	35
109	连州市	25.1	12	6.5	4	29.4	12	45.6	12	40
110	阳山县	17.0	9	3.4	2	23.6	12	37.8	12	35
111	湘桥区	0.6	1	4.4	3	0.8	1	1.5	1	6
112	潮安县	2.7	2	2.0	1	5.3	3	8.1	5	11
113	饶平县	4.1	3	2.1	2	7.6	4	17.1	9	18
114	惠来县	1.3	1	1.1	1	2.7	2	15.0	8	12
115	普宁市	3.7	2	2.0	1	7.5	4	18.3	10	17
116	揭西县	4.0	2	2.5	2	7.2	4	27.9	12	20
117	揭东县	1.3	1	2.1	2	2.7	2	14.1	8	13
118	榕城区	0.2	1	4.0	2	0.2	1	0.3	1	5
119	云城区	3.2	2	3.1	2	5.1	3	29.1	12	19
120	云安县	3.8	2	2.4	2	7.4	4	30.6	12	20
121	新兴县	6.5	4	3.3	2	15.8	8	44.1	12	26
122	罗定市	11.9	6	4.5	3	15.2	8	48.0	12	29
123	郁南县	12.3	7	4.4	3	16.4	9	37.5	12	31

表11　广东省各县市期望森林生产力一览表

序号	统计单位	期望活立木蓄积		期望林分平均蓄积		期望年蓄积生长量		商品出材量		期望生产力
		比值	级数	比值	级数	比值	级数	比值	级数	
1	天河区	1.1	1	15.6	6	2.1	1	5.4	2	10
2	白云区	2.5	1	9.9	4	4.2	2	11.1	4	11
3	黄埔区	0.1	1	4.8	2	0.1	1	4.8	2	6
4	荔湾区	0.0	0	0.0	0	0.0	0	0.0	0	0
5	越秀区	0.0	0	0.0	0	0.0	0	0.0	0	0
6	海珠区	0.0	0	0.0	0	0.0	0	0.0	0	0
7	萝岗区	2.5	1	6.8	3	3.8	2	8.2	3	9
8	南沙区	0.1	1	2.9	1	0.2	1	5.0	2	5
9	花都区	7.9	3	11.9	4	12.3	5	30.3	11	23
10	从化市	41.0	12	15.7	6	122.5	12	283.0	12	42
11	增城区	11.8	4	7.9	3	81.1	12	203.3	12	31
12	番禺区	0.8	1	14.6	5	1.0	1	2.9	1	8
13	罗湖区	0.5	1	7.3	3	0.9	1	2.1	1	6
14	福田区	0.2	1	5.4	2	0.6	1	1.4	1	5
15	南山区	0.2	1	1.8	1	0.4	1	1.2	1	4
16	盐田区	0.5	1	5.8	2	1.3	1	3.0	1	5
17	宝安区	2.0	1	5.0	2	4.3	2	11.7	4	9
18	龙岗区	8.9	3	11.1	4	14.1	5	32.7	11	23
19	香洲区	5.0	2	11.6	4	15.9	6	36.1	12	24
20	金湾区	2.3	1	9.6	4	3.0	1	8.1	3	9
21	斗门区	3.2	2	12.5	5	5.5	2	13.3	5	14
22	龙湖区	0.0	1	2.3	1	0.0	1	0.2	1	4
23	濠江区	0.4	1	4.1	2	0.5	1	1.2	1	5
24	金平区	0.1	1	3.8	1	0.2	1	0.5	1	4
25	澄海区	0.1	1	1.8	1	0.3	1	1.3	1	4
26	南澳县	0.7	1	4.6	2	1.0	1	2.2	1	5
27	潮阳区	1.8	1	4.5	2	2.7	1	8.7	3	7
28	潮南区	2.4	1	4.9	2	3.7	2	7.8	3	8
29	浈江区	9.4	4	14.5	5	29.9	10	87.2	12	31
30	武江区	13.9	5	14.1	5	18.3	7	63.0	12	29
31	仁化县	68.3	12	19.9	7	205.9	12	474.0	12	43
32	南雄市	66.5	12	22.3	8	89.3	12	223.7	12	44

（续）

序号	统计单位	期望活立木蓄积		期望林分平均蓄积		期望年蓄积生长量		商品出材量		期望生产力
		比值	级数	比值	级数	比值	级数	比值	级数	
33	始兴县	88.0	12	26.5	9	210.0	12	498.3	12	45
34	翁源县	52.9	12	17.0	6	194.5	12	459.8	12	42
35	新丰县	55.3	12	17.4	6	222.7	12	489.0	12	42
36	曲江区	42.8	12	17.5	6	157.3	12	363.5	12	42
37	乳源县	83.7	12	20.8	7	305.1	12	678.0	12	43
38	乐昌市	76.7	12	21.7	8	227.0	12	516.1	12	44
39	源城区	5.5	2	14.8	5	11.4	4	31.3	11	22
40	和平县	53.4	12	15.0	5	171.3	12	376.3	12	41
41	龙川县	34.3	12	7.7	3	228.3	12	500.8	12	39
42	紫金县	70.2	12	12.9	5	456.2	12	1011.0	12	41
43	连平县	76.4	12	21.2	8	364.4	12	785.4	12	44
44	东源县	113.8	12	20.3	7	355.7	12	780.9	12	43
45	梅江区	3.4	2	9.5	4	5.3	2	18.4	7	15
46	梅县	72.0	12	18.4	7	219.0	12	485.5	12	43
47	蕉岭县	33.5	12	23.4	8	39.4	12	98.2	12	44
48	大埔县	46.6	12	12.4	5	320.6	12	694.2	12	41
49	丰顺县	25.0	9	6.0	2	55.5	12	140.2	12	35
50	五华县	48.4	12	10.7	4	174.0	12	381.4	12	40
51	兴宁市	42.2	12	16.4	6	275.1	12	601.4	12	42
52	平远县	29.7	10	14.6	5	41.5	12	109.4	12	39
53	惠城区	9.3	4	7.5	3	19.1	7	48.8	12	26
54	惠东县	59.0	12	12.2	5	315.2	12	710.6	12	41
55	惠阳区	5.8	2	5.7	2	24.8	9	58.0	12	25
56	博罗县	41.1	12	14.1	5	469.9	12	1033.6	12	41
57	龙门县	50.6	12	14.9	5	172.0	12	398.7	12	41
58	城区	1.2	1	3.3	1	4.4	2	14.4	5	9
59	海丰县	13.2	5	6.9	3	60.0	12	146.5	12	32
60	陆河县	13.6	5	9.2	4	48.8	12	112.5	12	33
61	陆丰市	5.2	2	3.5	1	76.9	12	173.2	12	27
62	东莞市	9.8	4	8.4	3	38.0	12	89.0	12	31
63	中山市	7.7	3	13.0	5	14.0	5	33.1	12	25
64	蓬江区	1.7	1	10.4	4	2.7	1	15.3	6	12

（续）

序号	统计单位	期望活立木蓄积		期望林分平均蓄积		期望年蓄积生长量		商品出材量		期望生产力
		比值	级数	比值	级数	比值	级数	比值	级数	
65	海区	0.1	1	6.6	3	0.2	1	2.4	1	6
66	新会区	8.7	3	9.7	4	26.5	9	87.3	12	28
67	台山市	45.8	12	14.5	5	312.5	12	705.6	12	41
68	开平市	16.0	6	11.3	4	156.5	12	358.7	12	34
69	恩平市	19.1	7	11.5	4	75.2	12	179.4	12	35
70	鹤山市	13.8	5	12.8	5	63.9	12	164.2	12	34
71	禅城区	0.0	0	0	0	0.0	0	0.0	0	0
72	南海区	1.7	1	15.2	6	2.1	1	7.2	3	11
73	顺德区	0.4	1	11.9	4	0.4	1	1.5	1	7
74	高明区	15.0	5	16.5	6	67.1	12	157.1	12	35
75	三水区	3.2	2	13.4	5	5.0	2	14.5	5	14
76	江城区	8.7	3	11.2	4	70.1	12	150.2	12	31
77	阳西县	11.1	4	10.2	4	18.2	7	53.2	12	27
78	阳春市	77.0	12	15.9	6	291.2	12	650.2	12	42
79	阳东县	10.1	4	7.3	3	23.3	8	66.3	12	27
80	霞山区	0.1	1	9.8	4	0.2	1	7.7	3	9
81	坡头区	3.2	2	14.7	5	8.7	4	24.2	9	20
82	麻章区	2.7	1	9.6	4	20.3	7	45.0	12	24
83	赤坎区	0.04	1	4.3	2	0.2	1	1.7	1	5
84	吴川市	5.6	2	13.7	5	29.6	10	73.8	12	29
85	徐闻县	3.8	2	13.6	5	10.3	4	35.1	12	23
86	雷州市	16.2	6	14.0	5	92.0	12	216.0	12	35
87	遂溪县	9.3	4	13.6	5	21.6	8	63.5	12	29
88	廉江市	32.6	11	16.9	6	59.1	12	165.3	12	41
89	茂南区	1.2	1	6.6	3	6.0	2	15.3	6	12
90	茂港区	0.9	1	5.1	2	1.7	1	6.2	3	7
91	高州市	24.4	9	7.1	3	141.8	12	317.1	12	36
92	信宜市	77.9	12	19.4	7	553.1	12	1202.3	12	43
93	电白县	7.6	3	5.1	2	43.1	12	98.5	12	29
94	化州市	18.5	7	10.9	4	282.0	12	639.1	12	35
95	端州区	2.8	1	9.7	4	8.9	4	18.7	7	16
96	鼎湖区	1.9	1	6.9	3	2.9	1	8.0	3	8

（续）

序号	统计单位	期望活立木蓄积		期望林分平均蓄积		期望年蓄积生长量		商品出材量		期望生产力
		比值	级数	比值	级数	比值	级数	比值	级数	
97	高要市	28.8	10	11.3	4	52.1	12	133.5	12	38
98	广宁县	43.3	12	11.4	4	187.4	12	430.7	12	40
99	四会市	9.1	4	7.7	3	52.2	12	120.3	12	31
100	德庆县	47.6	12	16.4	6	79.6	12	202.7	12	42
101	封开县	82.3	12	20.8	7	293.3	12	692.7	12	43
102	怀集县	113.6	12	22.2	8	473.5	12	1038.0	12	44
103	清城区	10.6	4	14.9	5	35.3	12	91.8	12	33
104	清新县	38.5	12	10.7	4	226.2	12	511.7	12	40
105	英德市	115.7	12	15.1	6	1046.6	12	2253.6	12	42
106	佛岗县	20.7	7	12.0	4	73.0	12	176.4	12	35
107	连山县	53.7	12	25.4	8	181.2	12	403.3	12	44
108	连南县	46.7	12	22.8	8	215.3	12	475.2	12	44
109	连州市	84.4	12	21.8	8	196.7	12	437.3	12	44
110	阳山县	50.6	12	10.0	4	180.3	12	398.5	12	40
111	湘桥区	1.3	1	10.0	4	1.8	1	4.5	2	8
112	潮安县	10.1	4	7.3	3	31.4	11	70.3	12	30
113	饶平县	16.5	6	8.3	3	62.5	12	140.4	12	33
114	惠来县	4.8	2	3.8	1	21.6	8	53.9	12	23
115	普宁市	10.0	4	5.3	2	38.3	12	90.6	12	30
116	揭西县	12.3	5	7.6	3	23.3	8	64.8	12	28
117	揭东县	2.6	1	4.2	2	5.5	2	19.6	7	12
118	榕城区	0.2	1	4.9	2	0.6	1	1.4	1	5
119	云城区	7.6	3	7.5	3	24.1	9	67.2	12	27
120	云安县	14.4	5	9.1	4	56.7	12	136.2	12	33
121	新兴县	22.3	8	11.2	4	141.3	12	320.8	12	36
122	罗定市	32.7	11	12.5	5	216.3	12	479.7	12	40
123	郁南县	41.3	12	14.7	5	137.1	12	308.0	12	41

表12　广东省各县市生态区位等级一览表

统计单位	生态区位			生态敏感性			
	重要	较重要	一般	脆弱区	亚脆弱区	亚稳定区	稳定区
天河区			√			√	
白云区		√				√	
黄埔区			√			√	
荔湾区			√			√	
越秀区			√			√	
海珠区			√			√	
萝岗区			√			√	
南沙区		√				√	
花都区			√			√	
从化市		√			√		
增城区		√			√		
番禺区		√				√	
罗湖区			√			√	
福田区	√				√		
南山区			√			√	
盐田区			√			√	
宝安区		√				√	
龙岗区		√				√	
香洲区		√				√	
金湾区		√				√	
斗门区		√				√	
龙湖区	√				√		
濠江区	√				√		
金平区	√				√		
澄海区	√				√		
南澳县	√				√		
潮阳区	√				√		
潮南区	√				√		
浈江区		√		√			
武江区		√		√			
仁化县	√				√		

（续）

统计单位	生态区位			生态敏感性			
	重要	较重要	一般	脆弱区	亚脆弱区	亚稳定区	稳定区
南雄市	√			√			
始兴县	√			√			
翁源县		√			√		
新丰县	√			√			
曲江区		√		√			
乳源县	√			√			
乐昌市	√			√			
源城区	√			√			
和平县	√			√			
紫金县		√			√		
连平县	√			√			
东源县	√			√			
梅江区		√			√		
梅县	√			√			
蕉岭县	√			√			
大埔县	√			√			
丰顺县	√			√			
五华县	√			√			
兴宁市	√			√			
平远县	√			√			
惠城区		√				√	
惠东县	√				√		
惠阳区		√				√	
博罗县	√			√			
龙门县	√			√			
城区		√				√	
海丰县	√				√		
陆河县		√				√	
陆丰市	√				√		
东莞市		√				√	
中山市		√				√	

（续）

统计单位	生态区位			生态敏感性			
	重要	较重要	一般	脆弱区	亚脆弱区	亚稳定区	稳定区
蓬江区		√				√	
江海区		√				√	
新会区			√		√		
台山市		√			√		
开平市			√		√		
恩平市		√			√		
鹤山市		√			√		
禅城区			√			√	
南海区		√				√	
顺德区		√				√	
高明区		√			√		
三水区		√				√	
江城区		√				√	
阳西县		√				√	
阳春市	√			√			
阳东县		√				√	
霞山区	√					√	
坡头区	√					√	